RÉPERTOIRE

DE JURISPRUDENCE

EN MATIÈRE

DE TRANSPORTS

Une injustice faite à un seul est un danger pour tous.

MONTESQUIEU.

L'autorité menaçant une opinion, quelle qu'elle soit, excite à la manifestation de cette opinion tous les esprits qui ont quelque valeur.

Il y a dans l'homme un principe de révolte contre toute contrainte intellectuelle.

Benjamin CONSTANT.

RÉPERTOIRE DE JURISPRUDENCE

EN MATIÈRE DE TRANSPORTS

PAR

CH. ACKERMANN

Expert-Conseil en Transports

GENÈVE

———

VOLUME I

AVARIES

avec une reproduction

S. A. DU RECUEIL SIREY
22, Rue Soufflot, 22
PARIS (V^e)

GEORG & Co S. A.
Libraires-Editeurs
GENÈVE

1928

CONTENU DE CE VOLUME

L'ouvrage comprendra probablement 8 fascicules :

I. — AVARIES.

II. — MANQUANTS, PERTES ET DÉCHETS.

III. — RETARDS ET TOUT CE QUI CONCERNE LES ARRIVAGES.

IV. — WAGONS PARTICULIERS, RÉSERVOIRS, COMPLETS, COUVERTS, etc.

V. — EXPÉDITIONS.

VI. — TARIFS, DÉLAIS, ITINÉRAIRES, TROP PERÇUS, etc.

VII. — COMMISSIONNAIRES DE TRANSPORTS, CAMIONNEURS.

VIII. — CONTENTIEUX FERROVIAIRE.

ABRÉVIATIONS

BTI : Bulletin des transports internationaux, Berne.
BT : Bulletin des Transports, Lamy, Paris.
CI : Convention internationale de Berne.
LF : Loi fédérale suisse de transports, 1893.
RT : Règlement suisse de transports, 1894.
C. Civ. : Code Civil français.
C. Com. : Code de Commerce.
CO : Code suisse des Obligations.

La Convention internationale de Berne (C.I.) de 1890 sera remplacée dès le 1ᵉʳ octobre 1928 par la Convention internationale marchandises C.I.M. du 23 octobre 1924.

Seuls, les transports exécutés après le 1ᵉʳ octobre prochain, seront soumis à cette nouvelle législation.

TABLE DES MATIÈRES

*des diverses marchandises, genres d'avaries et arguments des compagnies
ayant fait l'objet de procès.*

BIBLIOGRAPHIE EN MATIÈRE DE TRANSPORTS.

ALAUZET : *Commentaires du Code de Commerce* (v. DALLOZ).
Annales de droit commercial et industriel.
AUBRY et RAU : *Droit civil français*, d'après la méthode de ZACCHARIÆ
    (Paris, 1869–1875, t. 3 /41).
ACWORTH : *Chemins de fer autrichiens.*
AUTRAN, F.-C. : *Droit Maritime* (Paris).
Annales des chemins de fer (PICCARD et Max BOTTON, Paris).
AUROC : *Droit administratif.*
ARNODIN : *Lutte économique des transports* (Paris, 1909).
AVENEL, G. d' : *Evolution des moyens de transports* (Paris).
ACKERMANN, Ch. : *Conseils aux Usagers des chemins de fer* (Genève, 1925).
    Dépôts de mobiliers et marchandises (Genève, 1921).
    *Règles en usage dans les maisons d'expéditions, camionnages et
    déménagements* (Genève, 1919).
ACCARIAS : *Droit Romain* (Paris, 1891).

BAUDRY, LACANTINERIE et WAHL : *Contrat de louage.*
BÉDARRIDE, J. : *Droit commercial, des Commissionnaires*, 1863, Titre VI,
    art. 280.
BOUTHAUD : *Des causes de non responsabilité.*
BOISTEL : *Droit Commercial.*
BRAVARD : *Droit Commercial.*
Bulletin des chemins de fer d'Alsace-Lorraine.
Bulletin des CFF.
BUNZLI : *Tarifs des chemins de fer* (Berne, 1884).
BERGERON, Ch. : *Chemins de fer à bon marché* (Lausanne, 1863).
BONNECASSE, J. : *Traité de droit maritime et commercial* (1921).
BOUCHER : *Marine marchande américaine* (1919).
BATIGUE, J. : *Responsabilité des compagnies aériennes.*
BACQUA : *Code annoté des chemins de fer français* (1847).
BAYARD, P. : *Dictionnaire des transports maritimes et mixtes.*
BRUNET, R. : *Transports internationaux par chemins de fer* (1927).
    Cours de transports (1923).
BLOCH, R. : *Questions de chemins de fer* (Paris, 1921).
BEAUJEY, R. : *Régime des chemins de fer* (Paris, 1921).
BAUMBERGER, E. : *Haftung für Reisegepäck.*
BAZET, M. : *Droit commercial et transports* (Paris, 1922).
Bulletin des Transports internationaux (Berne).
Bulletin des Transports, LAMY (Paris).
BOREL, F. : *Foires de Genève* (1892).
BOTTON, M. : *Annales des chemins de fer* (Paris).
BERGMANN, S. : *Zur Enquête über Tarifsystem* (Berlin, 1876).
BLOCK, M. : *Chemins de fer, Dictionnaire* (Paris, 1863).
BALTZER, F. : *Kolonial Kleinbahnen* (Leipzig, 1857).
Bradshaw Railway Manuel Shareholders (London).

BERNARD, Ant..M. : *Chemins de fer algériens* (Alger, 1913).
BUREAU VÉRITAS : *Répertoire général* (Paris).
BŒUF : *Droit commercial et maritime* (Paris, 1920).
BONNAL, A. : *Exploitation commerciale des chemins de fer.*
BOHR : *Guide pratique pour Cours spéciaux.*
BLANC : *Agenda des Chemins de fer.*
BUSCHMANN, M. de : *Trop-perçus* (Wien, 1896).
Bulletin des homologations de Tarifs (CHAIX, Paris).
BLASER, S. : *Contrat d'Entrepôt* (Lausanne, 1923).
BÖRLIN, G. : *Transportverbände und Transportrecht der Schweiz im
  Mittelalter* (1896).
BANGERTER, M. : *Aktienrecht in Anwndung auf die SBB* (Bern, 1910).
BUO, St. : *Churer Gütertransit im 17 und 18* (Chur, 1917).
Bulletin des Associations internationale des Congrès de Chemins de fer
  (Bruxelles).

CHAIX : *Recueil des Tarifs* (Paris).
CHARPENTIER et MAURY : *Traité des chemins de fer.*
COLSON C : *Transports et Tarifs Paris* 1908.
COLIN, A. : *Naviagtion commerciale au XXe siècle* (Paris, 1901).
CORDEMOY, de : *Ports maritimes* (Paris, 1920).
COUDRAY et CUXAC : *Notions de Commerce* (Paris).
CROUVÈS : *Application au contrat de transport de l'art.* 1150, C. civ.
COURCY, de : *Droit maritime.*
COURCELLES-SENEUIL : *Sciences sociales* (1862, *Manuel des affaires*).
CUONY, A. : *Association des chemins de fer suisses* (1860–1902).
CAUER, W. : *Exploitation et trafic des chemins de fer d'Etat en Prusse*
  (Berlin, 1897).
CLAVEILLE, Alb. : *Nos ports* (Paris, 1921).
COZETTE, P. : *Responsabilité des compagnies dans le transport des ani-
  maux* (Paris, 1925).
COUDER, R. de : *Dictionnaire de Droit commercial et maritime* (refonte
  de l'ouvrage de GOUGET) (Paris, 1920).
Code de Commerce : français.
  —   *belge*, V, Titre VII, 1883. *Transports* 5-6 XII.
  —   *espagnol*, Titre VII, 1886, art. 349-379.
  —   *danois.*
  —   *norvégien* (1881).
  —   *suédois.*
  —   *autrichien* (1863).
  —   *hongrois* (1875), art. 384-483.
  —   *allemand.*
  —   *italien.*
Code civil, France.
COTELLE : *Abrégé de Droit* (Paris, 1830).
CARDON, Aug. : *A B C des transports par chemins de fer* (Paris, 1912).
CLAIRCIN, F. : *Crise commerciale et nouveaux tarifs PLM* (Alger, 1886).
Convention internationale de Berne (1893) *et annexes.*
Code fédéral des Obligations (Suisse).
CRAMER, Aug. : *Responsabilité des compagnies de chemins de fer en cas
  de perte et d'avarie* (Genève, 1877).

CASPARIS, H. : *Der Bischof von Chur als Grundherr im Mittelalter* (Berne, 1908) (apparition des transitaires).

CAUVET : *Traité des assurances maritimes* (Paris, 1879–1881).

COLSON, C. : *Abrégé de législation des chemins de fer* (1904).

COLIN, A. : *Navigation commerciale au XX*e *siècle* (1901).

CLAMAGERAN : *Louage de service. Traité de louage.*

CHAMBRE DE COMMERCE INTERNATIONALE, PARIS : *Termes maritimes et définitions* (1923).

DALLOZ : *Répertoire de Jurisprudence* (T. 9, art. 298 ; T. 30, page 554, art. 70).

DORDAN, A. : *La lettre d'avis* (Toulouse, 1882).

DEMANGE, J. : *La lettre de voiture dans les Transports internationaux* (Paris, 1902).

DUVERDY, D.-Ch. : *Du Contrat de transport par terre* (Paris, 1861).

DUVERGIER, J.-B. : *Droit civil français* (continuation de TOULLIER) (Paris, 1835–1843, t. 2 /317).

DELAMARRE et POITEVIN : *Traité historique et pratique de la Commission* (Paris, 1861).

DUSSOL, A. : *Grandes compagnies de navigation en Allemagne* (Paris, 1908).

DEGELS, Ed. : *Contrat de transport* (Gand, 1902).

DUPOUY, A. : *Les grands ports français.*

DRUJON, J. : *Docks de Marseille* (Paris, 1913).

DURET : *Police des chemins de fer* (Paris, 1917).

DESBATS, A.-G. : *Voies ferrées d'intérêt local* (1913).

DARU, comte de : *Des chemins de fer et Loi de 1842* (Paris).

DENISART, J.-B. : *Collection de décisions relatives à la Jurisprudence* (Paris, 1754–1757).

DELATTRE, E. : *Tribulations des expéditeurs de marchandises par chemins de fer* (Paris, 1858).

DREYER, O. : *Règlement de transport allemand* (1909).

DUFOUR : *Cours de chemins de fer* (Paris).

Droit maritime (Revue de) (Paris).

DEMOULIN : *Locomotive et matériel roulant* (Paris, 1924).

DELVERT ,Ch. : *Port d'Alger.*

DURIEU, J. : *Revue politique et parlementaire* (Paris), *Assurances maritimes.*

DROZ, A. : *Traité des assurances maritimes* (Paris, 1881).

DAUBANTON, A.-G. : *Traité pratique des Conventions et Contrats* (Paris, 1810).

DANIER, Ch. : *Code du Voyageur et de l'Expéditeur* (Paris, 1912).

DESPAGNET, Fr. : *Droit international privé* (1904.)

EGER, G. : *Législation internationale sur transports par chemins de fer. Critiques de la Convention de Berne* (1877).
    Eisenbahn und Verkehrsrechtlichen Entscheidungen (Wien et Berlin, T. XXXV, H. 2 /205, Commiss. de Transport).

EMION : *Exploitation des chemins de fer.*

FÉOLDE : *Transports par chemins de fer.* Code annoté de la Convention de Berne (Paris).

Féraud-Giraud : *Code des transports*.
Furrer, A. : *Volkswirtschaft Lexicon*.
Faas, H. : *Darstellung Schw. Actionsrecht* (Zurich, 1895).
Filliol : *Transports commerciaux et responsabilité des chemins de fer* (Paris, 1916).
Florange, Ch. : *Messagries et Postes* (Paris, 1925).
Franke, G. : *Staatsbanornas Ekonomi* (Stockholm, 1921).
Fourcauld, M. de : *L'idée fausse du mandat dans le contrat de transport* (Paris, 1925).
Fischer, J. : *Frachtanzeiger* (Dusseldorf).
Flamache, Huberti et Stévard : *Traité d'exploitation des chemins de fer* (Liège, 1893).
Fritsch, K. : *Manuel de Jurisprudence ferroviaire en Prusse* (Berlin, 1912).
Gazette du Palais (Paris).

Godfernaux, R. : *Chemins de fer coloniaux* (Paris, 1911).
Guillaumet et Jouanny : *Traité pratique de chemins de fer* (Paris, 1910).
Galine, L. : *Exploitation des chemins de fer* (Paris, 1924).
Gaber, H. : *Droit ferroviaire autrichien* (1924).
Gors : *Rapport sur les Postes* (Bordeaux, 1852).
Godfernaux, M.-R. : *Les embranchements industriels et leur utilité* (Paris, 1922).
Guillaumin, A. : *Les chemins de fer* (Montpellier, 1867).
Guillemain : *Transports successifs*.
Gaullieur, E.-H. : *Guide sur le chemin de fer de l'Ouest-Suisse* (Genève, 1855).
Guillouard : *Traité de louage*.
Guy : *Distinction entre la faute contractuelle et la faute délictuelle*.
Goldschmidt, L. : *Handelsrecht Erlangen* (1864).
Geering : *Handel und Industrie von Basel* (1886).
Goujet et Merger : *Dictionnaire droit commercial*.
Gubler, H. : *Kontrolle des Bundes über Rechnungswesen der Eisenbahnen* (Zurich, 1898).
Govare, P. : *Assurances maritimes anglaises, le Lloyd, ses origines*.
Gros, G. : *Contentieux pratique d'assurance maritime*, 1911).
Gerstner, Dr, : *Internation. Eisenbahnfrachtrecht* (Berlin (1893).
Guyot-Merlin : *Rep. de jurisprudence* (voir Commiss. § 5, n° 5).

Hennequin, E. : *Transports commerciaux et Douane* (Paris, 1919).
Huet-Desauney, H. : *Guide du voyageur en chemin de fer* (1908).
Hérold, R. : *Der Schw. Bund und die Eisenbahnen bis zur Jahrhundertsende* (Berlin, 1902).
Hurlimann, H. : *Kommentar zur eidg. Eisenbahngesetgeb.* (Zurich, 1887).
Hadley : *Railroad Transportation* (1887).
Hebrard, H. : *Navigation aérienne. — Aviation commerciale* (Paris, 1922).
Hunziker, F. : *Schw. Eisenbahnnetz 1837-1877* (Bâle, 1892).
Humbert, G. : *Traité complet des chemins de fer* (Paris).
Hilscher, Dr F. : *Güterbeförderung durch Eisenbahn* (Wien, 1925).
Heeren, A.-H.-L. : *Politique et Commerce des Peuples de l'Antiquité* (Paris, 1830).

JOSSERAND, Louis : *Les Transports* (Paris, 1914).
JENNY-KUNZ, A. : *Reformtarife* (Aarau, 1884).
JACQMIN : *Exploitation des chemins de fer* (Paris, 1868).
Journaux :
Journal des tribunaux (Lausanne), arrêts du Tribunal fédéral.
Revue de Droit international (Ed. Clunet, Paris).
JOURDAIN : *Revue politique et parlementaire, exploitation des chemins de fer.*
JACOB, G. : *Responsabilité des chemins de fer d'après la Convention de Berne 1898.*

KOHLER, N. : *Lehr und Handbuch des Speditionsgewerbe.*

LAMÉ-FLEURY : *Code annoté des chemins de fer* (Paris).
LAMY, L. : *Manuel pratique des transports par chemin de fer* (Paris, 1924).
LYON-CAHEN, Ch. : *Traité de droit commercial* (Paris, 1906).
LEROY-BEAULIEU, P. : *Précis d'économie politique* (1887).
LAPEYRE, L. : *Vade-mecum des Transports* (1926).
LE ROY : *Contrat de transport des passagers par mer.*
LÉVY, E. : *Responsabilité et contrats.*
LECHNER, E. : *Thusis und Hinterrhein* (Chur, 1897).
LUNDBERG, J. : *Schwedische Eisenbahntarifwesen* (1888).
LISSENDEN, G. : *Industrial Trafic Management* (London, 1921).
LORIN, Hy. : *Ports.*
LOYAU, Mce : *Convention de Berne et la Jurisprudence française de 1893 à 1911* (Paris).
LE TROQUER : *Ports maritimes et navigation intérieure* (Paris, 1914).
LECARPENTIER, G. : *Commerce maritime* (Paris, 1910).
LETURCQ : *De la situation respective de l'expéditeur dans le contrat de transport.*
Loi fédérale de Transports (1852 et 1893).
LEIMGRUBER, O. : *Droit usuel suisse* (1922).
LEYEN, Dr A. von : *Le droit de transport par chemin de fer dans le nouveau Code de Commerce* (Leipzig, 1897).
LUDWIG, K. Prof. : *Précis de géographie des communications.*
Législation comparée (Bulletin de) (Paris).
LABRAQUE-BORDENAVE : *Droit international maritime* (1876).
LEFEBURE DE NOËTTES : *Force motrice animale à travers les âges* (Paris, 1924).
LEROUX et BRETAGNE : *Nouveau traité de prescription en matière civile.*
LOUGE, J. : *Assurances maritimes et risques terrestres* (1921).
LALLEMANT, L. : *Clauses d'irresponsabilité en matière de Transports* (1905).

MANGET, J.-L. : *Genève,* 1840.
MOREL, L. : *Avaries, jet et contribution* (Paris, 1874).
MALO, H. : *Ports* (Paris).
MAMONOR, D. : *Great Siberain Railway* (S.Petersburg, 1900).
MONTEILHET : *Pour devenir exportateur* (Paris, 1926).
MARTIN, G. : *Ports* (Paris).
MANUEL, P. : *Etablissement et exploit. des chemins de fer en Suisse* (Lausanne, 1908).
MEULENAERE, O. de : *Code civil allemand* (1897-1920).

Mémorial de l'inspectorat du Département fédéral des chemins de fer (1890-1891).
MITRE, V. : *Droit commercial des chemins de fer*, 1925, Paris.
MAYEU : *Responsabilité des compagnies de chemins de fer.*
MOMMSEN, Th. : *Römisches Staatsrecht* (Leipzig et Berlin, 1856).
MULLER, Joh. : *Rechtswesen Bayern's und Tyrol's* (1905).
MARX, P. : *Schweiz. Bundesbahnen* (Bern, 1912).
MEYRIAL, A. : *Contentieux de chemins de fer*, (Paris, 1910).

NEUMANN, J. : *Expédition des marchandises en trafic international* (Berlin, 1897).
NOGARO, B., et OUALID, W. : *Evolution des transports depuis 150 ans* (Paris, 1914).
NIGGLI, Th. : *Gütertarifwesen. — Stafelltarife und Verstaatlichung der schw. Eisenbahnen* (Bern, 1898).
NÉGRIN : *Droit d'appel limité à 1.500 francs en matière d'assurances maritimes* (1861).

OUSPENSKY, G. : *Futur russian Railways* (New-York, 1915).
ŒTTIKER, J. : *Eisenbahn Gesetzgebung* (Soleure, 1913/17).
ŒCHSLI, B. : *Débuts de la Confédération* (1891).
ORTÉGA, Alf. : *Ferrocariles Columbianos* (Bogota).
ŒTTIKER, J. : *Postregal* (Stäfa, 1901).

PARDESSUS, J.-M. : *Droit commercial* (Paris, 1825) *de la Lettre de voiture.*
POUGET, L. : *Dictionnaire des assurances terrestres* (Paris, 1855.
PETIT DE COUPRAY : *Annuaire Chaix*, 1847-1862. *Manuel de Transports,* Paris.
PFISTER, H. : *Transportwesen im Mittelalter und in der Neuzeit-Internationale Handelswege von Graubunden* (Chur, 1913).
PESCHAUD, M. : *Chemins de fer français pendant la guerre et depuis* (Paris, 1914-1918).
POUEY, A. et FILS : *Recueils de jurisprudence* (Bordeaux).
PROTHEROE, E. : *Railways of the world* (London).
POWELL, F. W. : *Railroads of Mexico* (Boston, 1921).
PRATT, E.-A. : *German Railways* (London, 1921).
PENDRIÉ, H. : *Nos chemins de fer et leur réforme radicale* (Paris, 1887).
POULET, M. : *Manuel pratique des expéditeurs et destinataires de marchandises* (Paris, 1897).
PROUDHON, P.-J. : *Réformes à opérer dans l'exploitation des chemins de fer* (Paris, 1855).
PIOT, G. : *Action en responsabilité contre le chemin de fer pour fautes dans le transport.*
PASQUET, B. : *Traité pratique des transports par chemins de fer* (Paris).
PAULMIER, F. : *Manuel pratique du capitaine de navire* (1883).
POINSARD, L. : *Etudes de droit international* (1894).
PICARD, A. : *Exploitation commerciale des chemins de fer* (Paris, 1884). *Les chemins de fer* (1918). *Traité des chemins de fer* (1887). Etc.
PLATZHOFF, Dr., LEJEUNE : *Politique ferroviaire en Suisse.*

PAUER, A. : *Leitfaden des Eisenbahntarifswesens* (Wien, 1894).
PFAU, Karl : *Der Spediteur* (Leipzig).
POTHIER, R.-J. : *Pandectae Justiniae* (Paris, 1820).
PONT : *Code civil français, Code Napoléon.*
PORÉE, M. : *Risque de guerre et assurance maritime* (Paris, 1903).
PARDESSUS, J.-M. : *Le Commissionnaire de Transports* (537-542).

RICOUR, A. : *Frais accessoires dans les chemins de fer.*
RIPERT : *Revue critique de législation et de jurisprudence* (1914).
REYES, F. : *El ferrocaril espanol* (Barcelone, 1917).
Reichsverkehrsministerium Berlin zur Lage der Reichsbahnen (1922).
ROELL, baron D^r : *Encyclopédie de toutes les matières relatives aux chemins de fer* (Berlin, 1912).
RUNDNAGEL, Dr E. : *Beförderungsgeschäfte* (Leipzig, 1915), *BTI*, 1915 / 193.
RIESENFELD, Dr E. : *Tarifs* (Wien, 1916).
ROTTE, Ch.-R. : *Chemins de fer des colonies* (Paris, 1910).
RENTY, E.-A. : *Chemins de fer coloniaux en Afrique* (Paris, 1903).
RIPLEY, W.(Z. : *Railways Problem* (Boston).
ROPIQUET : *Tarifs de chemins de fer devant l'opinion publique* (Paris, 1870).
RIPERT, G. : *Organisation des communications et transit et la Société des Nations* (Paris, 1925).
RICARD, M. : *Navigation intérieure* (Paris, 1919).
RUTTIMANN : *Concessions de chemins de fer en Suisse* (1870).
ROGER, R. : *Manuel juridique des transports* (Paris, 1922).
ROEDER, D^r : *Verkehrsrechtliche Rundschau* (Berlin, 1923).
ROUSSEL, F. : *Rachat des chemins de fer* (1899).
RUTZ, E. : *Nouveaux principes juridiques créés par la Conv. de Berne* (Seuffert's Dr J.-A. BLATER).
RIGAUD : *Ce que doit savoir le voyageur en chemin de fer* (1919).
ROYER, A. : *Transport de matières périssables* (1914).
Règlement suisse de transports (1894).

SARRUT, Ls : *Jurisprudence sur le transport des marchandises par chemins de fer* (Paris, 1874).
SAVIGNY, F.-C. de : *Droit romain* (Paris, 1851).
SIREY : *Jurisprudence en matière de transports* (Paris).
SICHLER, A. : *Schw. Eisenbahnlitteratur* 1830-1901 (Bern, 1902).
SPRECHER, J.-A. de : *Histoire de la République des trois Ligues au XVIIIe siècle* (Chur, 1873).
SAUVAGE, F. : *Manuel pratique des transports par mer* (1926).
SCHULTE, A. : *Geschichte des Mittelal. Verkehrss, et c.* (Leipzig, 1900).
SCHROEDER, Dr F. von : *Die deutschen Eisenbahngesetze* (1912).
SÉBILLOT : *Chemins de fer* (Paris, 1894).
SIEVEKING, A. : *Assurances maritimes* (Hamburg, 1867).
SARRAU : *De la responsabilité dans le contrat de transports de personnes.*
SULLIVAN, W.-W. : *Military railways* (Washington, 1919).
SEKON, G.-H. : *The railway publishing* (London).
SCHMIDLIN, Dr W. : *Tarifs différentiels* (Bâle, 1862).
SIBILLE, député : *Commission du budget* (1903).

Senckpiehl, D^r : *Die Haftung von Eisenbahn Werder i/H.* etc., etc.
Saugrain, G. : *Régime des colis postaux* (Paris, 1902).
Schiffahrt-Jahrbuch (Hamburg), 1925.
Segesser, H.-A. : *Personentarif der Schweiz* (Zurich, 1902).
Salicete, Bartholomeus : *Lex « cum Proponas C. de nautice fenere »*
    (Bologne, 1541 (N° 5, page 186).
Schulte, Fred. de : *Histoire des droits et institutions d'Allemagne* (Paris,
    1882).
Seligmann, E.-R.-A. : *Government Central of ownership of Railroads*
    (New-York, 1919).
Strauss, Dr L. : *Berner Uebereinkommen* (Wien).
Straccha, Benevenutus : *Tractatus de assecurationibus pars III /8,*
    Glosse XI, N° 49 /51 (Amsterdam, 1658).

Seitier, J. : *Droits et obligations du public et des compagnies concernant*
    les bagages (Paris, 1911).
Spiess, E. : *Haftung der Eisenbahn während Bau und Betrieb* (Bülach,
    1901).
Schwab, Dr J. : *Interesse an der Lieferung im Eisenbahn Güterverkehr*
    (Wien, 1913).
Say, L. : *Nouveau dictionnaire d'Economie politique* (Paris, 1900).
Savary (Jasques des Brulons) : *Dictionnaire universel du Commerce*
    (Paris, 1792).
        Le parfait Négociant (Paris, 1679).

Troplong, M. : *Droit civil* (Paris, 1846) *du mandat, art. 458 et Comm. de*
    transports (art. 909, lettre de voiture).
Thaller : *Droit commercial* (I–904).
Théry, Ed. : *Histoire des grandes compagnies de chemins de fer.*
Tabarcès de Grandsaigne : *Combustions spontanées.*
Thomas, A. : *L'Etat et les compagnies de chemins de fer* (Paris, 1914).
Tolnay, C. de : *Intégrité territoriale de la Hongrie au point de vue des*
    chemins de fer.
Thibault, P. : *Courtage maritime* (Paris, 1908).
Tripier, L. : *Codes français* (Paris, 1880).
Transports (Les) (Revue technique, Paris).

Ulmann, Erhard : *Transports des marchandises en Autriche* (Wien, 1910).
Universal Shipping Directory, London, Steamship Companies.
Uzanne, Oct. : *La locomotive à travers les âges* (Paris, 1900).
Urban et Schwarzenberg : *Encyclopédie de toutes les matières relatives*
    aux chemins de fer.

Verneaux, R. : *Industrie des Transports maritimes aux XIXe et XXe siè-*
    cles (Paris, 1903).
Vogt, L. : *Code civil suisse interprété par le Tribunal fédéral* (Genève,
    1921).
Vadnai, Dr E. : *Geschichte des Speditionsgeschäftes von den Uranfängen*
    bis zu seiener heutigen Gestaltung (Budapesth, 1925).
Vasseur : *Chemin de fer d'intérêt local* (Paris).
Violet, L. : *Agenda des chemins de fer* (Paris, 1922).

Verkehr (Der) (Journal des transports, Dortmund).

VOLLMAR, F. : *Anfänge des Eisenbahngesetzgebung im Schweizer Bundestaate* (Bern, 1903).

VERRI, P. : *Opere filosoficha i d'economia politica* (Milano, 1818).

VENHÜFFEL : *Louage appliqué aux voituriers* (v. DALLOZ).

VINCENT, A. : *Clauses d'irresponsabilité dans le contrat de transports* (1893).

VALROGER, L. de : *Institution des consuls de mer au moyen âge* (1891).

WAHL, A. : *Nature juridique du contrat de déménagement* (Paris, 1911).

WERNERT, Mce : *Jurisprudence de transport sous la CI.*

WIEDEMANN, C.-W. : *Geschichtliche Entwickelung der schw. Eisenbahngesetzgebung* (Zurich, 1905).

WEISSENBACH, P. : *Eisenbahnwesen der Schweiz* (Zurich, 1913).

WIMMER, W. : *Rechtliche Stellung der Post et Postrfrachtgeschäft in der Schweiz* (Bern, 1905).

WARNEYER, Dr O. : *Jugements année* 1909 (Leipzig, 1910).

WAUWERMANS, P. : *Contrat de transport* (Gand, 1891).

YSSELSTEYN, H. : *Port de Rotterdam* (1908).

ZACCHARIÆ, C.-S. : *Droit civil* (Strasbourg, 1839).

ZSCHOKKE, O. : *Exploitation des chemins de fer suisses sous la direction de la Confédération* (1877).

ZUTTER, P. : *Réorganisation des CFF* (Zurich, 1917).

N.°

ART.

avec adresse

DILIGENCES ✠ DE PARIS.

A LYON, le 10 9.bre 1787 REMBt.

Messieurs, A la garde de Dieu, & par la voie de la Diligence vous recevrez un Caisson entoillé Ciré marqué comme en marge, pesant 42 livres, contenant vingt Livres et demis net Bas de soyes et quatre Livres etoffes de soyes Suivant le certificat cy joint M.° 12 lequel vous étant parvenu bien conditionné, vous paierez la voiture au prix ordinaire, & rembourserez les droits d'Entrée de cette Ville, ceux des Gardes pour le Roi à la sortie de Lyon, sans que le Fermier desdites voitures soit responsable des choses fragiles ; en outre, la somme de

Je suis,

A Messieurs
Messieurs Les fermiers
Generaux des Messageries a Paris
Pour faire passer S.L.P. a Messieurs
Supier Blancler et chevaux Negt. a sournur
A Paris

Votre très-humble &
obéissant serviteur,
Pour M.rs Perrochia
Bertholon

CONVENTION INTERNATIONALE DE BERNE

ARTICLE 29. — *Responsabilité du chemin de fer
pour les agents attachés à son service.*

Le chemin de fer est responsable des agents attachés à son service et des autres personnes qu'il emploie pour l'exécution du transport dont il s'est chargé.

ARTICLE 30. — *Responsabilité du chemin de fer pour perte totale
ou partielle, ou pour avarie.*

(1) Le chemin de fer est responsable, sauf les dispositions contenues dans les articles ci-après, du dommage résultant de la perte (totale ou partielle) ou de l'avarie de la marchandise, à partir de l'acceptation au transport jusqu'à la livraison. Il sera déchargé de cette responsabilité s'il prouve que le dommage a eu pour cause une faute de l'ayant-droit, un ordre de celui-ci ne résultant pas d'une faute du chemin de fer, un vice propre de la marchandise (détérioration intérieure, déchet, coulage ordinaire, etc.) ou un cas de force majeure.

(2) Au cas où la lettre de voiture désigne un lieu de destination qui n'est pas une station de chemin de fer, la responsabilité du chemin de fer, basée sur la présente Convention, cesse à la dernière gare. Le transport ultérieur est régi par l'article 19.

ARTICLE 31. — *Restriction de la responsabilité
du chemin de fer en cas de certains dangers.*

(1) Le chemin de fer n'est pas responsable :

1º De l'avarie survenue aux marchandises qui, en vertu des prescriptions des tarifs ou des conventions passées avec l'expéditeur et mentionnées dans la lettre de voiture, sont transportées en wagons découverts,

En tant que l'avarie sera résultée du danger inhérent à ce mode de transport ;

2º De l'avarie survenue aux marchandises qui, suivant la déclaration de l'expéditeur dans la lettre de voiture (art. 9), sont remises en vrac ou avec un emballage défectueux, quoique, par leur nature et pour être à l'abri des pertes et avaries, elles exigent un emballage,

En tant que l'avarie sera résultée du manque ou de l'état défectueux de l'emballage ;

2

3º De l'avarie survenue aux marchandises qui, en vertu des prescriptions des tarifs ou des conventions passées avec l'expéditeur et mentionnées dans la lettre de voiture,

En tant que de telles conventions sont autorisées sur le territoire de l'État où elles sont appliquées, ont été chargées par l'expéditeur ou déchargées par le destinataire, en tant que l'avarie sera résultée du danger inhérent à l'opération du chargement ou du déchargement ou d'un chargement défectueux ;

4º De l'avarie survenue aux marchandises qui, pour des causes inhérentes à leur nature, sont exposées au danger particulier de se perdre, en tout ou en partie, ou d'être avariées, notamment à la suite de bris, rouille, détérioration intérieure et spontanée, coulage extraordinaire, dessication et déperdition,

En tant que l'avarie est résultée de ce danger ;

5º De l'avarie survenue aux animaux vivants,

En tant que l'avarie est résultée du danger particulier que le transport de ces animaux entraîne pour eux ;

6º De l'avarie survenue aux marchandises et bestiaux dont le transport, aux termes des tarifs ou des conventions passées avec l'expéditeur et mentionnées dans la lettre de voiture, ne s'effectue que sous escorte,

En tant que l'avarie est résultée du danger que l'escorte a pour but d'écarter.

(2) Si, eu égard aux circonstances de fait, l'avarie a pu résulter de l'une des causes susmentionnées, il y aura présomption que l'avarie résulte de l'une de ces causes, à moins que l'ayant-droit n'établisse le contraire.

CONDITION COMPLÉMENTAIRE. — *Lorsque, à la demande expresse de l'expéditeur, le chemin de fer fournit des bâches en location, il n'assume d'autre responsabilité que celle lui incombant pour le transport en wagons découverts non bâchés, même s'il s'agit de marchandises qui, selon les prescriptions de tarif, ne peuvent être transportées en wagons découverts non bâchés.*

RÈGLEMENT SUISSE DE TRANSPORT 1894.

§ 80. — *Constatation de la perte ou de l'avarie*
de la marchandise.

(1) Dans tous les cas de perte totale ou partielle et d'avarie, les administrations de chemins de fer sont tenues de faire immédiatement des recherches, d'en constater le résultat par écrit, et de le communiquer aux intéressés sur leur demande, et en tout cas à la gare d'expédition.

(2) Si le chemin de fer découvre ou suppose une perte partielle ou une avarie de la marchandise, ou si l'ayant-droit en allègue l'existence, il sera immédiatement dressé un procès-verbal par le chemin de fer pour constater l'état de la marchandise, le montant du dommage, et, autant que possible, la cause de la perte partielle et de l'avarie à l'époque à laquelle elles remontent. En cas de perte totale de la marchandise (§ 88), il sera également dressé un procès-verbal.

(3) Dans tous les cas où l'état de la marchandise donne lieu à contestation, le chemin de fer et le destinataire ont le droit de demander, à l'autorité compétente du lieu où se trouve la marchandise, la nomination d'experts aux fins d'en constater l'état et d'en faire rapport, le tout aux frais de qui de droit.

(4) Toutes les fois qu'il y a contestation, l'autorité compétente du lieu où se trouve la marchandise peut aussi, sur la demande de l'une des deux parties, ordonner que la marchandise soit, aux frais et périls de qui de droit, déposée dans un entrepôt public ou chez un tiers, et, après constatation de son état si cela est nécessaire, vendue en tout ou en partie pour couvrir les frais de transport et autres remboursements qui la grèvent. Le paiement ou le dépôt (§ 76) de toutes les sommes qui grèvent la marchandise suspend la vente aussi longtemps qu'elle n'a pas été effectuée.

§ 81. — *Légitimation en cas de poursuite.*

(1) Les actions contre les chemins de fer, qui naissent du contrat de transport, n'appartiennent qu'à celui qui a le droit de disposer de la marchandise.

(2) Si le duplicata ou le récépissé ne peut pas être représenté par l'expéditeur, celui-ci ne pourra intenter l'action que si le destinataire l'a autorisé à le faire.

(3) Les réclamations extrajudiciaires doivent être accompa-

gnées d'une pièce établissant la valeur de la marchandise (facture) et de la lettre de voiture.

§ 82. — *Responsabilité de plusieurs chemins de fer.*

(1) Le chemin de fer qui a accepté au transport la marchandise avec la lettre de voiture est responsable de l'exécution du transport sur le parcours total jusqu'à la livraison.

(2) Chaque chemin de fer subséquent, par le fait même de la remise de la marchandise avec la lettre de voiture primitive, participe au contrat de transport, conformément à la lettre de voiture, et accepte l'obligation d'exécuter le transport en vertu de cette lettre.

(3) L'action fondée sur le contrat de transport ne pourra, sauf le recours des chemins de fer entre eux, être intentée que contre la première administration ou celle qui aura reçu en dernier lieu la marchandise avec la lettre de voiture, ou contre l'administration sur le réseau de laquelle le dommage aura été occasionné. Le demandeur aura le choix entre les susdites administrations.

(4) L'action ne pourra être intentée que devant un tribunal siégeant là où l'administration actionnée aura son domicile.

(5) Une fois l'action intentée, le droit d'option entre les chemins de fer mentionnés à l'alinéa 3 est éteint.

§ 83. — *Demandes reconventionnelles. — Exceptions.*

Les réclamations fondées sur le contrat de transport pourront être formées contre une autre administration que celles désignées au § 82, alinéa 3, lorsqu'elles se présentent sous la forme de demandes reconventionnelles ou d'exceptions et que la demande principale est fondée sur le même contrat de transport.

§ 84. — *Responsabilité des chemins de fer pour leurs agents.*

Le chemin de fer est responsable des agents attachés à son service et des autres personnes qu'il emploie pour l'exécution du transport dont il s'est chargé.

§ 85. — *Responsabilité pour perte ou avarie en général.*

(1) Le chemin de fer est responsable, sauf les dispositions contenues dans les paragraphes ci-après, du dommage résultant de la perte (totale ou partielle) ou de l'avarie de la marchandise, à partir de l'acceptation au transport jusqu'à la livraison. Il sera déchargé de cette responsabilité, s'il prouve que le dommage a eu pour cause une faute de l'ayant droit, un ordre de celui-ci ne résultant pas d'une faute du chemin de fer, un vice propre de la marchandise (détérioration intérieure, déchet, coulage ordinaire, etc.), ou un cas de force majeure.

(2) Lorsqu'un chemin de fer se charge du transport de la marchandise avec une lettre de voiture indiquant comme lieu de livraison

une localité située hors du parcours de ses lignes ou des lignes avec lesquelles il est en trafic, la responsabilité du ou des chemins de fer, comme transporteurs, n'existe pas pour le transport tout entier, jusqu'au lieu de livraison, mais seulement jusqu'à l'endroit où doit cesser le transport par chemin de fer. L'expéditeur est seul responsable de l'acheminement ultérieur des marchandises, à moins que le chemin de fer n'ait organisé lui-même des moyens de transport, auquel cas il reste responsable, comme transporteur, jusqu'au lieu de livraison.

(3) S'il s'agit d'expéditions destinées à l'étranger ou remises au transport à l'étranger, mais auxquelles les conventions internationales en vigueur ne peuvent être appliquées, et si le dommage a lieu sur le chemin de fer étranger, cette responsabilité cesse pour la compagnie suisse, ou se trouve restreinte à la somme dont l'administration fautive est tenue de répondre d'après la loi qui la régit, lorsque la compagnie suisse peut faire la double preuve suivante :

1º Que l'accident ou la faute n'a eu lieu qu'après la remise de la marchandise à un chemin de fer étranger ou avant de l'avoir reçue d'un chemin de fer étranger, et

2º Que, d'après les lois et règlements auxquels le chemin de fer étranger est soumis, on ne peut exiger de ce dernier aucune indemnité ou seulement une indemnité inférieure à celle qui serait à payer d'après le présent Règlement.

§ 86. — *Restriction de la responsabilité dans certains cas.*

Le chemin de fer n'est pas responsable :

1º De l'avarie survenue aux marchandises qui, en vertu des prescriptions des tarifs ou de conventions passées avec l'expéditeur, sont transportées en wagons découverts,
En tant que l'avarie sera résultée du danger inhérent à ce mode de transport ;

2º De l'avarie survenue aux marchandises qui, suivant la déclaration de l'expéditeur dans la lettre de voiture (§ 63), sont remises en vrac ou avec un emballage défectueux, quoique, par leur nature et pour être à l'abri des pertes et avaries, elles exigent un emballage,
En tant que l'avarie sera résultée du manque ou de l'état défectueux de l'emballage ;

3º De l'avarie survenue aux marchandises qui, en vertu des prescriptions des tarifs ou des conventions spéciales passées avec l'expéditeur, ont été chargées ou déchargées par celui-ci ou par le destinataire,
En tant que l'avarie sera résultée du danger inhérent à l'opéra-

tion du chargement et du déchargement ou d'un chargement défectueux ;

4° De l'avarie survenue aux marchandises qui, pour des causes inhérentes à leur nature, sont exposées au danger particulier de se perdre en tout ou en partie ou d'être avariées, notamment à la suite de bris, rouille, détérioration intérieure et spontanée, coulage extraordinaire, dessication et déperdition,

En tant que l'avarie est résultée de ce danger :

5° De l'avarie survenue aux animaux vivants,

En tant que l'avarie est résultée du danger particulier que le transport de ces animaux entraîne pour eux ;

6° De l'avarie survenue aux marchandises et bestiaux dont le transport, aux termes des tarifs et des conventions passées avec l'expéditeur, ne s'effectue que sous escorte,

En tant que l'avarie est résultée du danger que l'escorte a pour but d'écarter.

§ 92. — *Montant de l'indemnité en cas d'avarie de la marchandise.*

(1) En cas d'avarie, le chemin de fer aura à payer le montant intégral de la dépréciation subie par la marchandise. Si l'expédition a eu lieu sous le régime d'un tarif spécial (tarif exceptionnel) conformément au § 90, l'indemnité à allouer sera proportionnellement réduite.

(2) Toute avarie est présumée avoir eu lieu *après la réception* de la marchandise par le chemin de fer, si dans la lettre de voiture il n'est fait aucune mention que la marchandise était avariée au moment de sa consignation, ou si une telle mention n'a été faite que postérieurement à la consignation et à la signature de la lettre de voiture, par le chemin de fer seul, sans que l'expéditeur ou son mandataire ait été appelé. Est toutefois réservée la disposition du § 62, alinéa 4.

(3) Si, en mesurant, en pesant ou en comptant les colis une seconde fois, pendant ou après le transport, on obtient une quantité inférieure à celle indiquée dans la lettre de voiture, il y a présomption que la quantité supérieure indiquée dans la lettre de voiture a été consignée au chemin de fer, et que la diminution s'est produite pendant le transport, sous réserve de la disposition renfermée au § 62, alinéa 4.

(4) Si la mention que la marchandise a été remise avariée se trouve sur la lettre de voiture, mais non sur le duplicata de celle-ci ou sur le récépissé (§ 62), il y a présomption que cette mention a été faite par le chemin de fer seul, après la consignation et la signature de la lettre de voiture. Si la quantité indiquée sur la lettre

de voiture est inférieure à celle portée sur le duplicata de la lettre ou sur le récépissé, il y a présomption que la quantité supérieure indiquée sur le duplicata est la seule exacte.

(5) Si la fermeture et l'emballage du colis sont extérieurement intacts lors de la délivrance, et qu'en même temps le poids soit trouvé conforme au poids reconnu lors de la consignation, il y a présomption que le déficit sur le contenu indiqué existait déjà lors de la remise au chemin de fer.

§ 98. — *Exclusion de la responsabilité.*

La responsabilité, telle qu'elle résulte du contrat de transport, ne s'applique pas aux objets qui, bien qu'exclus du transport ou admis seulement sous certaines conditions, auraient été néanmoins expédiés sous une déclaration incorrecte ou inexacte ou pour lesquels l'expéditeur n'aurait pas rempli les mesures de sûreté prescrites.

§ 99. — *Réclamations après paiement des frais de transport et acceptation de la marchandise.*

(1) Le paiement du prix de transport et des autres frais à la charge de la marchandise et à réception de la marchandise éteignent, contre le chemin de fer, toute action provenant du contrat de transport.

Toutefois l'action n'est pas éteinte :

a) Si l'ayant droit peut fournir la preuve que le dommage a pour cause un dol ou une faute grave du chemin de fer ;

b) En cas de réclamation pour cause de retard, lorsqu'elle est faite à l'une des administrations désignées comme responsables par le § 82, alinéa 3, dans un délai ne dépassant pas sept jours, non compris celui de la réception ;

c) En cas de réclamation pour défauts constatés conformément au § 80 avant l'acceptation de la marchandise par le destinataire, ou dont la constatation aurait dû être faite conformément au § 80 et n'a été omise que par la faute du chemin de fer ;

d) En cas de réclamation pour dommages non apparents extérieurement, dont l'existence est constatée après la réception, mais seulement aux conditions suivantes :

aa) La demande en constatation faite au chemin de fer ou au tribunal compétent conformément au § 80 doit avoir lieu immédiatement après la découverte du dommage, et au plus tard dans les sept jours à partir de la réception de la marchandise ;

bb) L'ayant droit doit prouver que le dommage s'est produit dans l'intervalle écoulé entre la remise au transport et la livraison. Si toutefois la vérification de la marchandise par le destinataire a été possible à la gare de destination et si elle a été offerte par le chemin de fer, il n'y a plus lieu d'appliquer la disposition contenue sous la lettre *d.*

(2) Le destinataire sera libre de refuser la réception de la marchandise, même après réception de la lettre de voiture et paiement des frais de transport, aussi longtemps que le dommage dont il soutient l'existence n'aura pas été constaté conformément à sa réquisition. Les réserves faites lors de la réception de la marchandise ne sont d'aucun effet, à moins qu'elles ne soient consenties par le chemin de fer. (Loi féd. 1893, art. 44.)

(3) Si l'un ou l'autre des objets désignés dans la lettre de voiture venait à manquer lors de la livraison, le destinataire pourra exclure dans la quittance (§ 71) les colis non livrés, en les désignant spécialement (voir aussi § 74, 11e alinéa).

(4) Les réclamations mentionnées au présent paragraphe doivent être faites par écrit.

§ 100. — *Prescription.*

(1) Les actions en indemnité pour perte totale ou particlle, avarie de la marchandise ou retard dans sa livraison, sont prescrites par un an, lorsque l'indemnité n'a pas déjà été fixée par une reconnaissance du chemin de fer, par transaction ou par un jugement. La prescription est de trois ans s'il s'agit d'une action en dommages-intérêts prévue au § 99, 1er alinéa, lettre *a.*

(2) En cas d'avarie ou de perte partielle de la marchandise, la prescription court à partir du jour de la livraison ; en cas de perte totale de la marchandise ou de retard dans la livraison, la prescription court à partir du jour où expire le délai de livraison.

(6) Cette prescription est interrompue non seulement par une action intentée, mais aussi par une réclamation écrite, émanée de l'expéditeur ou du destinataire, de telle sorte que, tant que la réclamation reste en suspens, la prescription cesse de courir.

(4) Si la réclamation est repoussée, une nouvelle prescription d'un an commence à courir à partir du moment où le chemin de fer a restitué les pièces à l'appui à lui confiées (lettres de voiture, procès-verbaux, etc.) et permis ainsi de commencer utilement une poursuite judiciaire. La prescription de l'action n'est pas alors interrompue par une nouvelle réclamation formulée contre ce refus.

(5) Les chemins de fer doivent examiner les réclamations qui leur sont adressées par écrit et y répondre dans le délai le plus bref possible.

Code de Commerce français.

Art. 105. — Le voiturier est garant de la perte des objets à transporter, hors les cas de force majeure. Il est garant des avaries autres que celles qui proviennent du vice propre de la chose ou de la force majeure. (Civ. 1315-1784.)

Toute clause contraire insérée dans toute lettre de voiture, tarif ou autre pièce quelconque est nulle. (Loi Rabier, 1905.)

JURISPRUDENCE EN MATIÈRE DE TRANSPORTS PAR CHEMIN DE FER.

INTRODUCTION.

Nous avons l'intention de publier plus de 3.000 arrêts concernant les transports de marchandises par chemin de fer. Notre présent exposé est relatif aux contestations provenant d'*avaries* ; nos prochaines publications parleront des litiges provenant de retards, de pertes, de manquants, etc.

Nous poursuivons un double but :

1o Faire comprendre aux usagers (clients) des compagnies de chemin de fer que celles-ci ne sont pas aussi invincibles qu'elles veulent bien le faire croire et que le public a tort de se contenter du premier refus opposé par elles aux réclamations les plus justifiées.

2o Mettre au jour les procédés insolites de certains contentieux de chemins de fer pour essayer de s'exonérer de leur responsabilité ; pour atteindre ce but, tous les arguments leur sont bons.

Le lecteur trouvera des arrêts aussi bien contre le chemin de fer qu'en sa faveur.

C'était un devoir d'impartialité que de les publier tous, mais aussi une occasion de faire connaître les arguties des compagnies, qui gagnent souvent un procès grâce à des artifices de procédure.

Le cadre de notre ouvrage ne nous permet pas de donner *in extenso* tous les arrêts ; nous le regrettons beaucoup, car le public aurait ainsi connu les « attendus » des tribunaux flétrissant les procédés des compagnies.

Certaines d'entre elles, en effet, ne craignent pas de soumettre aux tribunaux des cas déjà jugés contre elles à plusieurs reprises ; elles espèrent faire modifier la jurisprudence qui leur était défavorable et gagner leur procès.

Nous nous tenons à la disposition des intéressés pour leur procurer les arrêts complets.

Nous avons puisé nos renseignements à des sources sûres, entre autres dans le *Bulletin des Transports internationaux* et dans le *Bulletin des Transports* rédigé par Lamy, à Paris, le célèbre spécialiste en matière de contentieux ferroviaire, dans les gazettes et journaux des tribunaux, dans les revues de droit, etc.

Il n'est pas exagéré de dire que Lamy a su, par ses connaissances, son expérience et sa ténacité, provoquer une crainte salutaire chez les administrations de chemins de fer français, auxquelles il a, dans l'espace de vingt ans, fait rembourser plus de 10 millions. Espérons que l'Association suisse de défense contre les abus des administrations parviendra aux mêmes résultats en ce qui concerne les C.F.F.

Ces derniers se vantent de repousser la plus grande partie des réclamations du public[1]. Cet abus intolérable doit cesser et il cessera dès que le commerce, l'industrie et l'agriculture auront compris l'utilité de s'affilier à l'association qui centralise les réponses dilatoires et divergentes (pour des cas identiques) de nos chemins de fer, hélas nationaux.

L'esprit procédurier et digne de Chicaneau doit faire place à une mentalité de juriste équitable. C'est le cas de rappeler que l'union fait la force et que le public n'obtiendra justice qu'en formant un bloc compact de défense.

Le chapitre « avaries » comprend des cas ressortissant à d'autres parties de nos publications ultérieures ; ce sont les coulages, déchets, mouille, rouille, évaporation, dessication, chocs, etc., provenant eux-mêmes d'avaries ou en provoquant.

Inutile d'ajouter que nous n'avons pas publié tous les arrêts, leur nombre étant incalculable.

Nous constatons que les chemins de fer, considérés comme commerçants par les tribunaux, n'agissent pas vis-à-vis de leurs clients (envoyeurs ou destinataires de marchandises) comme des commerçants diligents, conciliants, intelligents ou corrects ; il leur est tout à fait indifférent de mécontenter ceux qui leur apportent du trafic. Et c'est là un précieux argument en faveur de la thèse des adversaires du monopole, qu'il s'agisse de compagnies privées ou d'Etat. Pourquoi les administrations de chemins de fer jouissent-elles de prérogatives refusées aux particuliers ? Pourquoi trouvent-elles auprès de certaines autorités tant de complaisance ?

Parce que le public se laisse faire, qu'il n'a ni l'expérience pour introduire les réclamations et combattre les arguments des compagnies, ni le temps de poursuivre, jusqu'au bout, ses demandes.

Enfin, parce qu'il a peur d'avancer quelques frais de justice pour faire condamner les chemins de fer et pourtant, ceux-ci doivent, dans la plupart des cas, payer le montant de l'avarie et tous les dépens[2] de l'instance provoquée par leur résistance injustifiée, que Dalloz et les tribunaux qualifient de dol, de mauvaise foi, etc.

---

[1] Lire : *Conseils aux usagers des chemins de fer*, par C. ACKERMANN. Payot, Genève, 1925.

[2] Voir page 4.

Que le public s'adresse donc aux spécialistes pour rédiger la réclamation et en poursuivre le règlement ; il sera plus vite et mieux payé qu'en agissant lui-même et bénéficiera de la centralisation des cas litigieux, des réponses des compagnies et des solutions intervenues[1].

Un arrêt de la Cour suprême d'Autriche a décidé, le 19 septembre 1922 (B.T.I., 1924/9), que la C.I., 34 accorde au réclamant, outre la valeur de la marchandise avariée ou perdue, le port, droits de douane et « autres frais ». Or, ces frais sont par exemple : les frais de réclamation.

Les CFF ont été obligés de reconnaître la justesse de ce principe dans leur lettre du 23 juin 1927, 5043-6-11, à la Chambre de Commerce de Genève, que nous félicitons de ce succès.

AVARIES.

Qu'est-ce qu'une avarie ?

L'avarie se dit en général de tout dommage qu'a souffert une chose. (Dalloz, *Voirie par chemin de fer*, t. 44.)

En matière de transports on divise les avaries en deux grandes catégories :

1º Celles survenues dans les transports par terre ;

2º Celles provenant des transports par mer[2];

---

[1] Ne pas oublier que le chemin de fer est tenu de payer les intérêts des sommes qu'il doit :

Intérêts sur indemnités dues par le chemin de fer B.T.I. 1917-410, voir prescription pour réclamer les intérêts.

B.T.I., 1910, l'Office central dit que l'art. 42 C.I. ne vise que les cas d'indemnité à payer par le chemin de fer pour perte, avarie ou retard tandis que le remboursement des trop-perçus tombe sous le coup de l'art. 12 (4) qui ne parle pas d'intérêt à payer par le chemin de fer.

Enfin il renvoie à un jugement du 17 juin 1902 du Trib. district Wien, B.T.I., 1903, 375, qui a condamné le chemin de fer à des intérêts, attendu qu'il avait apporté des délais injustifiés à la liquidation de la réclamation à lui adressée.

B.T.I., 1914, 48. Obligation pour le chemin de fer de payer les intérêts des taxes de transport perçues en trop, dès la date où la somme a été payée en trop, et non depuis la réclamation seulement. C.I., 12 (4).

Voir C.I. 42, 50, 39 st. s.

Landsger. Köln 3 février 1911 a aussi décidé que le chemin de fer était tenu au paiement des intérêts.

Eger, Nº 84, 152, idem.

C. Comm. français, 352 et 353.

B.T.I., 1900, 405, Bezirksger. 1er mai 1900, C.I. 41 et 42.

Intérêts réclamés pour retard dans le règlement d'une indemnité. Faute grave ou non ? non, malgré dévoyé de l'envoi par chemin de fer.

[2] Avaries *maritimes*.

LYON-CAHEN donne, dans son *Traité de Droit commercial*, t. 6, page 8 et suiv., tout un chapitre sur les avaries de mer.

puis en avaries intérieures et avariées extérieures. (V. Dalloz, t. 44, pp. 946 et 423, 433.)

A leur tour ces catégories se subdivisent en de nombreuses espèces, selon la cause des avaries. Nous laisserons de côté les avaries survenant dans les transports maritimes, lesquelles seraient trop longues à exposer et à étudier ici. Nous en possédons une certaine quantité nous permettant de renseigner et de conseiller les intéressés.

Pour dresser la liste des causes d'avaries en chemin de fer, il suffirait de mentionner les prétextes qu'avancent les contentieux ferroviaires pour chercher à s'exonérer de leur responsabilité :

Emballage prétendu défectueux.

Vice propre de la chose.

Vice caché.

Force majeure ou cas fortuit.

Avarie antérieure à la remise au chemin de fer.

Bâchage prétendu défectueux.

Chargement ou déchargement effectué par les envoyeurs ou les destinataires, et soi-disant défectueux.

Réserves tardives.

Emplois de wagons défectueux (alors que le chemin de fer en est responsable).

Non-reconnaissance des marchandises par le chemin de fer, au départ (c'est une monstruosité juridique, le chemin de fer étant tenu de vérifier ce qu'on lui remet ; s'il ne le fait pas, il devrait en supporter les conséquences). Déclaration inexacte, sur la lettre de voiture, de la nature de la marchandise (sans quoi le chemin de fer aurait soi-disant donné un plus grand soin à la marchandise = mauvaise plaisanterie).

Chargement sur un wagon découvert au lieu d'un wagon fermé (par conséquent ne jamais accepter du chemin de fer la livraison d'un wagon ouvert si la marchandise est sujette à détérioration).

Chargement des wagons complets par l'envoyeur hors la présence du chemin de fer. (A cette occasion nous conseillons, là où la chose est possible, de faire contrôler le chargement par les employés de chemin de fer et faire constater le fait sur la lettre de voiture.)

Si l'expéditeur est quelquefois coupable d'un manque de soins dans l'emballage et le chargement des marchandises, le chemin de fer, lui, mérite bien d'autres reproches justifiés par la manière brutale avec laquelle il manutentionne les colis[1].

---

[1] L'Office Central des Transports internationaux à Berne publie dans son N° B.T.I., 1904, 322, un rapport de la Chambre de Commerce de Luxembourg : « On a constaté de beaucoup trop fréquentes avaries aux marchandises fragiles. Ces avaries se produisent généralement pendant les opérations de chargement, arrimage et déchargement des colis. L'indemnité réclamée par l'expéditeur est

Principales sortes d'avaries :

<table>
<tr><td align="center">Par terre</td><td align="center">Par mer</td></tr>
<tr><td>Avaries par bris, coulage, mouille et rouille.</td><td>Avaries grosses et communes.</td></tr>
<tr><td>Avaries par suite de retard.</td><td></td></tr>
<tr><td>Avaries par incendie, gel, fermentation, dessication.</td><td></td></tr>
<tr><td>Avaries provenant de matériel défectueux ou malpropre fourni par le chemin de fer.</td><td></td></tr>
<tr><td>Avaries par chocs en cours de transports, etc.</td><td></td></tr>
</table>

Il faut remarquer que les avaries ont déjà provoqué une copieuse jurisprudence, sans parler des innombrables litiges réglés sans l'intervention des tribunaux.

Nous ne pouvons qualifier d'amiables ces règlements, car la plupart du temps, le chemin de fer repousse les réclamations, quitte à venir à récipicence lorsqu'il se trouve en face d'un réclamant clairvoyant et tenace... ou bien conseillé.

Les contentieux ferroviaires[1] (si l'on en croit le *Bulletin de Transports* (de Paris), les nombreux auteurs d'ouvrages de droit ferroviaire, les interpellations aux Chambres, les plaintes émanant du public et dont les journaux et les bulletins des Chambres de Commerce sont remplis) sont loin de se comporter en juristes équitables, soucieux des intérêts supérieurs du commerce, leur meilleur client.

Les CFF, par exemple, se vantent dans leurs rapports annuels d'avoir repoussé :

en	1918	5.810 réclamations sur	17.004 présentées	
»	1919	6.780	»	16.830	»
»	1920	6.678	»	18.951	»
»	1921	6.414	»	12.706	»
»	1922	5.406	»	10.719	»
»	1923	6.369	»	13.670	»
»	1924	5.725	»	15.211	»
»	1925	3.911	»	13.440	»

repoussée par le chemin de fer qui allègue un vice de fabrication, un emballage défectueux ou l'impossibilité pour le client d'établir si l'avarie s'est produite avant ou après l'acceptation au transport. C'est donc l'expéditeur qui doit supporter la perte en résultant. La fréquence des avaries est à attribuer à l'incurie du personnel subalterne des chemins de fer ».

[1] Voir : *Conseils aux usagers des chemins de fer*, par C. ACKERMANN (Atar, Genève, 1925).

La législation ferroviaire en matière d'avaries se subdivise en deux parties :

1º Internationale ;

2º Interne, très différente suivant les pays.

I. L'internationale, représentée par la Convention internationale, dite de Berne, présente l'avantage d'unifier la réglementation et d'éviter à un client de chemin de fer d'aller plaider au loin ou de voir trancher ses réclamations par des lois étrangères. Mais elle a le grave inconvénient, ayant été élaborée surtout par des fonctionnaires de chemin de fer ou par des juristes « de la Couronne », d'être beaucoup trop favorable aux administrations ferroviaires.

II. Les lois et règlements internes des divers pays sont, par contre, beaucoup plus sévères et tiennent compte plus exactement des intérêts du public (commerce, industrie, agriculture), forcé d'en passer par les monopoles des compagnies, soit privées, soit d'Etat. A cet égard mentionnons le Code de Commerce français (modifié par la loi Rabier, 17 mars 1905 (lequel a remis les choses au point en décidant que le voiturier[1] (terme générique sous lequel figurent les transporteurs) est censé avoir reçu en bon état toute marchandise pour laquelle il n'a pas fait de réserve au moment de l'acceptation au transport, sauf les exceptions suivantes :

a) Cas de force majeure ou cas fortuit ;

b) Vice propre de la chose ;

c) Faute de l'expéditeur, notamment défaut d'emballage.

Or, le Code de Commerce français a une grande importance pour Genève, attendu qu'on peut utiliser indifféremment, pour les transports France-*Genève*, ou vice versa, la lettre de voiture interne française ou celle dite internationale.

Dans le premier cas, les litiges seront soumis à la législation française, dans le second à la Convention internationale de Berne. Nous donnons ci-après quelques appréciations tirées de l'ouvrage de M. Troplong, *Droit civil expliqué*, t. 3, *Louage d'ouvrage*, p. 158, J :

---

[1] Voir : TROPLONG, *Droit civil expliqué*, t. 3, page 133, lequel indique ce qu'on classe sous ce vocable, soit : voiturier par terre et par mer, commissionnaires de transports et de roulage, camionneurs rouliers, entrepreneurs de coches, de messageries, de déménagements, de convois par chemin de fer, voituriers particuliers, bateliers, patrons de barques, de bateaux à vapeur, fermiers de bacs (v. *Pardessus*, t. 2,537).

Code de Commerce français, art. 103. — Le voiturier est garant de la perte des objets à transporter, hors les cas de la force majeure. Il est garant des avaries autres que celles qui proviennent du vice propre de la chose ou de la force majeure. (Civ. 1315-1784.)

Toute clause contraire insérée dans toute lettre de voiture, tarif ou autre pièce quelconque est nulle. (Loi Rabier, 1905.)

N⁰ 916. — Le voiturier répond non seulement de la faute lourde, mais encore de la faute légère. (*Code civil français*, art. 1928.)

N⁰ 927. — L'art. 1784 C. civ. français présume que l'avarie a lieu par la faute du voiturier et que c'est à lui à s'exonérer de cette présomption par la preuve de sa vigilance.

N⁰ 917. — Le voiturier doit disposer sa marchandise de manière à éviter que la pluie ne mouille les marchandises susceptibles d'être endommagées par l'eau. Il doit charger les objets avec les précautions nécessaires pour prévenir les dommages. (Voir *Caïus*, I, 25, § 7, D. Loc. cond.)

N⁰ 927. — Mais, dit Troplong, le destinataire qui veut profiter de cette responsabilité du voiturier doit, en cas de contestation, faire visiter la chose par les experts *avant* de la recevoir (art. C. Comm. 106), car la réception des objets sans réclamation de la part du destinataire, jointe au paiement du prix, élève contre toute réclamation une fin de non recevoir. (Voir là-dessus *Troplong*, t. 2, n⁰ 547, C. Com. 105.)

N⁰ 939. — Si donc le voiturier remet les objets cassés ou avariés, c'est à lui de prouver que le dommage a été causé par force majeure. (V. *Caïus*, I, 25, § 7, de Loc. cond.)

N⁰ 937. — Or, Troplong dit que pour arriver à une preuve complète de la force majeure, le voiturier doit prouver que sa faute n'a en rien contribué à amener l'événement.

N⁰ 940. — Troplong dit qu'un des moyens fréquents employé par les voituriers pour échapper à leur responsabilité, c'est l'allégation du défaut d'emballage. Dans combien de cas les voituriers ne font-ils pas du défaut d'emballage, un prétexte frivole pour cacher leur absence de soins ?

N⁰ 941. — Une autre excuse se puise dans la circonstance que l'avarie a eu lieu par le vice propre de la chose (art. 103, C. Com.). Mais le fait doit être prouvé et le voiturier est toujours astreint à donner justification de son allégation.

A ce sujet, et comme nous le disions, la Convention internationale de Berne donne au chemin de fer[1] beaucoup trop de facilités pour s'exonérer de sa responsabilité. L'al. 2 de l'art. 31, C.I. en est une preuve frappante.

---

[1] Un tribunal de Moravie n'avait-il pas exonéré le chemin de fer pour avaries survenues à des marchandises chargées en wagon fermé, sous prétexte que la marchandise pouvait voyager en wagon découvert et que dans ce cas le chemin de fer eût été exonéré. C'est là une hérésie ou une monstruosité juridique, heureusement rare !

Il est en effet abracadabrant de punir un envoyeur de marchandises pour avoir pris le maximum de précautions, afin d'éviter toute avarie à la marchandise transportée (v. N⁰ arrêt, 248).

Troplong estime immorale et inadmissible une convention dans laquelle un voiturier puiserait un moyen de défense le déclarant irresponsable pour fait de bris ou coulage, (Pardessus (t. 2, n° 542), Junge (arrêt) sont aussi de cet avis.)

L'Office central des Transports à Berne a publié l'Etude juridique ci-après, sur la preuve en cas d'avaries. (BTI, 1893/264.) :

Il est certainement conforme à la nature des choses de rendre en général le chemin de fer responsable, comme le fait l'art. 30 CI, de l'avarie de la marchandise qu'il a acceptée au transport et de lui imposer la preuve que le dommage survenu provient d'une faute de l'expéditeur, d'un vice propre de la marchandise ou d'un cas de force majeure. Mais, d'autre part, il est équitable d'atténuer cette responsabilité dans une juste mesure, lorsque la marchandise se trouve exposée à des chances particulièrement grandes d'avaries, soit en raison de sa nature même, soit à cause des conditions dans lesquelles le transport s'effectue, de telle sorte que les soins qu'on peut raisonnablement exiger du chemin de fer ne suffisent pas, dans les circonstances données, à empêcher l'avarie de se produire. C'est là un point sur lequel il ne saurait exister en principe, et il n'existe d'ailleurs pas en fait, un désaccord sérieux. La divergence porte sur l'établissement de la preuve.

Pour apprécier exactement la valeur de cette divergence, il faut d'abord examiner de près les cas dont il est parlé à l'art. 31, C. I.

1° Le transport en wagons découverts est économique pour l'expéditeur ; mais il expose la marchandise à des avaries provenant des intempéries et de la nature même du service des chemins de fer (fumée et étincelles des locomotives, passage dans les tunnels, trépidation et secousses pouvant entraîner une certaine déperdition de la marchandise transportée à découvert, etc.). Il est clair que c'est à l'expéditeur (ou au destinataire) à supporter les conséquences de ce mode de transport, puisqu'il profite des tarifs réduits. Mais, d'autre part, le chemin de fer conserve l'obligation de faire ce qui est en son pouvoir pour écarter autant que possible les causes d'avarie et pour en atténuer les suites, le cas échéant. La clause libératoire insérée dans l'art. 31 ne saurait évidemment être invoquée pour couvrir la négligence ou la mauvaise foi du chemin de fer[1]. Afin de bien marquer cette intention du législateur, la *Verkehrsordnung* allemande et le *Betriebsreglement* austro-hongrois ont ajouté au chiffre 1 dont il s'agit un alinéa portant : « Ce danger (inhérent au transport en wagons découverts) ne comprend pas

---

[1] Art. 37 de la loi belge, page 152 du Bulletin.

les diminutions extraordinaires de poids ou la perte totale des colis (vol). »

2° Pour les marchandises remises en vrac (c'est-à-dire sans emballage) ou avec un emballage défectueux, l'expéditeur a voulu s'épargner la peine et les frais de faire ou de refaire l'emballage. Il est juste qu'il supporte les conséquences de ce fait (art. 9, 1er et 3e alinéas de la Convention). Mais la déclaration expresse qu'il a dû donner à cet égard (art. 9, 2e al.) ne dispense pas le chemin de fer des devoirs généraux qu'il a à l'égard de toute marchandise qui lui est confiée.

3° Lorsque la marchandise est chargée ou déchargée par l'ayant-droit, les avaries qui se produisent pendant cette opération ou qui en sont la conséquence ne peuvent, en bonne justice, être mises au compte du chemin de fer. C'est le cas, entre autres, de celles qui résultent d'un chargement défectueux, à moins que, comme le dit la loi belge, « ce chargement n'ait été opéré sous la surveillance spéciale des agents du chemin de fer[1] ». Et cette même loi, en exécution de l'art. 7, 3e al., de la Convention, donne au chemin de fer, pour le chargement opéré en dehors de cette surveillance, le droit de stipuler que l'administration ne garantit pas le nombre de colis et le poids mentionné dans le récépissé ou la lettre de voiture, à moins que la vérification du nombre des colis ou du poids n'ait été réclamée par l'expéditeur[2] et [3]. Le règlement d'exploitation de l'Union des chemins de fer allemands rend obligatoire, d'une manière générale, la constatation du poids des expéditions partielles et prévoit la faculté, pour l'expéditeur, de demander la vérification du nombre et du poids des envois remis par wagons complets[4]. Cette disposition s'applique évidemment aussi dans le cas où le chargement incombe à l'expéditeur. De même, en prenant livraison de la marchandise et en procédant lui-même au déchargement, le destinataire a le droit d'en demander la vérification[5]. Par conséquent, toute faculté est laissée à l'expéditeur et au destinataire de déterminer exactement la responsabilité du chemin de fer, responsabilité qui court du moment où le wagon

---

[1] Lire dans le *Bulletin des Transports*, 1916, mars, Paris, les jugements accusant les chemins de fer de manœuvres de procédure et de malice d'allégations inexactes et mensongères. (Trib. Civil Marseille statuant en appel du 2 mars 1916 et Trib. Comm. Lyon, 10 mars 1916).

[2] La demande de vérification de poids et du nombre par le chemin de fer doit figurer sur la lettre de voiture.

[3] Même article, page 153, *id.*

[4] § 45 du dit règlement, page 84, *id.*

[5] Art. 25 de la Convention de Berne, page 10, *id.* : § 57, chiffre 8, du Règlement d'exploitation de l'Union des chemins de fer allemands ; page 89, *id.* : art. 39 de la loi belge ; page 153, *id.*

2*

lui est remis chargé jusqu'à celui où la livraison est effectuée, conformément aux règles admises. Lorsque les précautions nécessaires ont été prises par les ayants droit, le seul motif libératoire spécial que l'administration puisse faire valoir, c'est donc le chargement défectueux opéré en dehors de sa participation.

4° Le transport des marchandises qui, en raison de leur nature, s'avarient ou se perdent facilement, ne doit pas non plus engager la responsabilité du chemin de fer au delà de la faute qu'il aura commise.

En acceptant ces marchandises, il contracte l'obligation de les transporter avec les soins généraux et spéciaux auxquels il est tenu ; il a notamment le devoir de placer les objets qu'il sait être fragiles ou exposés à un autre danger particulier d'avarie ou qui lui sont désignés comme tels, dans les meilleures conditions pour éviter qu'ils ne se brisent, ne se détériorent ou ne se perdent ; mais il ne peut assurément faire disparaître les causes de danger tenant à la nature du service des chemins de fer et à la nature de la marchandise. S'il est vrai, comme le commerce s'en plaint, que les gens du chemin de fer traitent souvent les envois sans ménagement, soit dans la manutention, soit dans les manœuvres de gare, il est non moins vrai que le conditionnement intérieur ou l'état de la marchandise, dont l'expéditeur est seul responsable, laisse fréquemment à désirer, et que beaucoup d'envois sont effectués dans des conditions d'imprévoyance particulière. Ce sont là des points de fait qui donneront toujours lieu à de nombreuses contestations, mais en principe on ne saurait contester la légitimité du motif libératoire inscrit de ce chef dans l'art. 31.

5° Les animaux vivants sont exposés en cours de voyage à des risques de diverses sortes, provenant les uns du mode de transport (chutes, chocs, asphyxie, etc.), d'autres du fait que plusieurs animaux sont transportés ensemble (morsures, ruades, coups de corne, etc.), d'autres du caractère de l'animal (tristesse, colère, affolement, etc.), d'autres de la longueur et de la fatigue du voyage, de l'absence ou de l'insuffisance des soins nécessaires, etc. De tout temps, les chemins de fer n'ont accepté ces transports qu'en formulant des réserves, dont la principale est généralement que les animaux seront chargés et déchargés par les soins de l'ayant droit et accompagnés d'une escorte pendant le transport. On ne peut raisonnablement les rendre responsables que des seules fautes commises par leurs gens, par exemple dans la fourniture du matériel de transport, dans la place assignée aux animaux, dans la manière de manœuvrer les wagons, dans l'absence des précautions élémentaires pour empêcher les animaux de souffrir ou de prendre la fuite, dans le défaut des soins que le chemin de fer a pris à sa charge. Il est à remarquer que l'escorte est bien placée pour relever ces fautes et faire constater l'avarie qui a pu en résulter (art. 25, 2e al., de la Convention).

6° Enfin, ce qui vient d'être dit au sujet de l'escorte des animaux vivants s'applique aussi au transport de certaines marchandises qui nécessitent des soins spéciaux en cours de route. Par exemple, les locomotives, les tenders et les machines à vapeur roulant sur leurs propres roues (art. 50 de la Verkehrsordnung et du *Betriebsreglement* allemand[1]. L'administration n'est, à bon droit, pas responsable du service incombant à l'escorte.

A qui, dans ces divers cas (1 à 6) la charge de la preuve doit-elle incomber régulièrement ?

Les Chambres suisses ont paru admettre qu'aux termes de l'art. 31 de la Convention, il suffisait au chemin de fer, pour se libérer, d'alléguer l'une des causes mentionnées dans cet article, et que par conséquent, toute la charge de la preuve pesait sur l'ayant droit. Tel n'est pourtant pas le cas. Le 2e al. de l'art. 31 renferme quelques mots dont l'importance n'a été relevée par personne dans la discussion dont il s'agit. « Si, eu égard aux circonstances de fait, l'avarie a pu résulter », etc. Cela signifie, comme le fait fort bien ressortir M. Gerstner, dans son excellent commentaire, p. 347, « que l'avarie ne doit pas avoir pu résulter de la cause mentionnée *in abstracto* seulement, mais *in concreto*. En conséquence, lorsque le chemin de fer voudra invoquer cette présomption, il devra toujours indiquer les circonstances du cas, et démontrer, s'il en est requis, que le dommage a pu résulter des circonstances dangereuses qui se sont produites en réalité (*in concreto*). A cet effet, il s'appuiera utilement sur l'enquête administrative à laquelle il est tenu de procéder et sur le procès-verbal de constatation prescrit aux termes de l'art. 25[2].

Tel est le système de la Convention. Si maintenant nous voulons nous rendre compte de la procédure à suivre, dans les cas prévus à l'art. 31, nous verrons que la preuve incombe naturellement, dans ce système, à l'une ou à l'autre des parties, selon les circonstances du cas.

Le demandeur, en introduisant son action, ne manquera pas d'alléguer, par exemple, que les intempéries ou les conditions extérieures du service des chemins de fer n'auraient pas avarié la marchandise transportée en wagons découverts ou ne l'auraient pas avariée à ce point si le chemin de fer avait voué à ce trans-

---

[1] Pages 106 et 140 du *Bulletin des Transports internationaux.*

[2] C'est par erreur qu'aux Chambres suisses, on a prétendu que les chemins de fer pouvaient refuser de donner des indications sur les circonstances de fait qui sont à sa connaissance. L'art. 25 leur impose au contraire l'obligation d'en faire part aux intéressés sur leur demande. Si le chemin de fer ne peut ou ne veut pas s'expliquer, il est condamné pour faute grave à tous les frais et dépens.

port la surveillance et les soins qu'on devait légitimement attendre de lui (chiffre 1) ; que l'absence ou les défectuosités de l'emballage ne pouvaient à elles seules occasionner l'avarie (chiffre 2) ; que le chargement ou le déchargement s'est effectué d'une manière régulière et que l'avarie ne peut être que le fait du chemin de fer (chiffre 3) ; que le conditionnement intérieur et l'état de la marchandise ne laissaient pas à désirer et que, s'il ne s'était rien passé d'anormal dans le transport, elle serait arrivée en bon état (chiffre 4) ; que c'est la faute du chemin de fer si un animal a péri, est tombé malade, s'est blessé ou a pris la fuite (chiffre 5) ; que l'escorte a fait tout son devoir, mais que le chemin de fer a négligé le sien (chiffre 6). A cela le chemin de fer répondra en produisant ses moyens de défense, notamment les pièces qu'il est tenu d'établir aux termes de l'art. 25. Si le dommage était constatable au cours du transport et que le chemin de fer ait négligé de faire immédiatement dresser procès-verbal, ce sera une présomption contre lui. Le chemin de fer s'efforcera spécialement d'établir, par les circonstances de fait, que l'avarie est bien due à l'une des causes mentionnées à l'art. 31, ou du moins a pu résulter de cette cause. (*Réd.* C'est ce qui prouve l'importance pour les réclamants de ne pas laisser inscrire (par le chemin de fer) dans les procès-verbaux des réclamations inexactes, ou fantaisistes.) Là-dessus, le juge pourra faire compléter les preuves appeler des témoins, des experts, afin de s'éclairer autant que possible. Lorsque les preuves et les témoignages lui sembleront décisifs, il rendra son jugement en parfaite connaissance de cause. Mais le doute devra profiter au chemin de fer, aux termes précis du 2e al. de l'art. 31 de la Convention. (*Réd.* Ce devrait être le contraire.)

Pratiquement, la procédure devra être exactement la même dans le système de la loi suisse. Ici, également, le doute doit profiter au chemin de fer. Mais si les Chambres suisses avaient supprimé purement et simplement l'art. 31, ce serait l'ayant droit qui se fût trouvé alors au bénéfice du doute, ce qui ne serait pas juste, eu égard aux risques particuliers que les transports dont il s'agit font courir aux administrations de chemins de fer, risques auxquels il n'est pas en leur pouvoir de se soustraire d'une manière absolue, quelque soin qu'elles puissent d'ailleurs y apporter.

Il sera intéressant de voir si la jurisprudence qui se formera à cet égard, d'après la loi suisse, sera différente de celle qui s'établira sur la base de la Convention. L'une et l'autre serviront dans tous les cas à fixer, pour l'art. 31, la nouvelle formule qui pourrait être nécessaire, afin de donner satisfaction aux intérêts en présence ou de tranquilliser davantage le commerce sur la portée de cette stipulation. Le droit doit progresser comme toute chose en ce monde, et ses progrès consistent dans une application toujours meilleure des principes aux faits.

Conclusion. — L'art. 31. de la Convention est juste en soi, mais il présente de nombreuses difficultés d'application. La jurisprudence qui va se former dans les divers pays ne manquera pas d'éclairer la question et de montrer qu'il est utile et nécessaire de rédiger l'art. 31 autrement pour tenir mieux compte des intérêts respectifs du commerce et des chemins de fer. Ce point pourra être revu de près dans une prochaine conférence, quand on aura acquis l'expérience désirable.

(*Réd.* Lorsqu'on songe aux difficultés et aux dangers qu'avaient à surmonter les voituriers du xviie siècle et la sévérité avec laquelle ils étaient traités en cas de perte ou d'avarie des marchandises à eux confiées, et qu'on compare les facilités de transport dont jouissent nos chemins de fer modernes, on est étonné de la mansuétude des lois à leur égard.)

RESPONSABILITÉ DES CHEMINS DE FER EN CAS D'AVARIE.

(*Bulletin commercial*, Genève, 15 mai 1898.)

Le § 63 du Règlement de transport suisse des entreprises de chemins de fer et de bateaux à vapeur dispose que si une marchandise nécessite un emballage pour la préserver de pertes ou avaries en cours de route, c'est à l'expéditeur qu'incombe le soin de cet emballage. S'il n'a pas rempli ce devoir, le chemin de fer, à moins qu'il ne refuse la marchandise, est en droit de demander que l'expéditeur reconnaisse, sous une mention spéciale dans la lettre de voiture, soit le manque absolu d'emballage, soit son conditionnement défectueux, et qu'en outre il remette à la gare expéditrice une déclaration spéciale conforme à un modèle prescrit.

L'expéditeur est responsable des conséquences des défauts ainsi constatés, de même que des vices non apparents de l'emballage, et supporte tous les dommages qui en peuvent résulter pour lui ou pour la compagnie.

La question de savoir si un emballage est nécessaire ou s'il est suffisant, est tranchée par la gare expéditrice[1]. (*Réd.* — Ce qui est un abus, à notre avis.)

Les dispositions qui précèdent sont évidemment très favorables au chemin de fer qui, semble-t-il, peut, en tout état de cause, se garantir contre toute responsabilité en cas d'avarie survenue en cours de route. D'une part, il peut exiger l'emballage qu'il juge nécessaire ou suffisant ; d'autre part, il pourrait, en théorie du moins, exiger de chaque expéditeur, sous peine de refus de trans-

---

[1] En France, ce sont les usages commerciaux qui décident de la nécessité d'un emballage ou de sa qualité ; voir les arrêts concernant les fontes, par exemple.

port, une déclaration exonérant le transporteur de toute responsabilité.

Dans la pratique, les choses se passent autrement, car il saute aux yeux que certaines marchandises transportées par chemin de fer ne supportent pas les frais d'un emballage qui les garantisse d'une manière absolue contre les avaries auxquelles elles sont exposées ; refuser leur transport dans ces conditions serait entraver le développement du trafic auquel visent les compagnies. Il ne reste donc à celles-ci que la déclaration de l'expéditeur constatant l'insuffisance relative de l'emballage, mais cette déclaration ne constitue nullement une décharge absolue pour le chemin de fer.

Le § 85 du Règlement de transport dit, en effet, que le chemin de fer est responsable de la perte ou de l'avarie et qu'il n'est déchargé de cette responsabilité que s'il prouve que le dommage a eu pour cause une faute de l'ayant droit. Sans doute, la déclaration de l'expéditeur constatant l'insuffisance de l'emballage peut être invoquée par le chemin de fer comme une présomption en sa faveur, mais l'expéditeur est toujours admis à faire par-devant les tribunaux la preuve de la faute ou de la négligence de la compagnie, et celle-ci ne saurait décliner d'avance, par le moyen de la déclaration de l'expéditeur, la responsabilité de *toute* avarie, mais simplement de celles qui résultent du manque ou de l'état défectueux de l'emballage. Les tribunaux seuls sont compétents pour juger les différends de cette nature.

La Compagnie du Jura-Simplon a adopté, dans les contestations de ce genre, un *modus* auquel elle cherche à rallier ceux de ses clients dont les marchandises sont par leur nature et aussi par le fait de la difficulté qu'il y a à les garantir par un emballage suffisamment solide, plus particulièrement exposées aux avaries. Ce *modus vivendi* consiste à partager avec l'expéditeur le montant de l'avarie *quelconque* survenue en cours de route. Il résulte de ce qui est dit plus haut que les clients du chemin de fer ne sont nullement tenus de se prêter à cet arrangement puisque le chemin de fer est responsable entièrement de l'avarie causée par sa négligence ou sa faute.

Il semble toutefois qu'en présence de la difficulté qu'il y a souvent pour l'expéditeur à établir la négligence et la faute du transporteur, en présence du droit de refus d'une marchandise insuffisamment emballée que le règlement réserve au transporteur, l'expéditeur a intérêt à accepter une combinaison de cette nature.

D'une part, il ne supporte que la moitié du dommage que, dans bien des cas, il serait tenu de supporter en entier ; d'autre part, la compagnie a un grand intérêt à apporter au transport tous les soins possibles puisqu'*en tout état de cause*, elle est tenue de rembourser la moitié de la valeur de l'avarie survenue en cours de route.

Les CFF ont adopté, à la gare de Genève tout au moins, un *modus vivendi*. Nous nous contentons de donner ces exemples qui éclaireront mieux le lecteur.

a) Un meuble insuffisamment emballé, c'est le cas pour ce que l'on qualifie de « camelotte de Paris » qui supporterait difficilement des frais d'emballage en caisse pleine, arrive avarié. S'il s'agit de rayures, attribuables au défaut d'emballage, les CFF ne paient rien ; par contre, si le meuble arrive écrasé, les CFF paient en convenant que l'avarie provient de mauvaise manutention par le chemin de fer.

b) Bonbonnes. — Si la bonbonne arrive brisée ou avec un trou en étoile par où la marchandise s'est écoulée, les CFF paient, parce que l'avarie provient de manipulations trop brusques de la part du chemin de fer. Si par contre la bonbonne n'est pas brisée et a un trou net et rond les CFF ne paient pas, sous prétexte qu'il s'agit d'une défectuosité ou manque d'épaisseur du verre.

Le tout sous réserve d'un examen plus minutieux. (V. *bonbonnes*).

Conseils. — La première question qui se pose est celle-ci : un destinataire a-t-il le droit de refuser une marchandise avariée ? Oui, si elle est devenue inutilisable.

Dans ce cas le chemin de fer doit payer la valeur de la marchandise plus les frais de transports, de douane, plus le manque à gagner.

Si l'avarie provient d'une faute grave du chemin de fer, celui-ci doit en outre des dommages-intérêts.

Non, si l'on peut tirer de la marchandise un parti quelconque. Dans ce cas le chemin de fer doit indemniser équitablement ; il y a lieu, si le destinataire n'obtient pas du chemin de fer une déclaration écrite fixant l'indemnité, de demander, *avant* la sortie de la gare de la marchandise, une expertise.

Et pour être à couvert, le destinataire devra adresser au Tribunal une demande de nomination d'un expert. En pareil cas, la partie la plus diligente fera nommer un expert de son choix ; l'intéressé devra donc prendre les devants et éviter certains experts attitrés des compagnies, trop enclins à marcher au doigt et à l'œil en faveur des administrations. (V. *B. des Transports*, Paris, 1er janvier 1925.)

Eviter de laisser exécuter les réparations par le chemin de fer, le travail est généralement mal fait.

La première chose à faire à l'arrivée à destination d'un colis, c'est de le vérifier et d'obliger le chemin de fer à constater l'avarie *alors que la marchandise est encore en gare*, de faire dresser un procès-verbal dans lequel l'ayant droit ne laissera pas insérer des « fantaisies administratives » (il ne faut en effet pas perdre de vue que le chemin de fer opposera à la réclamation ultérieure les clauses d'exonération figurant au procès-verbal), puis de faire toutes réserves par lettre *chargée*, le *jour même*, à la gare d'arrivée.

Il a bien été admis par les tribunaux que la création d'un procès-verbal ou bien le pesage officiel constatant un manquant, équivalait à des réserves écrites, mais deux précautions valent mieux qu'une lorsqu'on a à discuter avec les administrations ferroviaires.

La deuxième est de ne pas se laisser arrêter par les fins de non recevoir des compagnies, lesquelles ne cherchent qu'à lasser le réclamant.

Un peu de ténacité vient à bout de la mauvaise foi de certaines administrations, niant l'évidence.

(Forts des affirmations de la Ligue de Défense contre les chemins de fer, Paris, nous ne craignons pas d'utiliser ce terme.)

Du reste, la Cour de Cassation n'a pas hésité, en maintes occasions, à flétrir comme il convenait, les procédés insolites des compagnies, qu'elle a qualifiés de mauvaise foi, dol, malice, faute grave, etc.

Instructions pour les expéditeurs et destinataires de wagons-réservoirs ou de wagons d'autres modèles appartenant à des particuliers[1].

Avaries. — En cas d'avaries à la marchandise ou au wagon lui-même (comme aussi, ainsi qu'il vient d'être dit, en cas de contestation au sujet d'un manquant ou des réserves afférentes à ce

[1] Conseil de la Ligue de Défense contre les Chemins de fer à Paris.
Exp. français, 2 octobre 1924.
Responsabilité des Compagnies de chemin de fer en matière de transport de vin par wagon réservoir. (Jurisp. française.)
« On nous consulte souvent sur les formalités à remplir par les destinataires au cas de réception par wagon-réservoir d'un vin avarié, impropre à la consommation, et sur le point de savoir si ce vin peut être refusé.
« Les intéressés oublient trop, sous ce rapport, la procédure réglée par l'art. 106 du Code du Commerce, qui dispose qu'en cas de refus ou contestation pour la réception des objets transportés, leur état est vérifié et constaté par des experts nommés par le Président du Tribunal de Commerce ou, à son défaut, par le juge de paix, et par ordonnance au pied d'une requête.
« Le dépôt ou séquestre et ensuite le transport dans un dépôt public peut en être ordonné.
« La vente peut en être ordonnée en faveur du voiturier jusqu'à concurrence du prix de la voiture.
« Cet article reste applicable tant que le voiturier n'est pas déchargé. » (Cass. Requête, 22 novembre 1889.)
Il résulte de ce qui précède que le destinataire du wagon-réservoir de vin peut toujours mettre sa responsabilité à couvert et refuser un vin avarié ; mais l'expertise dont parle l'art. 106 ne peut être ordonnée que pour les contestations entre les compagnies de chemin de fer et le destinataire, et non entre le destinataire et l'expéditeur ; l'expertise dans ce dernier cas doit être faite (partie présente ou dûment appelée), conformément aux art. 315 et 429 du Code de Procédure civile (Cass. Req., 1er mars 1892, Cass. Req., 15 juillet 1907.)
Cette procédure est d'autant plus facile à mettre en mouvement qu'il suffit d'adresser une simple requête soit au Président du Tribunal de commerce, s'il

dernier), le destinataire doit, si le chef de gare refuse d'accepter par écrit la responsabilité des dites avaries ou manquants, lui adresser une lettre recommandée rédigée de la manière suivante :

«Comme suite à la constatation que j'ai faite le..... en votre gare, des avaries (ou des manquants) que présentait l'expédition se composant de ....., qui m'a été adressée de ..... par M. ....., savoir (préciser ici les avaries ou manquants constatés), je vous mets, par la présente, en demeure d'avoir à accepter la responsabilité des dites avaries (ou manquants), à moins que vous ne puissiez faire la preuve qu'elles ont été exclusivement dues à la force majeure, au cas fortuit ou au vice propre de la chose. (*Code civil*, art. 1784, *Code de comm.*, art. 103.)

« A défaut de cette preuve dans un délai de 48 heures, je provoquerai aux risques et périls de qui de droit, la procédure de vérification judiciaire prévue par l'art. 105 du Code de Commerce.

« Je fais en outre, d'ores et déjà, les plus expresses réserves tant au sujet des avaries (ou manquants) dont il s'agit qu'au sujet du préjudice résultant du retard de livraison, que j'évalue, à partir de ce jour, à (20, 30, 50... fr.) par jour. »

Ces mesures préalables et essentielles ayant été prises, le destinataire pourra ensuite provoquer l'expertise et suivre sa réclamation suivant la forme ordinaire.

Les Transports, 25 juin 1922. — Wagons-réservoirs. — Chômage et avaries. — D'après l'art. 6 du tarif P.V. 129, applicable au trans-

s'en trouve au lieu de destination ou, à défaut, au juge de paix, qui nomme, au bas de la dite requête, des experts pour procéder à l'examen de la marchandise et en constater l'avarie ou le défaut de qualité marchande. On peut même dans la requête (à établir sur timbre) demander que le vin soit analysé pour savoir s'il est ou non mouillé et dans quelle proportion. Si l'avarie ou le mouillage résulte du rapport des experts, on peut évidemment refuser le vin et actionner la compagnie de transport en dommages-intérêts.

C'est par application des dispositions qui précèdent que la Cour d'appel d'Aix (7 juillet 1922) a décidé que le chemin de fer responsable de l'avarie d'un vin transporté dans un wagon-réservoir et avarié après l'expiration du délai de transport ne peut exciper ni de ce que le wagon aurait été rempli par l'expéditeur sans vérification de sa part, ni de ce que le wagon-réservoir appartenant à un tiers a dû stationner pour réparation en cours de route.

Il est constant en jurisprudence que les compagnies de chemin de fer qui transportent du vin dans des wagons-réservoirs appartenant à des particuliers sont responsables, vis-à-vis de l'expéditeur et du destinataire, dans les termes de l'art. 103 du Code de Commerce, des retards ou avaries qui peuvent se produire. (Pau, 7 mars 1913 ; Limoges, 14 juin 1912 ; Trib. comm., Seine, 23 août 1912.)

Cependant, quand le retard est causé par une avarie survenue en cours de route, la compagnie peut exercer contre le propriétaire du wagon un recours, à charge d'établir que le retard survenu provient de la faute de celui-ci. Son recours peut être admis notamment quand elle établit que les objets nécessaires à la réparation ne lui ont été remis qu'avec un retard considérable. Voir, au surplus, sur l'obligation incombant aux compagnies de veiller à l'entretien des wagons particuliers immatriculés sur leur réseau et de les maintenir en bon état, le jugement de Cass., 28 novembre 1921.

port des wagons-réservoirs, il n'est dû aucune indemnité pour le chômage de ces wagons pendant la durée de leur réparation. Mais la jurisprudence décide généralement que cette disposition est inapplicable aux avaries qui procèdent de la faute du transporteur. C'est ce que vient de décider à nouveau la Cour d'Appel de Paris dans un arrêt du 9 mai 1922. La même décision précise en outre que le contrat de transport des wagons-réservoirs étant un contrat de transport ordinaire, où le voiturier doit prouver sa libération, c'est aux compagnies de chemins de fer qu'il appartient de démontrer que la réparation s'applique à des avaries n'engageant pas leur responsabilité, sans que le réclamant ait à établir leur faute. Le voiturier ne peut se libérer de la responsabilité des avaries qu'en prouvant qu'elles proviennent de la force majeure, du vice propre de la chose ou de la faute de l'expéditeur. Si l'avarie qui a causé le chômage est due à un vice propre du wagon, la compagnie n'en est pas moins responsable envers le destinataire, à raison du contrat de transport, sauf son recours en garantie contre le propriétaire du wagon.

En Suisse existent des conditions d'immatriculation des wagons particuliers du 1er janvier 1922 qui, à l'art. 12, exonèrent le chemin de fer des indemnités de chômage pendant la réparation. Mais le Tribunal fédéral suisse a stipulé que cet article ne pouvait s'appliquer au chômage, suite d'avaries imputables au chemin de fer. (20 décembre 1923, *Koller et CFF.*) (*Réd.* — L'interprétation donnée à cet article 12 par les CFF est simplement immorale ; la Cassation française ne l'a jamais acceptée.)

Responsabilité en cas de mouillage de la marchandise. — Le mouillage de la marchandise provient quatre-vingt-dix-neuf fois sur cent du mauvais état du wagon fourni par le chemin de fer. Celui-ci étant tenu de livrer du matériel en bon état est responsable des avaries de mouille.

L'arrêt de ce tribunal qui prétendait que le chemin de fer n'est pas responsable d'avaries survenues à une marchandise chargée en wagon *fermé* alors qu'elle aurait pu être transportée en wagon découvert est une monstruosité juridique. Si l'envoyeur se donne la peine de prendre un supplément de précaution, il doit en bénéficier.

Les contentieux de chemin de fer ont mille tours dans leur sac à chicanes, pour tenter de s'exonérer de leur responsabilité.

Les CFF n'avaient-ils pas prétendu être exonérés pour des avaries à des sucres en sacs, transportés en wagons couverts et mouillés par l'eau de pluie qui s'était infiltrée par les interstices des portes à glissières des wagons !

Ils prétendaient que l'envoyeur aurait dû boucher ces interstices ; e tribunal les a condamnés à payer, déclarant qu'ils devaient fournir des wagons aptes à transporter la marchandise avec le maximum de sécurité.

Ce qui précède n'empêche pas qu'un envoyeur de marchandises, chargeant lui-même, doit procéder à l'examen du wagon à lui fourni et le refuser en cas d'avaries *apparentes*, sinon il risque, ou bien de n'être pas payé, ou de ne recevoir que la moitié de l'indemnité, comme co-responsable.

Par contre, si les défauts du wagon (toit percé en général) ne sont pas apparents, l'envoyeur a droit au paiement intégral de la valeur de la marchandise avariée.

Il est un principe fondamental à observer par les usagers (v. *Conseils aux usagers* (clients) *des chemins de fer*, par Ch. Ackermann, expert-conseil en transports, éditions Atar, Genève, 1925) :

A l'arrivée en gare destinataire, vérifier l'état de la marchandise et la faire peser officiellement ; en cas d'avarie, exiger du chemin de fer un procès-verbal d'avarie dans lequel il faut faire figurer l'état éventuel du wagon, sa fermeture, la marque des plombs dont il est muni.

Ne pas laisser le chemin de fer insérer dans le procès-verbal des déclarations fantaisistes qui se retourneraient ensuite contre le client. Puis, le jour même, réclamer au chemin de fer, par lettre chargée, en indiquant le montant de l'indemnité exigée.

Comme on le verra par les arrêts, les objets en fonte ont provoqué de nombreux litiges où les chemins de fer ont cherché à exonérer leur responsabilité ; voici l'opinion du *Syndicat général des Fondeurs de France*.

MANQUANTS ET AVARIES EN COURS DE TRANSPORT.

Instructions à l'usage des destinataires. — D'après l'art. 100 du Code de Commerce et sauf stipulation contraire dans le contrat de vente, la marchandise sortie des magasins du vendeur voyage aux risques et périls du destinataire. Ce destinataire n'est donc pas fondé, lorsqu'il constate des manquants ou des avaries au moment où la marchandise lui est offerte par le transporteur, à refuser cette marchandise, mais il doit prendre à ce moment sur le livre de sorties de la gare, ou sur le bordereau du camionneur, en cas de livraison à domicile, des réserves précises concernant ces manquants ou avaries, *réserves qu'il doit obligatoirement confirmer par lettre recommandée à la gare, dans les trois jours qui suivent la livraison.*

Il se peut que le représentant de la compagnie refuse d'accepter ces réserves, ou fasse suivre son acceptation de considérations tendant à en restreindre l'effet, en invoquant, par exemple, l'absence d'emballage pour décliner sa responsabilité, prétention absolument contraire à la législation des transports qui ne dégage pas la responsabilité du transporteur pour manque d'emballage, quand l'usage du commerce est d'expédier la marchandise sans emballage.

Il y a lieu dans ce cas (chaque fois que cela en vaut la peine naturellement, ou bien qu'une question de principe est engagée), de recourir à l'expertise judiciaire prévue par l'art. 106 du Code de Commerce, ainsi conçu :

« En cas de refus ou de contestation pour la réception des objets transportés, leur état est vérifié et constaté par des experts nommés par le président du Tribunal de Commerce, ou à défaut, par le juge de paix et par ordonnance rendue au pied d'une requête. »

Cette requête doit être établie suivant modèle reproduit ci-après, sur feuille timbrée, à deux francs, par l'une quelconque des parties figurant au contrat de transport, soit par l'expéditeur, soit par le transporteur, soit par le destinataire. C'est une erreur assez répandue de croire que l'initiative de la requête appartient au transporteur (c'est-à-dire à la compagnie de chemins de fer) ; l'expéditeur ou le destinataire a aussi bien que le transporteur le droit d'établir la requête.

Les gares, il est vrai, prennent la plupart du temps l'initiative de la présentation de requête dans un but pratique, qu'il n'est pas besoin de désigner plus explicitement, mais que les usagers du chemin de fer connaissent généralement pour en avoir une fois ou l'autre subi les inconvénients.

Il est donc de l'intérêt bien compris des destinataires de devancer les gares dans cette présentation de requête au greffe du Tribunal de Commerce ou de la Justice de paix, suivant que la marchandise à examiner se trouve dans une ville pourvue d'un tribunal de commerce ou bien dans une localité dépendant d'un chef-lieu de canton.

L'expert désigné par le président du tribunal ou le juge de paix, en conformité de l'art. 106 du Code de Commerce et de la requête qui leur a été présentée, doit faire connaître aux parties intéressées les date et heure auxquelles il procédera à la mission qui lui est confiée, de façon à ce qu'elles puissent assister à l'expertise ou s'y faire représenter.

Il ne faut jamais omettre de le faire, car les absents ont généralement tort et les compagnies n'omettent pas de se faire représenter elles-mêmes par des agents ou fonctionnaires très expérimentés et particulièrement habiles à présenter à l'expert toutes les observations de nature à dégager ou restreindre leur responsabilité.

D'après la Législation des transports et spécialement les art. 103 du Code de Commerce et 1784 du Code civil, cette responsabilité existe d'office pour le transporteur et il ne peut la faire tomber, en cas de retards, manquants ou avaries, que *par la preuve* d'un cas fortuit ou de force majeure, du vice propre de la chose transportée ou d'une faute de l'expéditeur, mais il s'agit de *preuve précise et déterminée*, et non pas de simples allégations du genre de celles qui sont produites dans la majeure partie des cas, et qui ne sauraient suffire.

On comprend, dans ces conditions, l'importance qu'il y a à assister à l'expertise ou à s'y faire représenter par une personne très au courant des arguments présentés par les compagnies et ayant les connaissances requises pour les combattre de façon efficace.

Dès que l'expertise est effectuée, le destinataire doit prendre livraison de la marchandise (sauf dans le cas où elle n'aurait plus aucune valeur), *sous réserves des constatations de cette expertise* et ne pas omettre ensuite de confirmer ces réserves par lettre recommandée, à la gare dans les trois jours de la livraison, ce qu'il doit toujours faire du reste (qu'il y ait eu expertise ou non), pour se conformer aux prescriptions de l'art. 105 du Code de Commerce et réserver ainsi utilement ses droits et ceux de l'expéditeur, afin d'obtenir ensuite amiablement ou judiciairement la réparation, par les compagnies, du préjudice qui leur a été causé dans chaque affaire.

Il arrive parfois que le destinataire ne constate les avaries ou manquants que lorsqu'il a pris livraison effective et même enlevé la marchandise ; dans ce cas l'art. 105 du Code de Commerce lui réserve le droit de signifier au transporteur sa protestation motivée, par lettre recommandée, dans les trois jours (jours fériés non compris) qui suivent la livraison ; mais alors le fardeau de la preuve, qui normalement incombe aux compagnies, se trouve renversé et entièrement à la charge du destinataire et ce dernier doit prouver, de façon précise, que la marchandise a été perdue ou avariée pendant qu'elle était encore sous la garde du chemin de fer et non depuis qu'elle est en sa possession.

Cette preuve est très difficile à fournir, mais peut l'être cependant, au cours de l'expertise judiciaire qu'il y a lieu de provoquer pour cela, notamment par le témoignage de personnes honorables qui auraient constaté les manquants ou avaries au moment où la marchandise a été apportée ou déballée aux magasins du destinataire, ou de toute autre façon.

FUTAILLES.

Objets de nombreuses contestations, les chemins de fer en général et les CFF en particulier prétendant toujours que les fûts sont en mauvais état, trop faibles ou de bois de mauvaise qualité.

Voici un exposé qui leur fermera la bouche et permettra aux réclamants de se défendre.

BT, février 1927. — Futs en bois. — *Inexistence du prétendu vice propre dont seraient entachés les fûts en bois de châtaignier.* — On trouvera, dans la revue de jurisprudence du présent journal, un jugement du tribunal de Commerce de la Seine, rendu le 16 octobre dernier, au profit de l'un de nos adhérents et qui a fait bonne justice des conclusions d'une expertise à laquelle il avait été procédé par application de l'art. 106 du Code de Commerce.

Il s'agissait, en l'espèce, d'un fût d'eau-de-vie de marc pesant brut, au départ de La Clayette (Saône-et-Loire), 62 kilos, et qui présentait à l'arrivée à Saint-Lupicin (Jura), un manquant de 40 litres environ.

L'expert nommé par le Tribunal civil de Saint-Claude — un monsieur Gauthier Philoxène, ancien *premier clerc de notaire* — s'exprimait ainsi à ce sujet :

« Le fût litigieux est mis en notre présence. C'est un petit fût en bois de châtaignier, *assez fort* et *bien cerclé. Il n'est pas encore usagé* et a été râclé extérieurement avant l'expédition. Il ne présente aucune trace de chocs et aucune pression. On ne découvre aucun perçage ou dusit (?). Il coule principalement autour du fond, vers le trou du robinet. Il a coulé légèrement autour des deux fonds.

« *L'avarie provient de ce que le bois de châtaignier est tendre et poreux et impropre à la fabrication des fûts.* Les fonds sont mal enjablés et la partie biseautée, rentrant dans la rainure des douelles, *doit être* mâchée. De là le coulage. »

Evidemment, un tel rapport n'était pas un chef-d'œuvre de logique, ni même de style, mais nous n'avons point l'intention de lui chercher chicane à cet égard et nous nous contenterons d'en retenir cette phrase lapidaire :

« L'avarie provient de ce que le bois de châtaignier est tendre et poreux et impropre à la fabrication des fûts. »

Voilà, ce nous semble, une affirmation un peu osée de la part d'un expert, fût-il ancien premier clerc de notaire.

Certes, le bois de châtaignier est classé parmi les bois demi durs et il est poreux... ni plus ni moins que bien d'autres bois ; mais de là à conclure qu'il est impropre à la fabrication des fûts et que les fûts en châtaignier occasionnent forcément des avaries à leur contenu, il y a quelque distance.

Voyons ce qu'en disent, plutôt que les anciens clercs de notaire, les personnes dont c'est le métier d'expédier des liquides en fûts.

Un grand négociant en vins de Bordeaux :

« Une quantité importante de vins de Bordeaux quitte, chaque année, notre place, logée en barriques, de forme bordelaise, *en bois de châtaignier...*

« Aujourd'hui, l'emploi du châtaignier se généralise et *son usage présente les mêmes garanties que celles de tout autre genre de futaille...*

« ... L'Atelier de la Coopérative du Syndicat des négociants en vins et spiritueux de Bordeaux et de la Gironde *ne fabrique que des barriques châtaignier.* »

Une autre, de Cette :

« *Le logement en châtaignier est d'usgae courant* dans notre genre de commerce. Nous l'employons même — et plus particulièrement — pour nos expéditions à l'exportation, à l'entière satisfaction de notre clientèle d'outre-mer. »

De Béziers :

« *Le bois de châtaignier se prête parfaitement à la fabrication des fûts*, soit qu'ils soient conditionnés complètement en bois de cette essence, soit ruche en châtaignier et fonds en chêne, soit ruche en châtaignier, fonds et douelle de bonde en chêne. »

Qu'en dites-vous, monsieur l'ancien premier clerc de notaire ? Quoi ? Ces opinions de simples particuliers ne vous suffisent pas ? En voici d'autres, cher monsieur, émanant de groupements régulièrement constitués et reconnus.

La *Fédération locale des syndicats commerciaux, industriels et maritimes de Cette* estime que :

« Les demi-muids fabriqués en 3 et demi ou 4 cm. d'épaisseur en bois de châtaignier très sec peuvent supporter la comparaiso n avec la plupart des demi-muids de chêne employés actuellement pour les expéditions par plate-forme...

« Tous les fûts en châtaignier de 220 à 230 litres fabriqués dans la région méridionale le sont de façon sérieuse et leur emploi ne donne aucun ennui aux commerçants qui les expédient. »

La *Fédération méridionale du commerce en gros des vins et spiritueux*, dont le siège social est à Nîmes :

« Il est bien certain qu'un fût de châtaignier fabriqué en bois sec de 18 mm. pour une demi-pièce, de 20 mm. pour une pièce, bien cerclé, peut faire un aussi bon usage qu'un fût en chêne, qui est généralement plus mince de carcasse et, malgré la supériorité de son essence, supporte moins facilement le choc, aux peignes notamment.

« Les avaries ou manquants qui se produisent souvent ne peuvent provenir d'un défaut inhérent à la nature du bois de châtaignier qui, employé sec, sain, suffisamment épais, sert à construire des fûts parfaitement étanches et aussi solides en raison de leur épaisseur, que n'importe quels fûts en chêne. »

Le président de la *Chambre syndicale des négociants en gros des liqueurs et alcools de Lyon* et de la région lyonnaise :

« ... Affirme que le fût en bois de châtaignier s'emploie couramment et notamment pour les expéditions fût perdu, même pour l'exportation.

« Cet usage, dit-il, est absolument admis ; un grand nombre de maisons de la région méridionale l'emploient même d'une façon presque constante. »

Le *Syndicat général de la tonnellerie française*, à Paris :

« Evidemment le fût chêne est plus solide que le fût châtaignier, mais on peut affirmer en toute connaissance de cause qu'un fût de châtaignier bien fabriqué, d'une épaisseur suffisante, selon sa grandeur, offre toute la garantie de résistance et de durée des futailles en chêne établies suivant ces principes.

« Les négociants en vins qui ont fait l'essai des demi-bordelaises en châtaignier déclarent qu'elles sont plus solides que certaines demi-bordelaises en chêne et ne désirent pas en employer d'autres puisqu'elles leur donnent toute satisfaction.

« On peut citer également les fûts Midi de 215 litres et principalement ceux de 110, 60 et 50 litres, dont la fabrication particulièrement soignée permet de les employer par certaines maisons, pour l'exportation. »

Enfin le *Syndicat général du commerce de futailles de France et des colonies*, également à Paris :

« Le fût en châtaignier n'était autrefois employé en France que dans une proportion de 10 à 15 pour cent, alors qu'actuellement il est employé dans une proportion de 40 à 50 pour cent.

« On voit dans les grands crûs, de la pièce bourgogne en châtaignier, ainsi que de la barrique bordelaise en même bois. Les grands crûs de Saumur et d'Anjou sont également logés dans de la futaille en châtaignier.

« Cela seul pourrait suffire à prouver la solidité de ce bois.

« Une autre preuve pouvant indiquer la parfaite tenue du bois de châtaignier réside en son emploi dans la futaille servant pour le transport des vins venant d'Espagne, d'Italie et de Portugal ; ces vins sont expédiés en très grande partie — 80 pour cent environ — dans de la futaille en châtaignier.

« Il est incontestable que *le fût en châtaignier est à même, pour les transports, de remplacer le fût en chêne*, pourvu qu'il soit de très bonne fabrication et d'épaisseur suffisante. »

Voilà, j'espère, monsieur le clerc de notaire, de quoi vous satisfaire et au delà !

On pense bien que si nous nous sommes donné la peine de recueillir et de reproduire ci-dessus les opinions si unanimement concordantes qu'on vient de lire, ce n'est pas uniquement dans le but de répondre aux allégations fantaisistes d'un expert auquel le tribunal a, du reste, donné déjà la leçon qu'il méritait.

Nous indiquerons le mois prochain les moyens de résister victorieusement aux prétentions injustifiées que manifestent les compagnies, depuis quelque temps tout au moins, tant au départ qu'à l'arrivée, en ce qui concerne les liquides remis en fûts de châtaignier. *(Karnix.)*

B.T., Juin 1927. — FUTS EN BOIS. — *Pourquoi et comment l'on doit résister aux prétentions injustifiées des gares.* — Nous avons exposé dans notre numéro de février dernier, pp. 14-15, les raisons pour lesquelles on ne doit pas admettre *a priori*, comme l'avait fait un expert, que le bois de châtaignier est impropre à la fabrication des fûts et que, en conséquence, toute expédition de liquide conditionnée en un fût de châtaignier peut être considérée comme entachée de vice propre.

S'il est juste de reconnaître que certains expéditeurs peu scrupuleux, vendant « fût perdu », logent leurs envois dans des fûts fabriqués à la diable, avec du bois de sciage insuffisamment épais, et à peine cerclés, il est, c'est incontestable, d'autres fûts qui, quoique faits en bois de châtaignier, peuvent presque rivaliser, comme solidité, résistance aux chocs et étanchéité, avec de bons fûts en chêne. Le fait qu'un fût est en châtaignier ne saurait donc constituer un vice propre et, pour les fûts en châtaignier comme pour les autres, il appartient aux experts, le cas échéant, d'examiner si, non pas les fûts de châtaignier en général, mais le fût même qu'on leur présente a été ou n'a pas été, par sa fabrication ou son état défectueux, la cause de l'avarie qui s'est produite.

D'autre part, ainsi qu'il est exposé p. 189 de la 10e édition du *Manuel pratique* de M. L. Lamy :

« Les expéditeurs ont le droit — *et c'est même leur devoir dans l'intérêt général du commerce et de l'industrie* — de remettre leurs marchandises au chemin de fer dans des conditions d'emballage simplement conformes aux usages *actuels* du commerce ; ils ne doivent pas, à l'instigation des agents des compagnies, renforcer les emballages qui sont conformes à ces usages, ni emballer les marchandises que le commerce expédie ordinairement à nu. »

Il importe donc grandement qu'expéditeurs et destinataires, chacun pour ce qui le concerne, ne s'en laisse point conter par leur gare et résistent énergiquement à toute prétention injustifiée de celle-ci.

Au départ. — Il n'est pas rare que les gares de départ, lorsqu'on leur présente des liquides logés en châtaignier, essaient de se faire donner, par les expéditeurs, des décharges de garantie pour insuffisance d'emballage, ou formulent des réserves tendant à dégager éventuellement leur responsabilité en cas d'avarie survenue en cours de route.

Les fûts en bois de châtaignier étant conformes aux usages du commerce, les expéditeurs n'ont aucune mention spéciale à porter sur leur déclaration, ni aucune réserve à accepter sur le récépissé, lorsqu'ils remettent au chemin de fer des vins, apéritifs, eaux-de-vie ou liquides analogues, logés dans des fûts en bois de châtaignier de bonne construction et en bon état.

En cas de contestation à ce sujet, le nouveau texte de l'art. 106 du Code de Commerce, que nous avons publié le 1er mars dernier, p. 27 (Loi Delahaye), leur fournit aujourd'hui le moyen de faire procéder à une expertise sommaire, rapide et peu coûteuse, en vue d'établir *l'état* des objets présentés au transport et, « en tant que de besoin, *leur conditionnement*, leur poids, leur nature, etc. ».

A l'arrivée. — A l'arrivée, en cas d'avarie ou de manquant, les gares prétendent que le dommage doit être attribué au vice propre.

Or, une jurisprudence constante, consacrée par de nombreux arrêts de la Cour de Cassation, reconnaît que si, à la vérité, l'insuffisance d'un emballage peut constituer un vice propre susceptible de dégager la responsabilité du transporteur, c'est à la charge, pour celui-ci, de rapporter la *preuve* de cette insuffisance et d'établir qu'elle a été la cause du dommage : il appartient donc au juge d'apprécier, dans chaque cas, si, eu égard aux circonstances de l'espèce, la compagnie en cause a fait la preuve que l'emballage était insuffisant et susceptible, à cause de cette insuffisance, d'être assimilé au vice propre.

Les destinataires ne perdront donc pas de vue que, lorsqu'ils reçoivent un fût présentant un creux supérieur à celui qui normalement a pu se produire eu égard à la nature du liquide, à la longueur du trajet, à la température qui a régné pendant le transport, que la responsabilité du manquant doit, *quelle que soit la matière dont le fût est fait*, être attribuée *a priori* aux transporteurs ; il appartient à ceux-ci, s'ils prétendent décliner cette responsabilité, d'établir péremptoirement que ledit manquant a été dû à une cause — telle qu'une défectuosité ou une insuffisance d'emballage, par exemple — qui ne peut leur être imputée.

*
* *

En définitive, les expéditeurs qui, par économie ou pour tout autre cause, estiment conforme à leurs intérêts de loger dans du châtaignier les liquides qu'ils font voyager par chemin de fer, peuvent le faire en toute tranquillité, à la condition, bien entendu, de n'employer que des fûts *solidement construits* et *en parfait état.*

Quant aux destinataires, en cas d'avaries subies par des fûts en châtaignier, ils doivent, sans se laisser intimider par les agents des chemins de fer ou par des experts à leur dévotion, opérer exactement comme pour toute autre sorte de fûts en bois. *(Karnix.)*

Conseil

Il résulte de ce qui précède et de ce qui suivra que, malgré toute la prudence et tous les soins dont on entoure les expéditions des marchandises, il y a toujours des aléas.

Malgré tout son droit, on est obligé parfois de plaider contre les chemins de fer, ce qui occasionne des pertes de temps et d'argent ; pour obvier à ce double inconvénient, il faut *s'assurer* auprès d'une *bonne* compagnie d'assurances contre les risques de transport. Moyennant une modique prime, elle couvre l'envoyeur de tous risques, elle le désintéresse en cas de sinistre et si elle veut poursuivre ensuite le chemin de fer, elle le fait à ses frais, risques et périls. La prime est infime et ne grève pas la marchandise, par contre elle enlève tout souci à l'envoyeur ; mais il faut choisir une compagnie ayant la réputation de régler les litiges avec coulance et correctement.

Arrêts

1. — *15 mai 1893. Cour d'Appel Cologne. BTI*, 1894 /35. — *Le bâchage ne transforme pas en wagon couvert un wagon découvert.* — De sorte qu'au sens de l'art. 424, § 1, C. Comm., le chemin de fer est exonéré de responsabilité si les dommages résultent de ce mode de transport, lorsque cette réserve est stipulée dans le contrat de transport conformément à l'art. 424, § 2, C. Comm. allemand, que le chemin de fer ait fourni des bâches contre paiement ou non.

2. — *22 mai 1894. Cour d'Appel Rennes. CI*, 30, *BTI*, 1897 /373. — *Mouillage des marchandises.* — Responsabilité de la compagnie. *Fonte placée au bord de la halle aux marchandises et exposée aux intempéries.* — Faute de la compagnie.

3. — 1er *août 1894. Tribunal Commerce Seine. BTI*, 1895 /68. — *Retard, avarie, laissé pour compte.* — Lorsqu'une marchandise avariée par la faute du voiturier est livrée dans un état tel qu'il est impossible d'en faire usage, le destinataire est exceptionnellement fondé à la laisser pour compte entre les mains de chemin de fer et alors suivant CI, 39, 40, 41, le chemin de fer doit l'indemnité pleine et entière y compris des dommages-intérêts pour le profit manqué.

4. — 10 *novembre* 1894. *Trib. d'Empire allemand.* — *La responsabilité du chemin de fer pour l'incendie d'une déménageuse* (*Tribunal d'Empire*, 10 *novembre* 1894, t. 34, p. 43 et 25 *septembre* 1925, *t.* 1, 166, 25). — Le chemin de fer n'est pas responsable de l'incendie d'une déménageuse chargée sur *wagon découvert*.

Dernièrement une voiture a été incendiée par une étincelle électrique sur un certain trajet allemand ; le Tribunal d'Empire, tout en maintenant son opinion que le chemin de fer n'est en général pas responsable de l'incendie, a dans le cas spécial accordé une indemnité au propriétaire de la voiture, seulement parce que le chemin de fer avait fourni un wagon découvert type R, qui est plus élevé que ceux dont on se sert d'habitude pour ce genre de transports.

Le propriétaire de la voiture prétend que le chemin de fer qui a fourni le wagon aurait dû faire passer la voiture chargée sous le *gabarit*[1] et aurait pu constater ainsi que le wagon était trop haut et aurait dû transborder la voiture sur un wagon plus adéquat.

4 *bis.* — 19-28 *décembre* 1895. *C. d'Appel Florence. CI*, 30, *BTI*, 1896/360. — *Avarie survenue à une expédition de marbre.* — *Action en indemnité.* — La caisse marbre ouverte à l'arrivée à destination on constata le bris d'une statue dans une des caisses. Défoncement de la caisse, cependant bien emballée.

Chemin de fer refuse d'abord, prétendant qu'il y avait *fausse déclaration* de marchandise et qu'on ne prouvait pas sa culpabilité en ce qui concerne l'avarie.

Le Tribunal a condamné le chemin de fer à payer 1.580 lires, valeur de marbre *ouvré*, au lieu de 3.000 lires, *valeur* d'expertise de la statue.

5. — *Conférence internationale* 1886 *des Transports par chemin de fer. BTI*, 1895/86. — *Bâches et leur mode d'attache.* — *Décision.* — Les anneaux pour l'attache de bâches doivent être fermés et soudés, fixés par des pitons rivés ou avec des écrous à l'intérieur du wagon, et placés à une distance maximale de 115 centimètres à peu près, du plancher du wagon et cela, soit alternativement aux parois latérales mobiles ou aux portes et aux traverses fixes de tête, soit encore au châssis inférieur lui-même, de telle sorte que la corde de fermeture empêche, le cas échéant, d'enlever les parois mobiles ou d'ouvrir les portes.

Les bâches doivent être pourvues sur leurs bords d'ouvertures garnies d'œillets métalliques dans lesquels passe la corde de fermeture et échelonnés à peu près à la même distance les uns des

---

[1] Sorte d'arceau sous lequel on fait passer les wagons chargés pour s'assurer que leur hauteur ne dépasse pas celle des ponts et des tunnels, dont il a exactement le profil.

autres que les anneaux fixés du wagon. On ne pourra employer des anneaux pour la fermeture des bâches qu'à leur partie supérieure.

Les bâches devront être de grandeur suffisante et en état convenable pour le but cherché. Les coutures mêmes pour les pièces rapportées, devront se trouver à l'intérieur ou être doublées, c'est-à-dire formées de deux lignes de points de fil distantes de 15 à 25 millimètres.

Les cordes de fermeture devront être d'une seule pièce et pourvues aux deux extrémités de pointes métalliques.

En arrière de ces pointes, il doit être réservé des œillets permettant une fois les extrémités de la corde bien dûment nouées, d'en effectuer la fermeture douanière.

5 bis. — 11 *mai* 1895. *Oberlandsger. Darmstadt BTI*, 1896 /84, *CI*, 44. — *Responsabilité du chemin de fer pour avarie non reconnaissable lors de l'enlèvement de la marchandise (farine en sac endommagée par de la couleur verte).* Le chemin de fer prétendait être exonéré parce que le destinataire avait payé le transport et retiré l'envoi. Le chemin de fer a été condamné, l'avarie n'ayant pu être constatée lors de l'enlèvement.

6. — 23 *février* 1895. *Trib. Civil et Pénal Florence. CI*, 31, *BTI*, 1896 /318. — *Avarie survenue à des marchandises chargées par l'expéditeur. — Bâches fournies par le chemin de fer. — Avarie par la pluie à 142 sacs sciure.* — Chemin de fer exonéré parce qu'on n'a pas pu prouver que l'avarie était due à un fait imputable à la Compagnie.

7. — 25 *septembre* 1895. *Cour Suprême d'Autriche. Comp. CI*, 31 (3 /4), *BTI*, 1897 /25. — *Avarie à un volant fonte.* — Le fardeau de la preuve incombe à l'expéditeur qui a fait le *chargement* ; il a été débouté, n'ayant pu prouver que le volant était entier après le chargement sur le wagon.

8. — 19 *décembre* 1895. *Cour d'Appel Commerciale Budapest. CI* 5 et 30, *BTI*, 1898 /654. — Non responsabilité du chemin de fer pour dommages survenus à des marchandises pendant le dépôt qui a précédé le chargement.

8 bis. — 7 *mars* 1895 *Cassation Turin B.T.I.* 1896/82 *C.I.*/32. — *Avarie après arrivée.* — La demande de livraison des marchandises présentée par le destinataire le jour de l'arrivée, n'entraine, si elle est repoussée par le chemin de fer, aucune responsabilité pour celui-ci du fait des *avaries* ou dommages inhérents à la valeur des marchandises, que peuvent subir les dites marchandises par suite de la prolongatiou de leur séjour en gare, du moment que le chemin de fer effectue néanmoins la livraison dans le délai utile réglementaire déterminé par les tarifs-réglements.

9. — 28 *décembre* 1895. *Cour d'Appel Amiens. CI*, 34 (4), *BTI*, 1896/210. — *Envoi de thermomètres (avarie survenue à la suite de vice propre de la chose transportée).* — Chemin de fer exonéré.

9 *bis.* — 11 *janvier* 1896. *Oberlandsg. Darmstadt. CI*, 30, *BTI*, 1897/331. — *Peaux salées arrivées mouillées.* — Quoique l'expédition ait eu lieu en wagon *découvert*, le chemin de fer a été condamné.

10. — 16 *mars* 1896. (1re *conférence de revision BTI*, 1898/619. — *Avarie survenue aux marchandises transportées en wagon découvert et chargées par l'expéditeur et qui doivent être escortées. CI*, 31 (1) (§) (6). — Les marchandises chargées ou transportées de la sorte, non en vertu des prescriptions de tarifs mais de conventions passées avec l'expéditeur ; dorénavant ces conventions, pour être valables, devront figurer sur la lettre de voiture.

10 *bis.* — 29 *janvier* 1896. *Cassation Paris. CI*, 31 (4), *BTI*, 1896/319. — *Bris d'objets transportés.* — *Responsabilité du chemin de fer en cas de tarif spécial.* — *Voiture vide et voiture de matériel forain: à l'arrivée constatation de casse, voiture vide défoncée, bras cassé, caisse porcelaine brisée et contenu en morceaux.* — Le chef de gare PLM conseille au client de faire réparer la voiture, mais la compagnie refuse de payer sous prétexte que le réclamant n'avait pas fait les réserves en la forme prévue par le C. Comm. 105.

Le Trib. Comm. Tarascon avait condamné la compagnie, car les réserves inscrites sur le registre de la compagnie suffisaient, mais la Cour a cassé le jugement et libéré la compagnie, en vertu de la clause de non garantie figurant au tarif spécial appliqué à l'envoi en question en tant qu'aucune faute n'a été constatée à la charge de la compagnie.

10 *ter.* — 18 *juin* 1896. *Trib. Comm. Ostende. CI*, 31 (3) et (4), *BTI*, 1896/361. — Responsabilité limitée en cas de dangers spéciaux, chargement par l'expéditeur.

Tôle fine et polie, à destination constatation de rouille. — Le chemin de fer prétend que la marchandise a été chargée sur embranchement de l'envoyeur et par ce dernier, et qu'elle était mal emballée. Le chemin de fer condamné parce que l'avarie provient du *mauvais état des wagons* fournis par le chemin de fer et que l'envoyeur était en droit d'admettre que le matériel mis à sa disposition était en bon état.

11. — 4 *avril* 1896. *Trib. Comm. Saint-Quentin. CI*, 9, *BTI*, 1897/367. — *Défectuosité d'emballage.* — Responsabilité de l'expéditeur.

Métiers à broder. — Avaries (envoi en wagon bâché, bâche bien attachée, mais cuvette d'eau, infiltration). — La compagnie n'ayant

pas fourni la *bâche* n'était pas responsable de l'avarie de mouille
et subséquemment de *rouille*.

12. — 28 *avril* 1896. *Tribunal Presbourg. BTI*, 1897 /798, *CI*, 30.
— *Avarie causée à la marchandise par le feu.* — Preuve à fournir
par le chemin de fer de l'inflammation spontanée de la charge (il
n'existe aucune présomption que le feu par lequel ont été détruites
des marchandises sujettes à l'inflammation a pris de lui-même dans
celles-ci).

13. — 9 *septembre* 1896. *Cassation Turin. BTI*, 1897 /227. —
*Avarie et manquant à un envoi charbon, à qui incombe le soin de
la preuve (Charbon de bois incendié en cours de route).* — Le client
devait prouver la faute du chemin de fer, attendu qu'il s'agissait
de marchandises facilement inflammables. Chemin de fer également
exonéré pour manquant à un wagon houille chargé en vrac, transportée aux risques et périls de l'expéditeur. à moins qu'on ne prouve
une faute du chemin de fer. *(Appel Milan.* 10 *novembre* 1896.
BTI, 1897 /227.)

14. — 31 *octobre* 1896. — *Trib. Comm. Seine. CI*, 7, *BTI*,
1897 /366. —*Déclaration inexacte.* —Irresponsabilité de la compagnie
pour avarie survenue en cours de transport, *statue faïence* déclarée
faïence. (*Voir aussi BTI*, 1897 /180.)

15. — 25 *décembre* 1896. *Trib. supérieur Colmar. CI*, 30 /31,
BTI, 1898 /37. — Responsabilité du chemin de fer pour le dommage causé par la livraison de *bâches défectueuses.*
Mouille à du foin envoyé d'Italie en Allemagne. — Bâches fournies contre paiement par le chemin de fer et demandées expressément par l'expéditeur. Cette fourniture a été la cause officiante
du dommage et non le transport en wagon découvert ni à un chargement défectueux. C'est donc l'art. 29, CI, qui entre en jeu.
Le Code de Commerce italien, 398, 1-400, 2-416, 3, rend le chemin de fer responsable de ses agents (entre autres d'avoir fourni
des bâches défectueuses).

16. — 16 *mars* 1897. *C. d'Appel Bruxelles. CI*, 30-44, *BTI*,
1897 /374. —*Responsabilité du chemin de fer pour perte de marchandise.*
— La Cour a reconnu la responsabilité du chemin de fer pour
avarie à un envoi céréales transporté en wagon découvert et bâché,
en décidant que le chemin de fer devant, aux termes des règlements, transporter la marchandise de cette catégorie, soit en wagon
fermé, soit en wagon bâché, était par là même tenu de fournir
lui-même la bâche et qu'il était en faute pour avoir fait usage
d'une bâche trouée ou trop petite. (Le chemin de fer invoquait
l'art. 31, § 3, CI, mais la Cour n'a pas admis l'argument.) L'art. 31
dit : le chemin de fer n'est pas responsable des dommages survenus

à des marchandises chargées ou déchargées par l'envoyeur ou le
destinataire, en tant que l'avarie est résultée du danger inhérent
à l'opération du chargement ou du déchargement... ou si l'on peut
présumer que l'avarie en est le résultat.

17. — *6 avril 1897. Trib. Florence.* — *Avarie à une caisse marbre,
réexpédiée sans vérification du chemin de fer, deuxième transporteur,
destinataire débouté.* — L'intermédiaire entre le premier et le
deuxième chemin de fer aurait dû procéder à la vérification et au
besoin faire des réserves vis-à-vis du premier transporteur avant
de remettre l'envoi au deuxième. (*CI*, 30, *BTI*, 1897/603.)

18. — *13 avril 1897. Cassation de France. BTI*, 1897/936, *CI*,
44 (4), *C. Civil*, 1315 et 1382. — *Constatation d'avarie après acceptation de la marchandise; responsabilité du chemin de fer (vélos).* —
L'art. 105, CC, n'a pas renversé l'ordre de la preuve, ou substitué
à la *présomption* de la faute que l'art. 103 faisait peser sur le voiturier une présomption de faute à la charge du destinataire. Qu'il
résulte au contraire des travaux préparatoires de la loi du 11 avril
1888 que le destinataire qui a vérifié la marchandise à son domicile
doit seulement établir que cette marchandise est restée telle qu'elle
lui avait été remise, c'est-à-dire que l'avarie était antérieure à la
réception, que de cette façon la situation respective du destinataire
et du voiturier se trouve réglée conformément au droit commun.
(*Consulter Lamé Fleury, Bull. ann. des Ch. de fer*, 1897/226.)

19. — *8 novembre 1897. Cour d'Appel Comm. Budapest. CI*, 37,
BTI, 1898/274. — En cas d'*indemnité* à payer pour avarie, c'est
le prix du lieu d'arrivée qui doit être pris en considération.

20. — *17 décembre 1897. Trib. Comm. Le Mans. BTI*, 1898/445,
CI, 35. — *Responsabilité limitée du voiturier pour le transport des
fontes au tarif spécial.* — Il n'y a pas eu *dol* ou *faute grave* de prouvée.
L'art. 1134, *C. Civil fr.*, reconnaissant les conventions légalement
formées, sanctionne la clause de non garantie prévue par le tarif
spécial 14, limitant d'avance et à forfait l'indemnité.

21. — *27 décembre 1897. Cassation de Florence. CI*, 30, *BTI*,
1898/272. — *Avarie à une caisse marbre.* — *Responsabilité du
chemin de fer en cas d'acceptation au transport antérieure.* — La remise
à la douane n'équivaut pas à l'acceptation par le destinataire,
laquelle n'a lieu qu'ensuite ; les opérations et manipulations avant
la remise aux douanes doivent être faites sous la surveillance et
responsabilité du chemin de fer et par ses soins. Le chemin de fer
a été condamné. Il s'agissait d'une avarie à un groupe de marbre ;
l'expert attribuait l'avarie à un *choc* qui a fait tomber la caisse.

22. — *15 janvier 1898. Trib. Comm. Seine. BTI*, 1898/405,
CI, 34. — *Il s'agit de 15 caisses vitraux en partie cassés.* — *L'exper-*

tise n'attribue pas l'avarie à un mauvais *emballage*, mais aux manutentions lors des transbordements.

23. — *28 janvier 1898. Trib. Comm. Lille. BTI, 1898/530, CI, 31 (4).* — *Limitation de responsabilité du transporteur en cas de certains dangers.* — *Bris d'une bonbonne.* — Le chemin de fer refuse de payer, prétendant que la nature de la marchandise l'expose au bris. Client débouté.

Réd. — Cet arrêt est combattu par beaucoup d'autres donnant raison au client ; il faut tenir compte de l'épaisseur du verre, du mode d'emballage de la bonbonne, etc.

24. — *29 janvier 1898. Trib. District Wien. CI, 9 et 31 (2) (4), BTI, 1898/178.* — *Verre à vitre arrivé brisé ; emballage défectueux.* — Le chemin de fer avait accepté le transport sans réserves et sans mention sur la lettre de voiture de l'insuffisance d'emballage. L'avarie a pu résulter du danger de bris, donc le chemin de fer a été exonéré ; il n'est pas responsable du danger de bris qui est bien la cause de l'avarie présente.

25. — *21 avril 1898. Trib. Livourne. CI, 30, BTI, 1898/529.* — *La lettre de voiture contenait la déclaration de l'expéditeur.* — « Le soussigné exonère le chemin de fer de toute responsabilité pour bris intérieur qui pourrait être constaté à l'arrivée à destination. »

Il s'agit d'un envoi qui devait jouir de la gratuité de transport au retour, comme objet destiné à une exposition, que cette taxe de faveur doit être considérée comme un tarif spécial, le chemin de fer a été exonéré de toute responsabilité.

26. — *31 mai 1898. Cour Royale Budapest. BTI, 1902/15, CI, 31.* — *Wagon de tan découvert et bâché.* — *Action contre le chemin de fer non recevable.* — Dans le cas où le feu a endommagé en cours de route un envoi de tan dont le transport a lieu en wagon découvert, conformément aux conditions d'application des tarifs, la présomption visée par l'art. 31, CI, d'après laquelle l'incendie doit être imputé au danger inhérent au transport en wagon découvert, s'étend également au cas où le wagon découvert était protégé par des bâches.

27. — *13 décembre 1898. Trib. Comm. Louvain. BTI, 1893/147, BTI, 1895/446 et 463, CI, 29.* — *Avarie pendant le déchargement par le destinataire.* — *Non responsabilité du chemin de fer (s'agit d'un cheval).* — Lorsque les *employés du chemin de fer* coopèrent à un déchargement incombant aux soins exclusifs du destinataire, ils sont préposés de ce dernier et non du chemin de fer.

28. — *BTI, 1898/605.* — *Union des chemins de fer allemands. Comité du Trafic.* — Les administrations ont pris volontairement à leur compte la responsabilité du dommage résultant de l'emploi de *wagons insuffisamment nettoyés*. *(Voir aussi BTI, 1896/294.)*

29. — *29 janvier 1898. BTI, 1898/178. Trib. district Vienne. CI, 9 et 31 (2) (4). — Limitation de la responsabilité du transporteur en cas de certains dangers (7 touries alcool méthylique; bris d'une des touries constaté à l'arrivée).* — Destinataire débouté pour n'avoir pas pu prouver une faute des chemins de fer ou de leurs agents.

30. — *20 janvier 1899. Cour Royale hongroise. BTI, 1899/239, CI, 31. — Avaries à une marchandise fragile produite par une action mécanique extérieure. — Etendue de la responsabilité du chemin de fer.* — Celui-ci est exonéré parce que non responsable des vices non apparents de l'emballage.

31. — *16 février 1899. Cassation Florence. BTI, 1899/233, CI, 30. — Avarie à une caisse marbre. — Responsabilité du chemin de fer. — Le commissionnaire de transports,* signataire de la lettre de voiture, n'avait pas qualité pour exonérer le chemin de fer en cas d'avarie et par conséquent sa déclaration est inopérante.

32. — *19 février 1899. Cassation de France. CI, 34, BTI, 1900/286.* — Le Tribunal doit, s'il condamne le chemin de fer pour avaries à des *tuyaux de grès*, relever contre le chemin de fer des faits constituant une faute.

Tarif spécial, clause de non responsabilité. — En l'espèce le chemin de fer a été exonéré.

33. — *9 mars 1899. Cour d'Appel Douai. CI, 31 (4), BTI, 1899/482. — Œufs en wagons plombés arrivent avariés.* — Le destinataire ne peut prouver qu'il y a eu un choc violent et anormal résultant d'une faute du chemin de fer ; il est débouté. Les œufs sont fragiles, ont été mal *emballés* et les caisses probablement insuffisamment *arrimées* dans le wagon.

34. — *14 avril 1899. Cassation de France. CI, 31 (1), BTI, 1899/525. — La compagnie n'est pas responsable d'avarie de mouille à des marchandises chargées par l'expéditeur sur des wagons plate-forme. — La compagnie n'est pas astreinte à fournir des bâches* et n'est pas responsable des défectuosités des bâches. Le Trib. suprême de Colmar rend le chemin de fer responsable de la livraison d'une bâche défectueuse.

Jugements analogues :

BTI, 1893/284. Trib. d'Empire. 6 avril 1893. — Le bâchage d'un *wagon découvert* n'en fait pas un wagon couvert.

BTI, 1894/35. C. d'Appel Cologne. 15 mai 1893. — Est du même avis : que le chemin de fer ait fourni des bâches contre paiement ou non, que le bâchage ait été effectué par des employés de chemin de fer ou non.

BTI, 1895/65. — Donne *in extenso* le jugement ci-dessus.

35. — 6 *juin* 1899. *Cour d'Appel Bruxelles. BTI*, 1899/652. — *Dommage causé par un chargement défectueux sur une voie de raccordement industriel. CI*, 31 (3). — *Il s'agit de glaces.* — Le client n'a pas fait la preuve de la responsabilité du chemin de fer transporteur, celui-ci est exonéré ; pourtant le chef de gare de départ avait déclaré le *chargement parfait.*

36. — 19 *décembre* 1899. *Cour Suprême d'Autriche. CI*, 31 (1), 3°, *BTI*, 1902/54. — Le chemin de fer n'est pas responsable de l'avarie survenue à des marchandises par suite du conditionnement du *wagon* le rendant *impropre* au transport, si l'expéditeur qui effectue le chargement se déclare satisfait du wagon fourni et ne formule pas de réserves quant à l'état dans lequel il lui est remis.

40. — 28 *avril* 1900. *Cassation France. CI*, 31 (3), *BTI*, 1903/403. — *Chargement et déchargement opérés par l'expéditeur et le destinataire.* — Responsabilité du chemin de fer : pour condamner une compagnie, comme responsable d'avaries par défaut de soins donnés à la marchandise, un tribunal doit, sous peine de cassation, spécifier quels soins incombaient à la compagnie qu'elle aurait négligé de donner. (*Rev. génér. des Chemins de fer et Tramways. Août* 1900/2/368.)

40 *bis*. — 31 *janvier* 1900. *C. d'Appel Liège et Cassation Belge.* 22 *novembre* 1900. — *BTI*, 1901/456, *CI*, 31 *et* 41.

1° Les dispositions des art. 31 et 41 *CI* constituent des exceptions au principe inscrit dans les art. 30 et 37 et doivent être interprétées restrictivement.

2° L'art. 31 (1) n'est pas applicable lorsque le danger résulte de l'emploi de certaines matières d'emballage.

Cirque. — Train spécial de 23 voitures à voyageurs et de wagons. — Expédition Kiel-Liège. — Chargement par un commissionnaire de transports aidé du personnel du cirque et en présence d'un agent du chemin de fer. — Trois wagons ont été munis de bâches (2 chacun) louées au chemin de fer contre émolument. Sur un wagon non bâché, on a chargé une tapissière et une balançoire, en fixant la tapissière avec des chaînes et en entourant les roues avec de la paille et séparant les objets avec des tapis de paille. Le wagon fut placé près de la locomotive. — Incendie en cours de route et avarie de la tapissière. — Chemin de fer condamné pour dommage direct (perte et avarie du matériel de cirque), mais exonéré du dommage indirect résultant de l'impossibilité de donner des représentations. Car il n'y a pas eu de faute grave du chemin de fer, on n'a pas pu prouver en effet que les flammèches échappées provenaient de la locomotive du train transporteur ou d'une venant en sens inverse.

Il ressort de l'art. 9, CI, et XXXIV de l'annexe I, que les chiffres 2 et 3 de l'art. 31 (1) ont en vue des marchandises de toute autre nature (que des roues de véhicules entourées de paille).

41. — 15 *mai* 1900. *Bezirksger Wien. CI*, 31, *BTI*, 1902/163. — *L'irresponsabilité du chemin de fer pour le transport des œufs d'après la législation autrichienne. — Emballage et déchargement irréprochables.* — Marchandise très fragile, l'envoyeur n'a pas pu prouver la faute du chemin de fer ; il a été débouté.

42. — 26 *juin* 1900. *Trib. district Mulhouse. CI*, 31 (3), *BTI*, 1900/319. — *Responsabilité du chemin de fer pour les marchandises chargées par l'expéditeur. — Il s'agit d'un wagon couvert contenant de la semoule ; plancher recouvert de boue humide saline.* — Le chemin de fer prétendait que ce sont les gens de l'expéditeur qui avaient *souillé le wagon* en le chargeant. L'envoyeur n'est pas tenu de vérifier minutieusement le wagon fourni. Par la nature de leurs occupations, les ouvriers chargeurs étaient tenus de faire preuve de soins spéciaux qu'ils n'ont pas négligés ; le chemin de fer est donc responsable.

43. — 10 *juillet* 1900. *Bezirkrsger Wien. BTI*, 1901/244, *CI*, 31 (1) (4). — Lorsqu'un liquide est remis au transport dans des *dames-jeannes*, ces dernières, en ce qui concerne leur transport, ne sont pas considérées comme *emballage*, mais comme formant partie intégrante de l'envoi. (On lit dans le BTI, 1904/275, un arrêt du Trib. supér. de Lübeck disant « que les liquides ne sont considérés comme marchandises que comme formant un tout avec l'enveloppe qui les contient ».)

44. — 24 *janvier* 1901. *BTI*, 1901/329. — *Extrait du procès-verbal du Comité des affaires de trafic de marchandises de l'Union des chemins de fer allemands du 24/25.* — Recours des chemins de fer entre eux. — Responsabilité du chemin de fer expéditeur qui a fourni des *wagons insuffisamment nettoyés.*

45. — 13 *février* 1901. *Trib. Charleroi. CI*, 31 (1), 3, *BTI*, 1901/242. — *Avarie à une voiture.* — Chemin de fer exonéré parce que le *chargement* a été exécuté *par l'expéditeur*, suiv. art. 27, al. 7, de son règlement paru dans BTI, 1893/424, et Loi sur le contrat de transport, 25 avril 1891, art. 37. *(BTI, 1893/147.)*

46. — 13 *février* 1901. *Cour Suprême d'Autriche. CI*, 31, *BTI*, 1902/195. — *Locomobile chargée sur wagon par l'expéditeur, endommagée parce que dépassant le gabarit*[1]. — Comme le chargement

---

[1] Gabarit : v. LAMY, *Manuel pratique de transports*, Paris, 1924. Guillaumot et Jouanny, Paris, 1910.

B.T.I., Berne.

avait été accepté par les employés du chemin de fer, celui-ci a été condamné à la moitié du dommage. Le chemin de fer prétendait qu'il ne possédait pas à la gare expéditrice de *gabarit*; mais la Cour Suprême a estimé que les chefs de gares ont les profils et plans et mesures se trouvant dans toutes les stations.

47. — *9 novembre 1901. Bezirksger Wien. CI, 30, BTI, 1903/94.* — *Le chemin de fer ne saurait invoquer le § 77, ch. 3, du règlement d'expédition, puisque la salissure ne provenait pas d'une faute commise lors du chargement.* — Le chemin de fer est seul responsable de la condition *défectueuse* du wagon fourni par lui, attendu que, conformément au Tarif, c'est le chargement et non pas un examen quant au bon conditionnement du wagon qui incombait au demandeur. (Il s'agissait d'un envoi de *papier* chargé par l'expéditeur et sali par la graisse adhérant au plancher du wagon.)

48. — *26 novembre 1901. Trib. District Prague. CI, 31 (1), 4, BTI, 1902/199.* — A décidé que les *œufs*, alors même qu'ils seraient emballés en caisses de bois avec paille, doivent être considérés comme marchandise exposée par sa nature au danger particulier d'une avarie.

50. — *15 février 1902. Landsgericht Munich. BTI, 1902/233.* — *Avarie et dépréciation de la valeur de la marchandise ; froment souillé par un liquide créosoté ; chemin de fer condamné.* — Il s'agit d'une avarie matérielle pendant le transport, dont le chemin de fer est responsable d'après l'art. 456, C. Comm. et § 75, Règl. Tr.

51. — *18 février 1902. Cassation Paris. CI, 31 (1), 3, BTI, 1904/100.* — *Chargement et bâchage par l'expéditeur.* — *Le chemin de fer n'est pas responsable de l'avarie causée par la pluie, résultant de la défectuosité du bâchage* (Recueil Sirey, 1903, p. 473). — On n'a pas pu prouver que la compagnie du Midi ait manqué aux soins généraux élémentaires dûs à la marchandise transportée.

52. — *1er mars 1902. Landg. Munich. BTI, 1902/337, CI, 30, 39, 40.* — *Montant de l'indemnité en cas d'avarie survenue par suite de non observation des délais de livraison.* — *Vin en fûts ou en wagon complet gelé par suite de stationnement prolongé ; retard 3 jours et demi.* — Pas d'*intérêt à la livraison*, donc le client n'a droit qu'au remboursement des frais de transport, pas eu *faute grave* ou dol du chemin de fer.

53. — *5 avril 1902. Oberger. Wien. BTI, 1904/105.* — Malgré l'*emballage* bien fait, cela ne détruit pas la présomption que le dommage (bris) doit être attribué à une cause inhérente à la nature des *œufs* et au danger qui en résulte, sauf si on peut faire la preuve contraire.

54. — *8 avril 1902. Trib. Suprême d'Autriche. CI, 30/31, 1°, 13, BTI, 1904/130.* — *L'expéditeur n'est pas obligé d'examiner l'état du wagon mis à sa disposition pour le chargement.* — Le chemin de fer qui a livré un *wagon sale* est responsable du dommage qui en est résulté pour la marchandise. — Il s'agit d'*avoine* qui a pris l'odeur de thérébentine. — Comme les employés du chargeur avaient demandé du papier (pour recouvrir les taches) aux ouvriers du chemin de fer, celui-ci aurait dû avoir son attention éveillée et donner un autre wagon.

55. — *25 avril 1902. Cassation de Turin. CI, 5 et 31 (1), 3, BTI, 1902.* — *Nature légale de l'obligation incombant au chemin de fer lorsqu'il fournit des wagons, en droit italien.* — L'envoyeur, qui charge lui-même, doit nettoyer le wagon s'il est sale. (Réd. — L'Office central avoue cependant que cet arrêt l'a surpris et prétend que les chemins de fer italiens n'avaient pas le droit d'invoquer l'art. 69, § 5, des tarifs italiens.)

56. — *26 mai 1902. Trib. Comm. Ostende. CI, 31, BTI, 1902/367.* — *Responsabilité du chemin de fer pour perte d'un fût de sirop qui s'était rompu par suite de fermentation, d'après le droit belge.* — La nature de la marchandise exonère le chemin de fer en tant qu'il n'y a pas eu faute de ce dernier. Destinataire débouté.

57. — *18 juin 1902. Cour d'Appel Grenoble. CI, 31 (1), 1°, 3°, BTI, 1903/248.* — *Responsabilité du chemin de fer en cas de mouille d'envoi de ciment, pendant le transport en wagons découverts revêtus de bâches.* — Même en cas d'application de tarifs spéciaux, les chemins de fer français peuvent se servir à leur choix de wagons couverts ou découverts. Le chemin de fer est responsable du mauvais état des bâches fournies par lui à l'expéditeur. Le mauvais état des bâches doit être prouvé par le demandeur. Le fait par l'expéditeur d'avoir accepté des bâches dont la non étanchéité peut n'être pas apparente et d'échapper à toute vérification ne saurait suffire pour affranchir la compagnie de la responsabilité des avaries de mouille résultées, en cours de transport, du mauvais état de ses bâches. (Il y a lieu d'étudier chaque cas spécialement — les transports en France étant régis par les tarifs internes —, la *CI* n'a pas les mêmes effets.)

58. — *30 août 1902. Trib. Comm. Seine. CI, 31 (1), 4, BTI, 1903/212.* — *Restriction de la responsabilité du chemin de fer à l'occasion du transport d'objets en marbre.* — *Cheminée de marbre.* — Le destinataire n'a pu prouver la faute à la charge du transporteur. Le chemin de fer est déchargé par l'art. 31, CI, le marbre étant exposé par sa nature au danger particulier du bris.

59. — *10 septembre 1902. Cour Suprême de Wien. CI, 19-30,*

BTI, 1905/4. — *Avarie d'un envoi à la suite du déchargement effectué par le chemin de fer.* — *Calcul du délai de déchargement accordé au destinataire.* — Le client a perdu ; il devait décharger lui-même. Il a tardé de le faire et le chemin de fer l'a fait aux risques, périls et frais du client.

60. — *4 novembre 1902. Trib. Comm. Louvain. CI, 30, 31 (1), 3, BTI, 1903/184.* — *Avarie par la mouille d'un envoi de pendules à la suite de l'état défectueux de la couverture du plafond du wagon chargé par l'expéditeur.* — *Le destinataire a appelé en garantie le chemin de fer et l'envoyeur.* — Le chemin de fer et l'expéditeur sont responsables, en proportion de la faute commise par chacun d'eux, de l'avarie en question. En l'espèce, le chargeur avait constaté la présence de glaçons sur une partie du plafond intérieur du wagon, mais il a accepté quand même le wagon. D'autre part, il fut constaté à destination que le wagon était privé de 3 m. 60 × 3 m. de sa bâche de couverture. Le chemin de fer doit veiller à fournir un matériel en bon état. Chemin de fer condamné à quatre cinquièmes du dommage et l'expéditeur à un cinquième, idem pour les frais et dépens de l'instance.

61. — *8 novembre 1902. Cassation Turin. CI, 30 et 35, BTI, 1903/274.* — *Responsabilité des chemins de fer italiens pour un envoi de cocons expédiés de Bulgarie en Italie.* — *Incendie en gare d'Opnoend, Hongrie.* — *30 sacs détruits ; le reste non incendié, mais abîmé.* — En cas d'expédition avec lettre de voiture directe les chemins de fer italiens sont responsables même du dommage survenu en dehors d'Italie. Ils peuvent par contre invoquer les restrictions de la responsabilité prévues par le droit italien.

62. — *1ᵉʳ décembre 1902. Cassation France. CI, 31 (1), 4º, BTI, 1903/276.* — *Responsabilité du chemin de fer en cas de bris de machines en fonte.* — *Machines à coudre.* — Les objets en fonte très solides ne sont pas exposés au danger d'être brisés par suite du vice propre. L'avarie survenue en cours de route aux dits doit être attribuée, en conséquence, à une faute de chemin de fer.

63. — *BTI, 1902/179.* — La direction des chemins de fer hongrois a invité ses organes à faire visiter minutieusement les wagons tant avant leur livraison qu'une fois le déchargement effectué (lorsque cette opération est faite par l'envoyeur), afin de pouvoir établir la faute éventuelle. S'il y a faute, constatation doit en être faite dans une pièce signée par les parties, attendu que le rapport dressé par le chemin de fer seulement ne constitue pas une preuve suffisante. Les organes du chemin de fer ont été, de plus, invités à ne pas procéder d'une manière trop mesquine dans *l'estimation des avaries,* afin de ne pas soulever des réclamations.

64. — *BTI*, 1902 /361, *CI*, 31. — *Transports d'œufs. — Responsabilité du chemin de fer. — Recours des chemins de fer entre eux.* — Chemin de fer condamné. (Décision du Comité pour affaires de trafic de marchandises de l'Union des chemins de fer allemands du 15 mai 1902, qui s'est montré dans deux cas beaucoup plus large et équitable que ne le demandait la *CI*, 31 (1), 4°, 4 (2).

65. — 28 *novembre* 1902. *Trib. Comm. Dôle. BTI*, 1903 /279. — *Cuisinières en fonte ; avaries.* — Vice propre non admis. Chemin de fer condamné.

66. — *BTI*, 1902 /398. — La Direction des chemins de fer à Berlin a décidé que les gares ne doivent plus exiger des envoyeurs la déclaration prévue au § 58, Règl. Transports (CI, 9) pour dames-jeannes fixées dans des paniers avec du foin ou de la paille et protégées par un couvercle en osier ou à défaut enveloppées de tresses de paille jusqu'au goulot. Mais les réclamations pour avaries devront toutefois être toujours repoussées comme ci-devant, conformément aux dispositions du § 77, chap. IV, Règl. de Transport ou CI, 31 (1), 4. Sans tenir compte qu'il y a eu garantie ou non, car les dames-jeannes devront être considérées comme marchandises qui pour des causes inhérentes à leur nature sont exposées au danger particulier d'être avariées quelle que soit la nature de l'emballage dans lequel elles sont remises au transport.

67. — 29 *janvier* 1903. *Trib. Comm. Alençon. BTI*, 1903 /378, *CI*, 31 (1-3). — *Non responsabilité du chemin de fer en cas d'avaries survenues à des marchandises dont* le chargement *et le* bâchage *avaient été opérés par les soins de l'expéditeur sur un* wagon découvert commandé *par lui. Avarie de* mouille *à 12 balles étoupe. (Voir Bulletin annoté de Sarrut.)*

68. — 4 *février* 1903. *Landesger. Munich. CI*, 31 (1), 4 (2), *BTI*, 1903 /280. — *Irresponsabilité du chemin de fer en cas d'avarie survenue à des marchandises fragiles.* — Les *tableaux encadrés et sous verre* doivent être envisagés comme une marchandise exposée au danger particulier de se briser ; même l'emballage le plus soigné ne peut offrir une protection suffisante contre ce danger, pendant le transport par chemin de fer.

69. — 12 *février* 1903. *C. Suprême d'Autriche. CI*, 33 /45, *BTI*, 1905 /381. — *Envoi de houblon livré avarié avec retard. Etendue de la responsabilité du chemin de fer.* — Le chemin de fer a été exonéré parce qu'on n'a pas pu prouver qu'il avait exposé, pendant un temps trop long, le houblon à l'humidité.

70. — 1er *avril* 1903. *Trib. Suprême d'Autriche. CI*, 34, 41, *BTI*, 1906 /13. — *Remise d'un wagon sentant mauvais à un expé-*

diteur pour être chargé. — Si l'expéditeur accepte le wagon et que a marchandise chargée soit avariée par suite de la mauvaise odeur, il peut être demandé réparation du dommage en résultant, mais sans qu'on puisse imputer une *faute grave* au chemin de fer.

C'est une opération qui rentre dans la catégorie des frais accessoires prévus à l'art. 51 du cahier des charges français. C'est dire que le chemin de fer devrait toujours désinfecter les wagons, halles, quais, ponts mobiles après chaque transport. Le fait-il, et comment ?

Il nous souvient d'un litige entre chargeur et chemin de fer. On avait chargé des animaux vivants dans un wagon ayant contenu des peaux vertes, dont une d'une vache morte du charbon ; à l'arrivée à destination les autorités firent abattre les animaux de crainte d'accident et le chemin de fer ne fut pas accusé de faute grave, car il ne savait pas (au moment où il a fourni le wagon) qu'il avait contenu une peau charbonneuse ; il semble que si le wagon avait été désinfecté, il n'y aurait pas eu de danger.

71. — *24 avril 1903. Oberlandsger. Darmstadt. CI, 31 (1), BTI, 1904 /272. — Obligation pour le chemin de fer de préserver contre le danger d'incendie les marchandises chargées sur wagon découvert (tonneaux à pétrole).* — En observant l'ordre de composition des trains, celui-ci prévoit d'éloigner autant que possible les marchandises inflammables de la locomotive ou des wagons chauffés avec des poêles.

72. — *24 juin 1903. I*ʳᵉ *Instance Mayence. BTI, 1904 /309, CI, 31 (1), 4. — Fonte brisée non emballée.* — Le chemin de fer a été condamné ; le tribunal estime que la question de savoir si la fonte est exposée de par sa nature au danger particulier de bris, ne peut recevoir une réponse négative ou affirmative dans une forme générale, que cela dépend de l'espèce de la marchandise en fonte. Que les experts ont estimé que les objets en question n'étaient pas facilement brisables et que leur emballage n'était généralement pas usité.

73. — *23 juillet 1903. Cour d'Appel Paris. — Avarie de mouille à l'envoi paille transporté en wagon plateforme. T, sp. 23, transport interne français.* —Destinataire débouté. Avarie résultant du danger inhérent au transport en wagon découvert.

74. — *12 décembre 1903. Trib. d'Empire allemand. CI, 30, 31 (1), 34, BTI, 1904 /174. — Responsabilité du chemin de fer en cas d'incendie d'une expédition d'esprit de vin.* (Chargement par l'expéditeur.)

75. — *BTI, 1903, CI, 47. — Sentences arbitrales de l'Office des Transports internationaux à Berne : chemins de fer belges contre chemins*

*de fer prussiens. Il s'agit de la fourniture par le chemin de fer d'un
wagon dont le plancher était pourri ; des caisses de glaces y fixées
se sont déclouées et sont tombées ; la marchandise a été brisée.* — Le
chemin de fer de départ qui avait fourni le wagon a été condamné.
« Le chemin de fer est tenu aussi bien vis-à-vis des particuliers que
des autres membres de la communauté de transport, à vérifier
soigneusement, et cela non seulement par un examen extérieur,
si le wagon possède les qualités voulues pour le transport à effectuer.»
Un wagon vieux doit être examiné plus minutieusement qu'un
wagon neuf. (Réd. — Si seulement les chemins de fer raisonnaient
aussi équitablement vis-à-vis du public !)

79. — *19 janvier 1904. Cour Suprême d'Autriche. CI, art. 29
et 31 (1), BTI, 1907/16. — Jugement du Tribunal de Commerce
de Vienne du 5 octobre 1903 ; confirmé par la décision de l'O.-L.-G.
de Vienne du 14 novembre 1903. — Avarie de la marchandise par
suite du chargement effectué par les employés du chemin de fer à
la demande de l'expéditeur.* — Le chemin de fer ne répond pas de
l'avarie de la marchandise provenant de la rupture de la chaîne
d'une grue du chemin de fer employée au chargement, si le chargement, tout en incombant d'après le tarif à l'expéditeur, a été
effectué à la demande de celui-ci par les employés du chemin de fer.

80. — *Cassation de Paris. CI, 30, 35, BTI, 1904/200. — Incendie
d'un wagon sur quai maritime.* — Irresponsabilité des expéditeurs
ou destinataires qui ont procédé au chargement ou déchargement.

81. — *2 mai 1904. Cour de Posen. BTI, 1904/380, CI, 31/1 (1).
— Responsabilité du chemin de fer quand les instructions pour le
transport de l'envoi en wagon découvert ont été données verbalement
par l'expéditeur. — Plantes et arbres emballés en foin et paille ;
expédition en wagon découvert sans couverture. — Incendie par
étincelles de la locomotive.* — Le chemin de fer a eu gain de cause
car l'envoyeur a commis une faute en ne couvrant pas les plantes,
lesquelles ne sont pas réputées comme facilement inflammables,
et le chemin de fer n'a pas commis de faute en attelant le wagon
derrière la locomotive.

81 *bis.* — *13 juillet 1904. Trib. Audenarde. BTI, 1905/239,
CI, 19 et 44. — Incendie d'un envoi en gare destinataire après réception, mais avant déchargement de la marchandise. — Belgique. —*
Le destinataire avait payé les frais de transport et émargé la réception ; donc le chemin de fer n'était plus responsable de la marchandise.

82. — *10 octobre 1904. Cassation de Zurich. BTI, 1905/11,
CI, 37, 44. — Responsabilité du chemin de fer en cas d'avarie de la
marchandise en droit suisse. Différence entre l'art. 37, Loi fédérale*

1893, et l'art. 44, CI. — *Envoi de faïence New-York-Anvers ; Delle-Bâle ; depuis Bâle, CFF, nouvelle lettre de voiture interne suisse établie par le représentant du destinataire.* — Au déballage à Kussnacht, constatation d'avarie. Destinataire débouté grâce à l'art. 44, CI, 4° *b*. « L'ayant droit doit prouver que le dommage s'est produit dans l'intervalle écoulé entre la remise au transport et la livraison. »

85. — *20 mars 1905. Cassation de France. CI, 31, § 3 et 4, BTI, 1905/285. — Preuve d'avaries survenues à des marchandises chargées par l'envoyeur. — Responsabilité du chemin de fer.* — Il s'agit d'un wagon de plantes transbordé en cours de route par la compagnie.

86. — *10 octobre 1905. Cour Suprême d'Autriche. CI, 44 (2), BTI, 1908/391. — De la notion des dommages non apparents extérieurement dans le cas du § 90 (2), chiffre 4, des dispositions Règl. Transp. autrichien.* — Responsabilité du chemin de fer pour manque d'une partie d'un wagon complet fermé, reconnu seulement après réception. Wagon de grain en sacs, pesé, compté et plombé par le chemin de fer au départ. — A l'arrivée est pris en charge ; le destinataire chez lui constate un manquant de 25 sacs. Le chemin de fer se rend au moulin pour enquêter et constate, mais repousse la réclamation. (Le destinataire aurait dû en gare faire constater le manquant au moment où il transbordait la marchandise du wagon sur le camion. *Réd.*)

87. — *28 novembre 1905. Arrêt du Trib. de l'Empire allemand. BTI, 1906/213.* — Responsabilité du fisc pour le dommage survenu à des marchandises soumises aux droits de douane pendant qu'elles étaient déposées dans le magasin de l'administration supérieure des impôts.

88. — *Etude. Limitation de reponsabilité. BTI, 1905/249 et aussi* 144. — *Responsabilité des chemins de fer français.* — A la suite de l'adjonction de l'art. 103, C. Comm. Le voiturier est garant des pertes d'objets à transporter, hors le cas de *force majeure*. Il est garant des avaries autres que celles qui proviennent du vice propre de la chose et de la force majeure. Toute clause contraire inscrite dans la lettre de voiture, tarif ou autre pièce quelconque, est nulle.

Voici à ce sujet des instructions des compagnies de chemins de fer à leurs gares : les présomptions d'irresponsabilité insérées dans les Tarifs spéciaux en compensation de certains avantages, notamment des tarifs plus réduits, devenant nulles, il faut que les agents chargés de la réception des expéditions procèdent à un examen attentif et minutieux de l'emballage de la marchandise ils devront s'en tenir strictement aux art. 47 des Cond. générales d'application GV, et Cond. générales PV.

Wagons complets : que le chargement effectué par le public est fait de telle sorte qu'il ne peut occasionner d'avarie au matériel et que la marchandise est bien arrimée et le bâchage bien fait. Si le chargement et le bâchage sont mal faits, la gare doit l'indiquer à l'expéditeur et lui dire en quoi il y a défectuosité. *BTI*, 1905 /249. Le chef de gare doit refuser l'expédition ou se faire signer une garantie. Il faut naturellement que toute constatation à l'arrivée se fasse en gare et ne pas oublier la lettre chargée prévue au C. Comm. 105.

C'est le *Journal Officiel*, 29 mars 1905, qui a publié cette modification au C. Comm. (Loi Rabier).

Les compagnies avaient menacé de supprimer les tarifs spéciaux à prix réduits, puisqu'on supprime la clause de non garantie, mais le ministre a remis les compagnies au pas : l'application des tarifs spéciaux entraîne la prolongation des délais de transports et non pas une limitation de la *responsabilité* des compagnies.

89. — *BTI*, 1905 /93. — Il n'est pas permis d'exonérer le chemin de fer de la responsabilité d'un dommage résultant d'un emballage défectueux, si cette défectuosité n'est pas reconnue par l'expéditeur dans la lettre de voiture conformément à l'art. 31, chiffre 2, pour l'unique motif que l'emballage défectueux constitue une faute de l'expéditeur et que le chemin de fer est en conséquence exonéré par l'art. 30, CI.

90. — *BTI*, 1905 /89. — *Etude des art. 30 et 31, CI, dans leurs rapports réciproques par Reindl sur la responsabilité du chemin de fer pour les transports en wagons découverts, en matière d'avarie.* — L'obligation de mentionner dans la lettre de voiture le mode de wagon demandé a été intercalé dans le CI par la Conférence de Revision de Paris 1896.

94. — 3 *mars* 1906. *Trib. Liège. CI, art.* 31, *al.* 1, 5º *et* 6º, *BTI*, 1907 /75. — *Responsabilité en cas de transport d'animaux vivants chargés par l'expéditeur.* — Celui-ci a été débouté pour n'avoir pas pris les précautions exigées par la législation belge.

94 *bis*. — *BTI*, 1907 /428, *Etude du Dr E. Scheinemann sur la responsabilité du chemin de fer pour avarie de marchandises périssables, occasionnée par le dépassement du délai de livraison. Carottes avariées déjà pendant le délai de livraison ;* le chemin de fer a été condamné par la Table Royale de Budapesth à payer l'indemnité pour retard, mais rien autre.

95. — 12 *mars* 1906. *Arrêt de l'Oberlandesgericht de Hambourg. CI, art.* 31, (1), 4º, *BTI*, 1907 /70. — *Avarie d'une expédition d'œufs par la gelée.* — Manque de preuves de la prétendue faute du chemin de fer, exonération de ce dernier. L'ayant droit n'a fourni aucun renseignement permettant un rapport d'expert (soit intensité du

froid en cours de route, mode d'emballage, épaisseur des couches de paille, nature des caisses, etc.).

96. — 20 *mars* 1906. *Ch. d'Appel. Trib. Comm. Budapest.* *BTI*, 1907 /370, *CI, art.* 30, 31 (3), *CI.* — *Transport d'animaux ; chargement par l'expéditeur.* — Le contrôle de l'état du wagon fourni par le chemin de fer incombe à l'expéditeur. Le chemin de fer n'est pas responsable du dommage résultant de la défectuosité du wagon.

97. — 29 *mai* 1906. *Cour Suprême d'Autriche. CI*, 24, 25, *BTI*, 1907 /267. — Le chemin de fer est tenu d'aviser de suite l'ayant droit et de prendre ses instructions avant la continuation du transport, quand une marchandise a éprouvé en cours de route une avarie qui met en question l'opportunité de continuer le transport.

98. — 10 *octobre* 1906. *Trib. d'Empire allemand,* 1re *Ch. Civile. CI, art.* 31 (1), 4º, *BTI*, 1907 /188. — Le Tribunal expose que le dommage que certaines marchandises éprouvent dans le cours ordinaire des choses par suite de leur vice propre est réglé par les dispositions de l'art 30 (1), *CI*, alors que la présomption de l'art 31. se rapporte aux avaries extraordinaires plus étendues, résultant de causes inhérentes à la nature de la marchandise.

99. — 6 *décembre* 1907. *Niebergall & Goth contre CFF. Tribunal fédéral, t.* 33 /2, *page* 620. *CI*, 8 (3) (4). *CI*, 31, 2, 9 /3, 44. — *Manquant de poids survenu pendant le transport.* — *Avaries pendant le transport.* — *Transport tissus d'Angleterre d'Anvers par St-Gall ; à l'arrivée, avaries et manquants d'après les listes jointes aux lettres de voiture.* — Chargement à Anvers par les employés de Niebergall, mais les chemins de fer belges ont assuré la surveillance spéciale du chargement telle qu'elle est prévue à l'art. 36 de leurs conditions réglementaires et touché les émoluments y afférents (30 cent. par 1.000 kilos). Moyennant un droit de 30 cent. par 1.000 kilos, les administrations assument la responsabilité des risques du chargement et, le cas échéant, du bâchage effectué en gare par les soins de l'expéditeur lorsque celui-ci demande, *en lettre de voiture*, la surveillance spéciale des agents du chemin de fer. Il comprend les taxes prévues pour le comptage et le pesage de la marchandise. Pas de pesage officiel au départ, donc poids de la lettre de voiture pas opposable au chemin de fer. Le chemin de fer avait fait signer des garanties soit en termes généraux, soit en spécifiant pour emballage défectueux, mais ne l'avait pas mentionné sur la lettre de voiture.

Niebergall & Goth ont eu à prouver que les dégâts constatés à Saint-Gall ont eu lieu après la prise en charge par les chemins de fer belges au départ et que les différences de poids constatées entre le départ et l'arrivée provenaient de perte survenue en cours de transport. Différence de poids (ou manquant) prouvée du fait que les poids indiqués au départ étaient justes, mais pour que le poids figurant sur la lettre de voiture fasse foi contre le chemin de fer il faut qu'il y ait eu pesage *officiel* par le chemin de fer au départ et que la mention de pesage figure sur la lettre de voiture. Mais les lettres de voiture en cause ne font aucune mention de ce pesage et le poids de la lettre de voiture ne peut être opposé au chemin de fer, et par suite le réclamant a échoué dans l'administration de la preuve du manquant en cours de transport.

Ce prétexte d'avarie dans le procès-verbal, même signé par le destinataire, ne suffit pas pour exonérer le chemin de fer (page 627). D'abord parce que le procès-verbal contient non des précisions quant aux causes d'avaries, mais des suppositions et que les jeunes employés du destinataire n'étaient pas compétents pour signer une déclaration sur les causes des avaries. La prescription opposée par le chemin de fer a été aussi repoussée ; le chemin de fer a été condamné pour les manquants, mais pas pour les avaries.

Le Tribunal fédéral s'en tient aux dispositions de la CI, à savoir, que le poids officiel aurait dû figurer sur la lettre de voiture ; tel n'est pas le cas, la demande du pesage officiel sur la lettre de voiture n'y figure pas non plus.

100. — *Lehmann & Ring, C. Comm. allem., remarque 4 ad.,* § 459. — *Duringer & Hochenburg, C. Comm. 459, note II ad., chiffre 4. — Responsabilité du chemin de fer pour les avaries d'envois d'œufs.* — S'est-il produit des circonstances qui auraient comporté un danger sérieux pour d'autres marchandises que celles sujettes à facile détérioration ? A moins de preuve, il faudrait conclure un danger inhérent à la nature de la marchandise et exonérer le chemin de fer. Auteurs cités : Von Hahn, Commentaires, C. Comm. all., t. 2, § II, ad. art. 424 ; Rosenthal, Droit international de Transport par chemin de fer, 207.

101. — 29 *janvier* 1907. *C. Suprême de Vienne (Autriche). CI, 9, 31, BTI, 1908/326. — Bonbonnes, ballons, etc. — Garantie donnée au chemin de fer.* — Lorsqu'un dommage est résulté d'un *vice apparent* de l'emballage, le chemin de fer ne peut invoquer la disposition de l'art. 77 du Règlement d'exploitation autrichien, le déchargeant de toute responsabilité, que si l'expéditeur a reconnu par une *mention dans la lettre de voiture* le conditionnement défectueux de l'emballage. La déclaration spéciale remise par l'expéditeur n'est pas suffisante.

102. — 7 *décembre* 1907. — *Tribunal Fédéral. BTI, 1908/77, CI, 31 (4), 25. K. contre CFF. — La responsabilité des entreprises de transports.* — La maison de H. à Scelze, près Hanovre, avait expédié le 30 juin 1904, à MM. Ch. N. & Cᵒ, fabricants de produits

chimiques à Genève, un envoi contenant huit bonbonnes d'alcool amylique. A l'arrivée à la gare de Bâle des CFF, ces derniers constatèrent que l'une des bonbonnes était brisée et que son contenu s'était écoulé.

MM. X. assignèrent le 26 janvier 1905 les CFF en paiement de Fr. 134,80, prix de la bonbonne d'alcool amylique perdue. Les CFF déclinèrent toute responsabilité dans cette affaire.

Le 6 novembre 1906, le tribunal de première Instance de Genève condamna les CFF à payer les 134 fr. 80 réclamés par MM. X.

La Cour de Justice de Genève, à la suite d'un recours, confirma ce jugement.

Les CFF recoururent alors au Tribunal Fédéral.

Dans sa séance de vendredi 7 février 1907, la Cour de Droit public a écarté leur recours, mis à leur charge un émolument de justice de 15 fr. et une indemnité de 15 fr. à payer, à titre de dépens, à la partie adverse, soit MM. X.

L'intérêt de cette affaire n'était pas dans la valeur du litige, qui représentait une somme minime, mais dans le principe, et les CFF attachaient une grande importance à l'issue du procès ; ils soutenaient que les jugements des instances genevoises constituaient une violation flagrante et formelle de l'art. 31 de la Convention de Berne sur les transports, qui crée une présomption légale en faveur du transporteur aussi longtemps que le lésé n'établit pas que l'avarie est due à la faute de ce dernier. Les CFF prétendaient que l'avarie pouvait provenir du danger de bris et que, d'après l'art. 31 (2), CI, elle était véritablement résultée de ce danger.

L'Office central n'est pas content de l'arrêt du Tribunal Fédéral.

Le Tribunal Fédéral, comme on vient de le voir, ne l'a pas suivi dans son raisonnement et a condamné les CFF.

103. — *7 mars* 1907. *Table Royale de Budapest. BTI*, 1908/136, *CI*, 31 (1), 1º. — *Si le chemin de fer fournit des bâches il n'assume pas d'autres responsabilités que celles qui lui incombent pour les wagons découverts non bâchés.* — Mais ce point ne peut être interprêté dans le sens que le chemin de fer est affranchi de responsabilité pour les dommages occasionnés par la défectuosité des bâches fournies par lui-même au cas où le dommage peut être attribué à la négligence du chemin de fer. *(Règl. d'exploit. hongroise, art.* 77.) Or, la marchandise (chanvre) a été *mouillée* par suite de l'état défectueux des *bâches* fournies par le chemin de fer, alors qu'il aurait dû fournir des bâches intactes, réellement propres à protéger la marchandise. Le chemin de fer doit donc réparer le dommage causé.

104. — *7 mai* 1907. *Cassation de France. BTI*, 1908/135, *CI*, 30 *et* 31 (1, 5). — *Le chemin de fer est responsable du dommage causé par la défectuosité du matériel fourni pour le chargement des*

animaux (expédition de chevaux). — Attendu que si le tarif spécial de la compagnie demanderesse régissant le transport des chevaux porte que le chargement au départ et le déchargement à destination doivent être faits par les soins et aux frais des expéditeurs et des destinataires, la compagnie n'en est pas moins tenue de fournir à ceux-ci, pour leurs opérations, un matériel qui en garantisse la sécurité.

105. — 22 *juin* 1907. *Trib. Sup. Wien. BTI*, 1908 /231. — 16 *octobre* 1907. *Cour Suprême autrichienne.* — *Obligation pour le chemin de fer d'accorder une indemnité en cas d'avarie d'une expédition de bestiaux. Calcul du montant de l'indemnité.* — *Un essieu s'est rompu en cours de route et a retardé le transport pendant 9 heures ; le chemin de fer aurait dû abreuver et affourager les animaux, ce qu'il n'a pas fait.* — La déclaration donnée au départ à la compagnie par l'envoyeur : « à nos propres risques et périls », n'a aucun effet légal au delà du § 77, Règl. d'exploitation (art. 423 et 2 C. Comm.). La rupture de l'essieu pouvait être mise à la charge du chemin de fer pour livraison de wagon défectueux.

106. — 19 *octobre* 1907. *Trib. Commerce Verviers. BTI*, 1908 /138, *CI*, 31, al. (1), 3º et 4º. — *Avarie d'un envoi œufs.* — *Marchandise sujette au bris, chargée par l'envoyeur.* — L'expert n'a pas dit dans quel état était l'emballage et n'a pas pu prouver qu'il y ait eu faute du chemin de fer ; client débouté.

108. — 16 *novembre* 1907. *Trib. d'Empire allemand. CI*, 1/9, 30 (1-5), *BTI*, 1908 /298. — *Evaluation de l'indemnité pour avarie de la marchandise résultant de la faute tant de l'expéditeur que du chemin de fer.* — Application de la loi locale à titre de complément de la CI.

(Il s'agit d'un *chien* qui a rongé les barreaux de sa cage, a sauté du wagon au moment de l'ouverture dans une gare intermédiaire ; il fut repris et remis en cage où les employés du chemin de fer l'ont ficelé. Il s'étrangla et le chemin de fer fut condamné partiellement. (Réd. — Fallait pas y toucher.)

111. — 15 *janvier* 1908. *Trib. d'Empire allemand C.I*, 10 (3) 30. *Endommagement d'une marchandise dans le hangar de la douane. Responsabilité du chemin de fer et de la douane d'après le droit allemand.* — Local de douane (appartenant au chemin de fer actionné, comme propriétaire de l'immeuble) ne satisfaisant pas aux exigences du service, la douane est donc responsable en tant que dépositaire.

112. — 28 *avril* 1908. *Cour Suprême d'Autriche. CI*, 31, *BTI*, 1908 /395. — *Infirmation de la présomption légale erronée du § 77, Règlement d'exploitation autrichien ; le chemin de fer est également-*

ment tenu d'apporter tous les soins voulus dans les cas énumérés au § 77 (plaque de marbre de billard, bien emballée, est cassée en cours de route). — Le chemin de fer prétend que le bris vient du danger particulier d'avarie auquel est exposée une plaque de marbre et qu'il doit être exonéré. La Cour d'Appel et la Cour Suprême estiment que le client a réussi à établir que le mode d'emballage était parfaitement approprié et que vu la façon dont la plaque était emballée, seule une *manipulation imprévoyante* pouvait avoir causé le bris : le chemin de fer a été en conséquence condamné.

113. — 10 *octobre 1908. Landsger. Strasbourg. CI*, 31 (1 *et* 4), *BTI ; 1910 /321. — Responsabilité du chemin de fer pour le transport des œufs le chemin de fer n'a rien relevé d'anormal en cours de route.* — Le client a été débouté vu la nature de la marchandise ; il aurait dû prouver que l'avarie était due non au conditionnement des œufs, mais à une circonstance imputable au chemin de fer. Même un choc n'était pas une raison de condamner le chemin de fer.

114. — 14 *novembre 1908. Cour d'Appel Orléans. CI*, 31, *BTI*, 1909 /481. — *Responsabilité du chemin de fer d'Orléans pour avaries survenues par suite de non bâchage à des envois paille chargés par l'expéditeur (jugement important ; v. bâchage).* — Les employés de la compagnie avaient promis de bâcher, mais ne l'ont pas fait, compagnie condamnée.

Guillaumot, dans son *Traité pratique des chemins de fer*, indique, pages 351 et suiv., divers arrêts concernant des envois de paille.

117. — 4 *janvier 1909. Trib. d'Empire allemand. CI*, 31 (1), *BTI*, 1909 /478. — *Non responsabilité du chemin de fer pour l'incendie d'une voiture de déménagement produit par le vol d'étincelles.* — La destruction entière de la marchandise par combustion n'est pas une « perte » au sens du § 77 (actuell. 86), chiffre 1, du Règlement de transport des chemins de fer allemands. (Perte doit être interprétée par égaré, volé, mais non une perte totale par avarie ou incendie.)

(Ce jugement se base sur le fait que la voiture était transportée en *wagon découvert*.)

118. — 30 *mars 1909. Cour Suprême Wien. CI*, 30, 34, 37, 39, 40, *BTI*, 1910 /143. — *Si une avarie de la marchandise a été provoquée par un dépassement du délai de livraison,* l'ayant droit peut dans ce cas baser sa demande de dommages-intérêts, non seulement sur les art. 39-40, CI, mais encore sur les art. 30, 34, 37 (c'est-à-dire exiger le remboursement de la valeur commerciale et encore avec les bénéfices.

119. — 31 *mars 1909. Cassation France et C. Comm.* 103,

CI, 31 (1), *BTI*, 1910/147. — *Le chemin de fer n'est pas responsable des avaries résultant d'un emballage insuffisant*, même si les manipulations au départ ou à l'arrivée et les chocs en cours de route peuvent être considérés comme la cause occasionnelle de ces avaries.
Il s'agit de *machines agricoles* de manipulation difficile.

120. — 17 *mai* 1909. *Cassation de France. BTI*, 1910/200. — *Bâches mal assujetties par l'envoyeur d'un wagon pommes de terre (bâche fournie gratuitement)*. — Client condamné, le tarif spécial oblige l'envoyeur à charger lui-même les pommes de terre.

121. — 18 *mai* 1909. *Cassation de France. BTI*, 1910/197. — Attendu que le *bâchage* constitue l'une des opérations du chargement, que le chemin de fer n'est pas responsable de l'avarie survenue aux marchandises chargées par l'expéditeur en vertu des prescriptions des tarifs en tant que l'avarie sera résultée d'un chargement défectueux, la présence d'un agent de la compagnie ne modifiant en rien la situation ; chemin de fer exonéré.
(Lire à ce sujet l'intéressante étude sur les conséquences de l'obligation de l'expéditeur et du destinataire de charger et de décharger les marchandises, d'après le droit français, BTI, 1910/197.)

122. — 7 *juillet* 1909. *Cassation France. BTI*, 1910/202. — Du moment qu'un envoyeur revendique un tarif spécial qui met le *chargement* à sa charge et que le chemin de fer prête gratuitement une *bâche*, il n'y a pas possibilité d'actionner le chemin de fer en cas d'avarie de la marchandise.
(Dans le cas spécial l'envoyeur aurait dû examiner la bâche ; le Ministre des Travaux publics a bien recommandé aux compagnies de ne fournir que des bâches en bon état.)

123. — 1er *octobre* 1909. *Etude dans le BTI*, 1909/385. — Dispositions fondamentales sur la responsabilité du chemin de fer pour avaries ; *perte* totale ou partielle, dans la Conv. internat. et dans le trafic intérieur des Etats contractants.

125. — 8 *janvier* 1910. *C. Suprême d'Autriche. CI*, 30 (1), 31 (1), 5º, *BTI*, 1910/290. — *Poissons arrivés à destination dans les délais, mais morts parce que le chemin de fer les a transbordés en cours de route dans un train qui faisait arrêt pendant 6 heures, ce qui n'était pas le cas pour celui dans lequel les poissons avaient été chargés au départ. La quantité d'eau devint donc insuffisante.* — Le chemin de fer prétendait qu'il avait observé les délais, mais la Cour a estimé que si l'envoyeur avait pu prévoir les changements apportés par le chemin de fer au mode de transport et d'horaires, il aurait muni les poissons d'une quantité plus grande d'eau, ce qui évitait le dommage. Le chemin de fer a été condamné à tous les frais. (Voir chapitre des avaries.)

126. — 25 *janvier* 1910. *Cour Suprême Wien.CI*, 30, 31, 37, 38, 39, 40, *BTI*, 1910 /300. — *Responsabilité du chemin de fer à l'occasion d'une avarie survenue à une marchandise sujette à détérioration facile (maïs nouveau), provoquée par le dépassement du délai de livraison.* — Conséquences d'une déclaration d'*intérêts à la livraison;* maïs nouveau arrive *moisi* à destination avec un dépassement de délai de 8 jours. Le destinataire demande :

300 couronnes pour moins value
200   »   intérêts à la livraison
——
500   »

Le *prix total* s'élevait à 278 fr. pour le *transport*. Le chemin de fer paie 200 fr. puis 78, pour acquitter le prix de transport. Il y a deux dommages : avarie et retard ; le chemin de fer doit dédommager les deux.

Très intéressant aussi pour les retards.

127. — 31 *janvier* 1910. *Landsger. Schwerin. CI*, 31 (4), *BTI*, 1911 /184. — *Les ballons en verre font partie des marchandises soumises au danger particulier de se briser.* — Un fort *choc* de manœuvre ne peut, étant donné la nature de l'exploitation des chemins de fer, être, sans plus, imputé au chemin de fer.

128. — 21 *mars* 1910. *Oberlandsg. Cassel. CI*, 30, 31, *BTI*, 1912 /105 et 279. — *Responsabilité du chemin de fer pour avarie survenue à une expédition partielle sujette à détérioration facile, dans le cas où l'expéditeur a veillé lui-même au chargement.* — (Il s'agit d'un envoi de pois frais ; marchandise délicate, il est vrai, qui devrait exonérer le chemin de fer, mais la responsabilité de ce dernier réapparaît puisque le dommage a pour cause une faute de sa part.) En l'occurence il s'agissait d'envois partiels dont le chargement incombait au chemin de fer.

Si donc les envoyeurs ont procédé au chargement, il ne s'ensuit pas que le chemin de fer est exonéré de l'obligation de surveiller et de vérifier l'opération du chargement. En opérant le chargement en lieu et place du chemin de fer, les expéditeurs n'étaient que des auxiliaires du chemin de fer.

129. — 8 *octobre* 1910. *Trib. Fédéral, t.* 36 /2 /410. *CFF contre Spinnerei v. H. Kunz.* — *Laine lavée remise au chemin de fer non bâchée, les bâches commandées aux CFF n'étant arrivées que le lendemain.* — *Pendant la nuit, incendie par étincelles de locomotives.* — Les CFF ont été condamnés pour n'avoir pas mis la marchandise en sûreté jusqu'au moment où les bâches seraient apposées.

130. — 21 *novembre* 1910. *CI*, 30, 31. *Trib. d'Empire allemand. BTI*, 1913 /179. — *Animaux vivants.* — Responsabilité du chemin

de fer pour l'avarie à un transport d'animaux vivants produite par un vol d'*étincelles*. (V. Incendie.)

131. — 14 *décembre* 1910. *Cassation Paris. CI*, 25, 30, 31, *BTI*, 1914/218. — Si une *négligence* du chemin de fer vient aggraver le dommage résultant du *vice propre* de la chose transportée, elle ne peut avoir pour conséquence qu'un partage de responsabilité.

131 *bis*. — 28 *février* 1911. *Trib. Comm. Lyon. BT*, 1911/X (*CL*, 2/17). — L'art. 103, C. Comm., modifié par la Loi du 17 mars 1905, en interdisant toute stipulation contraire à ses dispositions, n'a pas enlevé aux compagnies de chemin de fer le droit de *limiter* à l'avance, par des tarifs spéciaux homologués, les réparations auxquelles elles se trouveraient obligées à la suite de leur faute ; les tarifs revendiqués par l'expéditeur doivent être appliqués comme la loi des parties. En conséquence, lorsque des *soies*, voyageant aux conditions du Tarif spécial, GV, 17, ont subi des avaries de *mouille* en cours de transport, l'indemnité doit être réglée au maximum de 25 fr. par kilogramme, sur les bases de ce tarif. Il n'y a pas à tenir compte d'une *expertise* qui a évalué le préjudice à une somme supérieure.

132. — 28 *mars* 1911. *Cour Suprême d'Autriche. CI*, 31 (2), *BTI*, 1912/129. — *Pour invalider la présomption résultant de l'art.* 31 (2), *CI, il est nécessaire de faire la preuve d'une faute concrète à la charge du chemin de fer (conduites en fonte arrivées détériorées).* — L'envoyeur n'a pu prouver que le chemin de fer avait brutalisé la marchandise que les experts déclaraient fragile ; chemin de fer exonéré.

133. — 30 *mars* 1911. *Appel Amsterdam. CI*, 41, *BTI*, 1912/109 (*voir BTI*, 1910/234). — *Faute grave.* — *Notion.* — *Le plaignant doit établir la faute imputée au chemin de fer en faisant la preuve de faits positifs (marchandise perdue totalement par moisissure et pourriture).* — Marchandise remise dans les délais ; le chemin de fer a laissé stationner l'envoi quatre jours à Chiasso. Le chemin de fer a été exonéré par le fait qu'il n'avait pas dépassé les *délais*.

133 *bis*. — 17 *mars* 1911. *Arrêt de la Cour d'Appel de Paris. BT*, 7/1916. — *Avaries.* — *Refus, par le destinataire, de prendre livraison.* — *Expertise.* — *Non obligation de remplir les formalités prescrites par l'art.* 105 *du Code de Commerce.* — Considérant qu'aux termes de l'art. 105 du Code de Commerce, la réception des objets transportés et le paiement du prix de la voiture éteignent toute action contre le voiturier pour avaries si, dans les trois jours qui suivent celui de la réception et du paiement, le destinataire n'a pas notifié au voiturier sa 'protestation motivée ; qu'aux termes de l'art. 106, § 1er, du même code, en cas de refus ou de contestation pour la réception des objets transportés, leur état est vérifié et

constaté par des experts nommés par le président du Tribunal
de Commerce ou le juge de paix ; considérant qu'il résulte de la
combinaison de ces deux articles que le refus de réception est
assimilé à la protestation et en produit les effets ; que, d'ailleurs,
il ne saurait en être autrement ; qu'on ne saurait imaginer de protestation plus énergique que celle qui se manifeste par un refus
d'accepter la marchandise ; qu'au surplus le but de la protestation
comme celui du refus de prendre livraison est d'avertir le voiturier
qu'une réclamation va lui être adressée et de le mettre à même
de faire vérifier par des experts l'état de la marchandise en litige ;
que l'expertise terminée, le destinataire n'est plus tenu de renouveler
une protestation ou de maintenir un refus qui serait sans objet,
puisque l'état des marchandises est régulièrement constaté par
l'expertise et que, d'autre part, il peut être de l'intérêt des deux
parties d'arrêter le dépérissement des marchandises et l'augmentation des frais de magasinage ; qu'il suit de là que Lockie, en prenant livraison *après expertise* des colis expédiés par lui et refusés
par le destinataire n'a pas perdu le droit de réclamer au voiturier,
responsable des avaries, la réparation du préjudice subi par lui
(*Lockie contre Compagnie du Nord et Métraille*).

Observations. — D'après l'arrêt ci-dessus la protestation pour
avaries ou perte partielle qui doit être notifiée au chemin de fer
dans les *trois jours*, par *acte extra-judiciaire* ou par *lettre recommandée*, cesse d'être nécessaire lorsque la livraison a eu lieu après une
expertise qui a régulièrement constaté l'état de la marchandise.

Comme deux sûretés valent mieux qu'une et que d'ailleurs la
formalité est peu coûteuse, nous conseillons aux intéressés de formuler quand même ladite protestation. Ils se reporteront utilement, à cet égard, aux « observations » dont nous avons annoté
le jugement ci-après.

7 *juin 1916. Jugement du tribunal civil de Trévoux. — Pommes
de terre chargées par l'expéditeur. — Bâchage promis par la Compagnie et non effectué. — Avaries. — Refus du destinataire. — Avis
de souffrance. — Vente. — Condamnation de l'expéditeur à payer
l'insuffisance, 398 fr., et les frais du procès.* — Le Tribunal, attendu
que par exploit du 3 avril 1916, Maurette a fait assigner la Cie
PLM en paiement de 1º une somme de 798 fr. 30 pour remboursement d'un wagon de pommes de terre expédié par lui de Cuisery
à Sathonay-Rillieux et parvenu avarié à raison du non bâchage
par la faute de la compagnie transporteur ; 2º d'une somme de
100 fr. à titre de dommages-intérêts, qu'il déclare toutefois par
ses conclusions abandonner ce deuxième chef de demande à raison
des prescriptions spéciales de l'art. 5 de l'arrêté ministériel du
31 mars 1915 ;

Attendu que la Cie PLM arguant de l'application PV, nº 2,

réclamée par le demandeur dénie l'existence d'aucune faute à sa charge, *le chargement* et par suite *les soins du bâchage* incombant à l'expéditeur ; qu'elle soutient que Maurette ayant chargé ses pommes de terre en vrac, dans un wagon à découvert, non *muni de bâche*, a par ce fait assumé les risques et périls de son expédition, et conclut au rejet de la demande ; qu'elle forme au contraire une demande reconventionnelle en paiement d'une somme de 398 fr. 30 à elle due pour frais de transport et de magasinage ; conformément aux tarifs, défalcation faite du produit net de la vente de la marchandise transportée qu'elle a dû faire opérer conformément à l'art. 106 du Code de Commerce ;

Sur la demande principale : Attendu qu'il est constant que le 4 novembre 1915, Maurette expédiait de la gare de Cuisery, à l'adresse d'un sieur Dubois à Sathonay-Rillieux, 7.475 kilos de pommes de terre qu'il chargeait lui-même en vrac dans un wagon S. 76.052 que la Cte P.-L.-M. avait mis à sa disposition ; que ce wagon non couvert *n'était pas muni de bâche*, la gare de Cuisery n'en disposant pas à cette date ;

Attendu qu'en l'absence de toute *demande écrite* de matériel déterminé, prévue par les règlements de transport par chemin de fer ainsi *que de toutes réserves* formulées dans la déclaration d'expédition, il y a lieu de considérer comme constante l'acceptation par Maurette du wagon S mis à sa disposition et utilisé par lui pour son chargement ; qu'il importe donc peu qu'une *demande orale* de wagon couvert ait été faite, et que le demandeur ait été amené à se contenter d'un wagon *découvert*, puisqu'il a dans tous les cas, conformément aux conditions du tarif qu'il a choisi, procédé lui-même au chargement de sa marchandise dans ce wagon défectueux ;

Attendu que rien dans le tarif spécial appliqué ne met à la charge de *la compagnie* de transport *le bâchage des wagons découverts ;* qu'il est en effet de jurisprudence constante que l'opération de bâchage, de laquelle dépend évidemment fort souvent le sort de la marchandise transportée, fait partie du chargement ; et que cette dernière opération devant, pour le transport des pommes de terre en vrac, être effectuée par l'expéditeur, il s'en suit que celui-ci doit, s'il y a lieu, *effectuer lui-même le bâchage ;*

Attendu que Maurette qui était avisé que la gare de Cuisery ne pouvait le 4 novembre mettre à sa disposition *de bâche* pour couvrir son chargement, a néanmoins cru devoir effectuer celui-ci, et s'en serait remis *aux promesses du personnel*, qui comptait sur l'arrivée de bâches le lendemain, pour assurer à ce moment et à sa place le bâchage qu'il n'avait pu faire ; qu'il n'appartient pas aux agents des gares d'apporter des dérogations aux conditions des tarifs régulièrement homologués et ayant force de loi tant en faveur que contre les compagnies de transport, et d'engager ainsi la responsabilité des dites compagnies ;

Attendu qu'en réalité le demandeur qui avait déjà accepté l'utilisation d'un wagon ne répondant pas à l'usage qu'il en voulait faire, *a eu tort* de s'en remettre aux agents de la compagnie du soin d'effectuer pour lui un bâchage sans être certain que la gare serait munie de la bâche attendue ; que la prudence *la plus élémentaire* lui commandait de s'assurer par *lui-même* des conditions dans lesquelles le chargement qui lui incombait à lui seul serait parachevé ; que ne l'ayant pas fait, il acceptait par là même à ses risques et périls l'expédition défectueuse qui s'en est suivie ;

Attendu dès lors que les faits que Maurette demande à prouver ne sont ni pertinents ni admissibles, qu'il n'y a pas lieu d'en ordonner la preuve et que la demande doit être purement et simplement rejetée,

Sur la demande reconventionnelle : Attendu que la demande principale étant écartée et la Cⁱᵉ PLM n'ayant commis aucune faute, les tarifs auxquels a eu recours l'expéditeur doivent recevoir leur application ;

Que vainement Maurette se plaint de la prolongation inutile de la durée de magasinage, de l'accroissement des frais qui s'en est suivi, aussi bien que de l'aggravation de l'avarie de la marchandise dont le prix de vente s'est trouvé réduit d'autant ; qu'à cet égard il pourrait s'adresser *à lui-même* le reproche qu'il formule, puisque averti dès le 9 novembre du refus du destinataire et de l'état de souffrance de sa marchandise il ne mettait à profit aucun des moyens en sa possession *pour mettre fin*, en tout cas, au magasinage et à l'aggravation de l'avarie ;

Or, attendu que la vente *aux enchères publiques* poursuivie à la diligence de la Cⁱᵉ PLM n'a produit, défalcation faite des frais dûs à l'officier public vendeur, qu'une somme nette de 167 fr. 05 ; que le montant des frais dûs à la compagnie pour transport et magasinage du 4 novembre au 23 décembre, jour de la vente, atteint le chiffre de 565 fr. 35 ; qu'ainsi la compagnie défenderesse demeure créancière de 398 fr. 30, somme réclamée par elle ; pour ces motifs :

Le tribunal, après en avoir délibéré en dernier ressort, déboute Maurette de toutes ses demandes, fins et conclusions et les rejette comme mal fondées, et, statuant sur la demande reconventionnelle, la déclare justifiée ;

Condamne en conséquence Maurette à payer à la Cⁱᵉ PLM, pour solde de tous frais afférents à l'expédition 598 du 4 novembre 1915, la somme de 398 fr. 30 ; le condamne en outre à tous les dépens.

Réd. — Quelque dur que puisse paraître ce jugement, il est conforme à la jurisprudence de la Cour de Cassation : aussi l'expéditeur ne doit-il s'en prendre qu'à lui-même s'il ignorait celle-ci et, par suite, ses droits et ceux de la compagnie. Mieux renseigné, il se fut abstenu d'entreprendre un procès qu'il ne pouvait que perdre. (Lamy.) *BT*, 7/1916.

134. — *11 avril 1911. Cour Suprême d'Autriche. BTI*, 1913/11, *CI*, 14, 39, 40, 41. — *Responsabilité pour les marchandises sujettes à détérioration facile (œufs) et plus spécialement lorsqu'elles parviennent à destination avec retard.* — S'il n'y a pas faute grave du chemin de fer du fait du retard, le destinataire n'a en conséquence droit qu'à l'indemnité fixée par l'art. 40 (2), CI, mais pas à des dommages-intérêts.

135. — *6 mai 1911. Jugement du Tribunal de Commerce de la Seine. BT*, 10/1911. — *Avarie de mouille.* — *Peaux de lapins chargées par l'expéditeur.* — Absence de bâches en gare. Mention « à bâcher ». — Pluie avant *bâchage.* — Responsabilité du chemin de fer.

Observations. — Il s'agissait, en l'espèce, d'une avarie de mouille survenue, non pas en cours de route, mais en gare de départ, après chargement sous un quai couvert. Le Tribunal a fort justement décidé que l'administration avait commis une faute en laissant cette avarie se produire, « soit que le wagon ait été sorti intempestivement avant bâchage, soit que les défectuosités du hall y aient laissé pénétrer la pluie » (Lamy).

136. — *30 mai 1911. Tribunal Comm. de Laval.* — *Transport de sucre, couche de paille très légère.* — Emballage insuffisant, dégel en route et humidité qui occasionne un déchet. — Compagnie non responsable.

137. — *6 octobre 1911. Oberlandsger, Königsberg. CI*, 31 (2), *BTI*, 1913/109. — *Le fardeau de la preuve dans le cas prévu au § 459, al. 2, C. Comm. allem.* — Le client du chemin de fer doit réfuter la présomption et écarter le motif d'exonération de responsabilité invoqué par le chemin de fer. Ex. : le chemin de fer doit prouver que le *chargement* a été défectueux et que le dommage a pu en résulter. S'il réussit à fournir cette preuve, le client ne peut réclamer des dommages d'intérêts que s'il établit que le dommage a eu une autre cause que le chargement défectueux.

138. — *13 octobre 1911. Trib. fédéral suisse, t.* 37/480. *BTI*, 1912/180, *G. c. CFF.* — *Marbres (voir objets d'art ou précieux) brisés en cours de transport.* — Le client a été débouté pour n'avoir pas *déclaré* dans la lettre de voiture qu'il s'agissait d'une œuvre d'art d'une valeur artistique ; il avait simplement déclaré « marbre ».

139. — *27 décembre 1911. Cassation de France. BT*, 2/1912. — « Attendu qu'il résulte des déclarations du jugement attaqué que la compagnie n'a pas rapporté la preuve à laquelle elle était tenue ; qu'il n'a pas admis, en effet, que les constatations faites en cours de route et à l'arrivée fussent *suffisantes* pour établir que les opérations qui incombaient à l'expéditeur aient été mal faites et que

le *bâchage* fut défectueux au *moment* où le wagon est sorti de *l'embranchement particulier* pour entrer sur le réseau de la Cᵢₑ Paris-Orléans.

140. — 27 *décembre 1911. Cassation de France.* — *Cᵢₑ PLM contre Charpentier.* — « Attendu, dit cet arrêt, que la compagnie imputait l'avarie à la faute de l'expéditeur qui avait opéré le bâchage conformément au tarif requis et appliqué. Mais attendu qu'il résulte des déclarations du jugement attaqué que la compagnie n'a pas établi, comme elle l'alléguait, que la bâche employée fût insuffisante pour protéger le chargement et que le bâchage fut défectueux au *moment de la remise :*

« Attendu que cette appréciation de fait échappe au contrôle de la C. de cass., etc. »

141. — *Le Tribunal d'Empire allemand* 1911 *dit, d'après Eger,* 1911/171 : Les différents jugements ont unanimement soutenu que la simple présomption d'un fort *choc* de manœuvres ne suffisait pas à écarter l'exonération de responsabilité du chemin de fer d'après CI, 31, et que le dommage pouvait être considéré comme n'étant pas résulté du danger de détérioration facile de la marchandise, que si l'événement ayant produit le dommage (choc de manœuvre) eût été également dangereux d'une manière importante pour d'autres marchandises non sujettes à détérioration facile. En un mot, on renverse le fardeau de la preuve et le client doit prouver que le dégât provient de l'imprévoyance des agents de la compagnie.

142. — 21 *janvier 1911. Appel, Florence. CI, 30, BTI,* 1912/162. — *Responsabilité pour destruction de la marchandise par un incendie survenu après son acceptation, au cours du déchargement par le destinataire et pour avaries d'autres marchandises causées par cet incendie.* — *(Wagon réservoir benzine transvasé par le destinataire et ayant pris feu pendant le transvasage).* — Le chemin de fer actionné pour installation insuffisante pour manipulation de marchandises dangereuses a été exonéré. Le destinataire avait payé les frais de transport et pris possession de la marchandise, donc le chemin de fer était exonéré ; impossible d'exiger que toutes les gares aient des installations spéciales. D'autre part, le destinataire n'est pas responsable de l'incendie des marchandises à la suite de son incendie de benzine puisque le chemin de fer n'a pas pu fournir la preuve que l'incendie était survenu par la faute du destinataire.

143. — 20 *janvier 1911. Trib. Comm. Lyon. BT, X/1913, CI, 31.* — *Transport international de 71 bonbonnes d'ammoniaque ; une seule cassée.* — Responsabilité du chemin de fer. La présomption en faveur des compagnies prévues par l'art. 31, nature inhérente de la marchandise, ne saurait être invoquée ici puisque sur 71 bonbonnes de même nature, une seule est arrivée brisée, que ces récipients étaient protégés par un solide emballage, dans des paniers garnis de foin. La compagnie n'a pas permis l'expertise en signalant au destinataire l'avarie qu'elle connaissait et en faisant disparaître les débris de la bonbonne.

143 *bis*. — 19 *juin* 1911. *Trib. Empire allemand. BTI*, 1913/250, *CI*, 31 (1), 1°, 41. — Le chemin de fer n'est pas responsable pour un incendie de l'envoi lorsque cet incendie peut être considéré comme étant une conséquence du danger particulier inhérent au mode de transport ; il est toutefois responsable lorsque cet incendie insuffisamment éteint, éclate de nouveau ultérieurement.

144. — 9 *janvier* 1912. — *Cassation de France a admis la responsabilité de la compagnie pour les avaries de mouille qu'elle prétendait s'être produites à la gare de départ avant que la marchandise eût été protégée « par l'apposition des bâches, opération incombant à l'expéditeur ».* — Le système de la compagnie repose en entier sur de pures allégations, dénuées de toutes preuves et de toute offre de preuve ; condamne la compagnie, etc.

145. — 9 *juin* 1912. *Trib. Comm. Béziers. BTI*, 1922. — *Tuiles « canal» non emballées, arrivées en partie cassées.* — *Usage du commerce; absence de vice propre; responsabilité de la compagnie.* — Ce jugement est un modèle dans son genre en ce qu'il expose clairement la question du conditionnement et de l'emballage des marchandises.

146. — 5 *septembre* 1912. *Trib. de Comm. de Lyon. BT. Mai* 1913. — *Bonbonnes d'acide chargées par l'expéditeur ; bris de l'une d'elles: vice propre allégué par la compagnie non établi; transport international.* — Le Tribunal de Lyon a décidé qu'une bonbonne de verre entourée de foin et placée dans un panier d'osier, est suffisamment protégée contre les avaries. La compagnie ne peut prétendre bénéficier de l'art. 31, CI, et doit être tenue pour responsable. *Emballage suffisant.*

147. — 11 *novembre* 1912. *Poitiers.* — *Chevaux de course.* — *Incendie dans le wagon ; pas de faute de l'expéditeur. Deux chevaux de course périssent.* — La compagnie en doit la valeur, celle de leur harnachement et des effets du convoyeur ; mais non une indemnité complémentaire à raison du préjudice spécial causé (difficulté de trouver des chevaux de même qualité, frais d'entraînement).

148. — 27 *novembre* 1912. *Trib. Comm. Saint-Hippolyte-du-Fort. BT*, 5/1913. — *Fourrages.* — *Bâches non demandées par l'expéditeur.* — *Défectuosité de celles fournies.* — *Avaries.* — *Irresponsabilité.* — *Résumé.* Lorsque des fourrages voyagent sous l'empire d'un tarif aux termes duquel la compagnie met deux bâches à la

disposition de l'expéditeur à la condition que la demande en soit faite en même temps que celle du wagon, que cette condition n'a pas été remplie et que, au moment de l'expédition, l'expéditeur a accepté deux bâches *défectueuses* mises à sa disposition par la compagnie, celle-ci ne peut pas être rendue responsable des avaries qui, en cours de route, sont survenues du fait de ces bâches. (Le Droit.)

149. — 17 *décembre 1912. Cour Suprême d'Autriche. BTI, 1915/100. Comm. CI, 31 (1), 2º et 4º. — Garantie demandée par le chemin de fer pour emballage défectueux. Expédition d'un envoi verrerie.* — La déclaration générale (prévue à l'annexe 3 de la CI) sur l'emballage de la marchandise doit contenir la spécification des défauts d'emballage. Le règlement d'exploitation autrichien, § 63, parle à l'alinéa 2 expressément des défauts et le formulaire contient : dans un emballage défectueux notamment :

Si la lettre de voiture ou, selon le cas, la déclaration générale n'indique pas en quoi consiste le défaut de l'emballage, ceci n'a pourtant pas pour conséquence que le chemin de fer est exonéré de la responsabilité de tous les dommages pouvant résulter des défauts de l'emballage. Au contraire, le chemin de fer doit, au sens du § 86 (1), 2º, du Règlement d'exploitation pour se libérer de la responsabilité, expliquer et prouver que le dommage occasionné a pu provenir de la défectuosité de l'emballage *in concreto.*

À cette fin, l'on doit (attendu que dans ce cas la *déclaration générale de l'expéditeur ne suffit pas*) détailler les défauts que présentait l'emballage.

La déclaration que l'emballage était défectueux, faite sans aucune spécification, donne, il est vrai, au chemin de fer le droit d'invoquer l'exclusion de garantie de l'emballage défectueux, mais elle ne le libère pas de la preuve que le dommage a pu naître de la défectuosité de cet emballage effective et déterminée, et, par la suite, elle oblige à la preuve de cette défectuosité.

150. — *12 avril 1913. Jugement du Tribunal civil de la Seine (ch.) : — Déménagement. — Avaries « constatées » par huissier. — Absence de protestation dans les « trois jours ». — Irresponsabilité de l'entrepreneur de déménagement. — Résumé.* A la suite du heurt d'un tramway contre une voiture de déménagement dont le contenu éprouva d'importantes avaries, le propriétaire du mobilier fit *immédiatement* constater l'importance de ces avaries par un huissier, mais ne fit signifier le constat que *trois semaines* après à l'entrepreneur de déménagements en lui réclamant 1.500 francs de dommages-intérêts, dont celui-ci refusa le paiement.

Assigné pour ces motifs devant le tribunal civil de la Seine, ledit entrepreneur soutint que, le propriétaire-destinataire du mobilier n'ayant pas protesté dans les *trois jours,* comme le prescrit l'art. 105 du Code de Commerce, sa demande n'était pas recevable.

Le Tribunal a été de cet avis. *(Correspondance particulière du Bulletin des Transports, 5/1913.)*

152. — 4 *janvier* 1913. *Cour Suprême d'Autriche. CI*, 31 (4), 37, 39, 40. *BTI*, 1914/114. — Si le dépassement du *délai de livraison* doit être imputé à une faute du chemin de fer, celui-ci est responsable, lorsqu'il s'agit de marchandises sujettes à prompte détérioration, non seulement du préjudice causé par l'inobservation des délais, mais encore de l'avarie de la chose transportée. *(Poissons conservés dans de la glace.)*

153. — 8 *janvier* 1913. *Trib. Comm. Ypres. BTI*, 1913/85. — *Les œufs constituent une marchandise d'une nature très fragile et exigeant même un emballage spécial pour chaque œuf.* — En cas d'avaries il appartient au demandeur d'articuler des faits précis de faute, de nature à entraîner la responsabilité des transporteurs.

154. — 14 *janvier* 1913. *Trib. d'Empire allemand. BTI*, 1914/108. — *Carousel chargé par l'expéditeur sur wagon découvert et avarie en cours de transport.* — Le chemin de fer a eu gain de cause, alors même que contrairement à l'art. 25, CI, il avait omis de constater par le procès-verbal l'état dans lequel se trouvait la marchandise.

Le juge a estimé que cette omission n'a pas été nuisible pour décider que l'avarie était attribuable au chargement sur wagon découvert.

155. — 25 *février* 1913. *Arrêt de la Cour de Cassation de France, annulant un jugement du Tribunal de Commerce de Perpignan du 4 août 1908. CI*, art. 5 (5), 31 (1), 3°, *BTI*, 1913/383. — *Le bâchage constitue l'une des opérations du chargement.* — Dès lors, quand, en vertu du tarif applicable, l'expéditeur a fait le chargement, le chemin de fer ne peut être responsable des avaries résultant du mauvais état d'une bâche qu'il a mise gratuitement, sans y être obligé, à la disposition de l'expéditeur.

156. — 20 *mars* 1913. *Oberlandsger. Colmar. BTI*, 1914/247, *CI*, 30. — *Le chemin de fer est responsable des bâches fournies par l'expéditeur, recouvrant une marchandise transportée en wagon découvert.*

157. — 24 *mars* 1913. *(Cassat. Req. Cie d'Orléans contre Barbarant.) (Epicier Girondin, avril 1925.) Avarie par chocs normaux.* — Les compagnies de chemins de fer ont abusé et elles continuent, de la terminologie des « chocs normaux » qu'elles ont introduits récemment dans le contentieux de l'exploitation commerciale.

Le choc normal accuserait la faute de l'expéditeur qui n'aurait pas suffisamment garanti la marchandise contre les risques du transport ou le vice propre de l'objet transporté, incapable, dans son conditionnement, de supporter les chocs d'un transport normalement effectué. Il n'est pas difficile de faire tomber cette argumentation captieuse. Pour se libérer, le chemin de fer doit faire la preuve d'un cas fortuit ou de *force majeure*, du vice propre de la chose ou d'une faute de l'expéditeur. Il ne se libère pas en établissant qu'il n'a pas commis de faute. L'obligation qu'il a de restituer la valeur qui lui a été confiée en cas de perte ou d'avarie (art. 1784, C. Code civil) ne résulte pas de sa faute réelle ou présumée, mais bien de l'engagement qu'il a pris de conserver et de restituer cette chose. Qu'elle ait été avariée ou qu'elle ait péri à la suite d'un choc normal ou anormal, ou d'une autre chose, il n'importe. Dès lors qu'elle n'est pas représentée dans l'état où elle a été remise lors de la prise en charge, la responsabilité du chemin de fer est engagée et il en doit le prix ou des dommages-intérêts compensateurs.

C'est de ces principes que la Cour de Cassation a fait application dans une espèce où la chose avariée était une *tourie d'essence*.

Cette tourie a été cassée à la suite d'un choc et, pour se libérer, la compagnie invoquait la fragilité et son mauvais conditionnement : constitutif, d'après elle, du vice propre. Son pourvoi fut rejeté par les motifs suivants :

« En ce qui concerne le *vice propre*, attendu qu'il résulte tant des motifs que du dispositif du jugement que l'avarie subie par la tourie a été le résultat d'un choc reçu soit à la gare, soit au cours du transport de la gare au domicile du destinataire, ce qui exclut l'avarie alléguée par vice propre. »

158. — 28 *novembre* 1913. *Cour d'Appel Aix. CI*, 30 (1), 31 (1), *BTI*, 1914/304. — Le chemin de fer n'est pas responsable d'une avarie de *mouille* résultant de la défectuosité du *bâchage* qu'il a effectué par mesure de précaution, par pure complaisance et sans y être tenu, sur le refus de l'expéditeur de procéder à cette opération qui lui incombait.

159. — 5 *décembre* 1913. *Tribunal d'Empire allemand. CI*, 30, 31, 41 (annexes XXI et XXXIV) ; *BTI*, 1914/240. — Le chemin de fer est responsable lorsqu'un *aéroplane* est *incendié* au cours de transport par des étincelles envolées de la locomotive parce que le wagon transporteur se trouvait immédiatement derrière la locomotive.

160. — 17 *décembre* 1913. *Trib. Canton de Saint-Gall. BTI*, 1914/262, *CI*, 30, 31. — *Les œufs font partie des marchandises qui, pour des causes inhérentes à leur nature, sont exposées au danger particulier de se briser. — Fardeau de la preuve.* — Au cas de remises successives dans le wagon originaire sans *transbordement* ni *vérification.*

161. — 22 *décembre* 1913. *Cassation de France.* BTI, 1914/218. CI, 25, 30 *et* 31. — Si une *négligence* du chemin de fer vient aggraver le dommage résultant du *vice propre* de la chose transportée, elle ne peut avoir pour conséquence qu'un partage de responsabilité.

162. — 30 *décembre* 1913. *Cour Suprême d'Autriche.* CI, 5 (5), BTI, 1914/299, 8 (1 *et* 4), 30. — Le chemin de fer est admis à prouver que la marchandise était déjà *mouillée* à l'époque où elle a été acceptée au transport, quoique la lettre de voiture ne porte pas de mention à cet égard, de même que sur le *chargement effectué par l'expéditeur* (la non réserve sur la lettre de voiture lors de l'acceptation par le chemin de fer a simplement renversé le fardeau de la preuve à la charge du chemin de fer).

165. — 14 *janvier* 1914. *Cour Suprême d'Autriche.* CI, 41, BTI, 1914/307. — On ne doit pas se servir de pelle de bois pour transborder des *pommes en vrac,* ce fait constitue une *faute grave* du chemin de fer.

166. — 19 *janvier* 1914. *Appel Bordeaux. CL,* II/57/415. *Objets en fonte brisés. — Expertise fantaisiste attribuant la casse au manque d'emballage. —* Responsabilité de la compagnie.

167. — 12 *février* 1914. *Montpellier. — Le défaut d'emballage n'est pas, par lui-même, un vice propre, une faute de l'expéditeur ; cela dépend de la nature de la marchandise. —* Question de fait : Une compagnie reçoit une marchandise sans emballage et *sans réserve ;* la question de responsabilité dépend du point de savoir si, d'après sa nature, cette marchandise devait, ou non, être emballée. Il peut y avoir un emballage insuffisant, mettant la marchandise à la merci des chocs normaux du trajet ; dans ce cas, vice propre, pas de responsabilité du chemin de fer.

168. — 16 *mars* 1914. *Cassation de France.* CI, 31, I et 3º, BTI, 1914/266. — Le chemin de fer est exonéré de toute responsabilité à raison des avaries résultant d'un chargement défectueux, spécialement d'un *bâchage* défectueux, par l'expéditeur. — *Superphosphate en sacs mouillé. — Bâches mal tendues, percées. Belgique-France. —* Le wagon ne fut pas débâché en cours de route pour le dédouanement, donc chemin de fer pas responsable.

169. — 21 *avril* 1914. *Oberlandsger. des deux Ponts.* CI, 39/41. — Le chemin de fer n'est pas responsable de l'avarie survenue à une marchandise par suite de *retard* provenant d'une *faute grave* si, malgré ce retard, le transport est effectué dans le délai de livraison.

170. — 25 *avril* 1914. *Appel Paris.* CI, 31, BTI 1915/37. — *Les œufs rentrent à l'évidence dans la catégorie des marchandises*

dont s'occupe l'art. 31 (4), CI. — Il s'ensuit que les avaries qui peuvent les atteindre en cours de transport sont présumées, en principe, résulter du *vice* de la chose, à moins que l'ayant droit ne prouve le contraire.

171. — 20 *juin* 1914. *Trib. Comm. Anvers. BTI*, 1915/12, *CI*, 31. — *Incendie partiel de déchets de coton chargés par l'expéditeur au moyen de la grue manœuvrée par les ouvriers du chemin de fer. — Fardeau de la preuve à la charge du demandeur.* — Les ouvriers des compagnies manœuvrant les grues doivent être considérés comme étant au service de l'envoyeur qui charge.

172. — 16 *juillet* 1914. *Cassation de France. BTI*, 1917/264, *CI*, 31 (1), 3º et 5 (5). — *Le bâchage constitue une des opérations du chargement.* — Lorsque l'expéditeur a effectué le chargement dans un *wagon découvert*, qu'il s'est abstenu de bâcher, le chemin de fer ne peut être responsable de la *mouillure* par le motif que ses agents auraient recouvert le chargement au moyen d'une bâche défectueuse qu'il n'était pas tenu de fournir, leur intervention bénévole n'ayant pas d'ailleurs été la cause de la mouillure. Il importe peu que ces agents aient eu antérieurement pour habitude de bâcher les wagons découverts chargés par ce même expéditeur, si les tarifs n'y obligeaient pas le chemin de fer.

173. — 21 *octobre* 1914. *Cour Suprême d'Autriche. BTI*, 1915/103, *CI*, 31 (1), 3º. — Si l'intéressé avait à charger lui-même la marchandise, le simple fait de la fourniture de *wagon ne convenant pas* tout à fait aux transports, ne peut être considéré ni comme une faute du chemin de. fer, ni une faute partagée tant que par ailleurs ne s'y adjoignent pas des circonstances constituant l'action fautive du chemin de fer Le chemin de fer a été exonéré parce que *chargement défectueux fait par l'envoyeur*.

176. — 25 *janvier* 1915. *Landgericht Berlin et Cour Suprême d'Autriche*, 11 *janvier* 1916. *BTI*, 1916/120. — *Premier cas: un wagon découvert chargé de 177 vieux sacs papier.* — Le Tribunal a dit : Le chemin de fer n'est pas responsable de l'avarie résultant du danger inhérent au chargement à découvert *(CI*, 31 (1), 1 et § 86, *Règlement Transport allemand)* et selon la jurisprudence, ce danger comprend celui d'*incendie* par les étincelles, étant indifférent que celles-ci proviennent de la machine du train transporteur de la marchandise ou d'une machine circulant sur la voie adjacente. Mais il doit être considéré comme prouvé que le dommage est survenu par des étincelles alors qu'il suffit que l'incendie ait pu survenir par des étincelles.

Deuxième cas: un chargement de déchets de coton fut remis au chemin de fer et une partie fut chargée dans un wagon découvert avec lettre de voiture dans laquelle était réclamé le chargement par le chemin de fer et la fourniture de bâches. — A midi, 75 sacs étaient chargés et c'est seulement l'après-midi que le restant fut chargé et la lettre de voiture timbrée. Entre midi et midi 2 minutes deux trains passèrent près du wagon de coton et aussitôt après le passage du premier, à midi 3, une fumée sortit du dit wagon et le chargement prit feu. *La compagnie d'assurances* (à laquelle la filature était assurée) *paya le montant* et actionna le chemin de fer, mais n'obtint rien. (*On voit l'utilité de s'assurer* et aussi que les assurances ne retrouvent pas toujours la contre-partie de leurs paiements. — *Réd.*)

177. — 26 *mars* 1915. *Trib. Comm. Marmande. BT*, 1915/7. — *Farines mouillées.* — *Marchandise avariée par suite de l'état défectueux de la bâche.* — *Faute grave du chemin de fer.* — La Cour d'Appel d'Agen, 20 juillet 1915, a confirmé le jugement ci-dessus en déclarant *faute grave* le fait par la compagnie d'avoir utilisé une bâche percée.

178. — 26 *mai* 1915. *Trib. Moissac.* — *Défaut de bâchage.* — Compagnie condamnée.

179. — 9 *juillet* 1915. *Trib. Comm. Dax. BT, juillet* 1915/38. — *Bonbonne brisée.* — A condamné la compagnie. Le Tribunal estimant que la *faute lourde* du transporteur résulte manifestement de la gravité même de l'avarie a condamné la compagnie à payer la valeur de la bonbonne d'Armagnac.

180. — 10 *juillet* 1915. — *Trib. Milan. CI*, 31 (1-3), *BTI*, 1916/183. — Non responsabilité du chemin de fer pour avarie de *mouille* par suite d'une averse, lorsque l'expéditeur a procédé lui-même au chargement.

(Il faut ajouter que l'expéditeur aurait dû couvrir par une bâche le vantail du wagon, ce qu'il avait omis de faire.)

181. — 20 *juillet* 1915. *Appel Agen. BT.* 7/1915. — *Bâche trouée.* — La compagnie a bâché un wagon *farine* avec une bâche trouée, elle a été condamnée pour faute grave.

182. — 23 *juillet* 1915. *Trib. Comm. Cherbourg. BT*, 1915/7. — *Farines mouillées.* — Marchandise *chargée* et *bâchée* par les agents du chemin de fer. Compagnie des Chemins de fer de l'Etat condamnée.

183. — 18 *septembre* 1915. *Trib. Bâle-Ville. CI*, 31 et 44, *BTI*, 1915/174. — *Les œufs même emballés de la manière habituelle, rentrent dans la catégorie des marchandises qui, en raison de leur propre nature, sont exposées au danger particulier de se briser.* — *Le fardeau de la preuve* pour l'infirmation de la présomption légale incombe au demandeur. Il est indifférent que les œufs aient été avariés par un *choc normal* ou anormal.

184. — 28 *septembre* 1915. *Cour Suprême d'Autriche. CI*, 41, *BTI*, 1916/65. — *Avarie en cours de transport d'une voiture de déménagement vide, chargée sur un lory (wagon plateforme).* — Etendue de la responsabilité du chemin de fer pour le dommage causé, le chemin de fer malgré maints arguments a été condamné par les trois instances.

185. — 18 *octobre* 1915. *Landger. Strasbourg. CI*, 8, *BTI*, 1916/140. — *Non responsabilité du chemin de fer en cas d'avarie à des fruits transportés en vrac, en wagon découvert (pommes à la pelle en vrac).* - Les indications de la lettre de voiture concernant la désignation de la marchandise et le mode d'expédition fait règle pour le chemin de fer. Le destinataire a été débouté de sa demande d'indemnité pour avarie à des pommes de table de première qualité.

186. — *BTI*, 1916/159. — *Sentence arbitrale de l'Office central dans un litige entre chemins de fer belges et allemands: Wagon pommes à cidre expédié de Belgique à Stuttgart ; wagon fermé, plombé et pesé au départ.* — En route, ouverture par la douane allemande et réapposition de plombs par la gare belge frontière ; à destination, avant ouverture, pesage. Manquant constaté : 2.110 kilos, et forte odeur de goudron à la marchandise. — *Laissé pour compte.* — Vente par le chemin de fer. — Les chemins de fer ont payé le manquant et l'avarie. Les chemins de fer belges sur lesquels les allemands revinrent, refusèrent, sous prétexte de forte *dessication*, ou de vol ou d'un *pesage défectueux* à destination. Il est notoire qu'on peut commettre des vols sans endommager la *fermeture* des wagons. Les chemins de fer belges ont été condamnés à tout payer.

188. — 4 *janvier* 1916. *Cour Suprême d'Autriche. CI*, 8 (1) (2), et 31 (1), 1°, *BTI*, 1918/22. — Le chemin de fer n'est pas responsable de l'*incendie* en cours de chargement d'une marchandise *(déchets de coton)* à transporter en wagon découvert avec chargement et bâchage par le chemin de fer. (Le chemin de fer n'avait pas encore accepté l'envoi par l'apposition sur la lettre de voiture de son timbre d'acceptation.

189. — 19 *janvier* 1916. *Trib. district Zurich. CI*, 30/31 (3/4), 32, *BTI*, 1916/83. — Irresponsabilité du chemin de fer pour dommage occasionné par le chargement défectueux de 40 touries qui, en raison de leur nature, étaient exposées au danger particulier d'avarie.

190. — 3 *février* 1916. *C. d'Appel Montpellier. BT*, 3/1916, *CL*, 1/22. — *Wagon réservoir avarié.* — Expertise de l'art. 106, C. Comm., faite en cours de route, non opposable à l'expéditeur. Art. 417, C. procédure.

191. — 7 *mars* 1916. *Trib. Comm. Seine. BT*, 1916/3. — *Expé-*

*dition du réseau du Nord sur celui de l'État. — Avaries apparentes,
art. 8 de l'arrêté du 31 mars 1915. — Responsabilité. — Avarie à
25 fûts d'huile.* — Responsabilité du chemin de fer qui a reçu sans
réserves, est présumé les avoir reçus en bon état ; il est condamné.
Le réseau de l'État prétendait que sur les lignes du Nord les marchandises voyageaient sans responsabilité, mais le Tribunal a décidé
que le chemin de fer de l'État était responsable, car si vraiment
l'avarie s'était produite sur le réseau du Nord, les chemins de fer
de l'État auraient dû le faire constater au chemin de fer du Nord
au moment où la marchandise a passé sur le deuxième réseau.

192. — 8 *mars* 1916. *Cour d'Appel Grenoble. BT*, 1916/3.
(R. contre PLM.) — Fûts maltraités par le chemin de fer. —
Expédition du 9 octobre 1914 de 26 demi-muids de vin dont 17
ont été défoncés ; perte de 8.340 litres de liquide. Clause de non
garantie. Nullité. Responsabilité.

193. — 8 *mars* 1916. *Cour d'Appel d'Amiens. BT*, 1916/3. —
Fûts d'huile défoncés. — Clause de non garantie du mois d'août
1914. — Nullité. Compétence des Tribunaux judiciaires. — Arrêté
de conflit de compétence pendant la guerre. — Le Code Commerce
reste valable et au-dessus des lois.

194. — 8 *mars* 1916. *Cour d'Appel de Grenoble. BT*, 1916/3. —
*Expéditions de ciment. — Retard, détournement d'itinéraire. Avaries
de mouille. — Expertises. — Transbordement sur wagons découverts.*
— La compagnie avait dû transborder tous les wagons couverts
réquisitionnés par le Ministère de la Guerre. Défense nationale.
Chemin de fer exonéré. *(C. Civ.* 1148.)

195. — 22 *mars* 1916. *Trib. du district de Plessur à Coire. CI,*
31 (1-3), *BTI*, 1916/181. *— Irresponsabilité du chemin de fer pour
dommages causés par un mauvais chargement et un emballage défectueux de la marchandise par l'envoyeur.* — La mouille constatée
provenant des deux causes ci-dessus, d'après l'expert, le chemin
de fer est exonéré.

196. — 28 *mars* 1916. *C. Suprême Vienne. BTI*, 1916/247,
CI, 30 *et* 31. — Lorsque l'expéditeur a reconnu dans la lettre de
voiture l'insuffisance d'emballage, il doit prouver dans l'action en
indemnité intentée au chemin de fer que le dommage n'a pu résulter
du danger inhérent à l'insuffisance d'emballage.

197. — 8 *avril* 1916. *Cour d'Appel Paris. BT*, 1916/3. — *Expédition de 10 fûts de glycérine transportés dans les délais. Un fût avarié.
— Force majeure invoquée mais repoussée. — Responsabilité. —*
Le PLM qui avait invoqué l'état de guerre comme un cas de force
majeure a été condamné par la Cour d'Appel de Besançon le
26 janvier 1916.

198. — *25 mai* 1916. *Appel Lyon. BT,* 7 /1916. — *290 sacs son.*
— Le PLM s'abrite derrière la *force majeure*, réquisition militaire
des wagons couverts, qui a obligé de décharger la marchandise en
cours de route. Compagnie exonérée.

Voir sur les avaries de *mouille: Cour d'Appel Montpellier,*
23 *décembre* 1915 ; *Cour d'Appel Grenoble,* 8 *mars* 1916. *(V. BT,*
1 /1916 *et* 3 /1916.)

199. — 27 *mai* 1916. *Cour d'Appel Paris. CI,* 40 *et* 30, *BTI,* 1918,
136. — L'action en indemnité pour *retard* n'exclut pas celle pour
avarie ou perte partielle.

200. — 3 *octobre* 1916. *Cour Suprême d'Autriche. CI,* 30 *et* 9 (2),
BTI, 1917 /26. — Si le Tribunal a admis qu'il est prouvé que le
dommage subi par les marchandises en cours de route n'est imputable ni à l'emballage défectueux, ni à la nature de la marchandise,
le chemin de fer doit, s'il conteste l'obligation d'accorder une
indemnité, produire un nouveau motif d'exonération de sa responsabilité approprié à l'état des choses modifié.

201. — 18 *octobre* 1916. *Trib. Comm. Nantes.* — *Transport de
riz.* — *Mouille; bâchage défectueux.* — *Conséquence de l'état de guerre.*
— Compagnie d'Orléans condamnée. La compagnie prétendait que
la mouille provenait de l'usure des bâches par suite de l'état de
guerre et déclinait sa responsabilité. Le Tribunal de Commerce
de Nantes a condamné la compagnie le 18 octobre 1916 à payer
l'avarie : « attendu que l'emploi de bâches défectueuses par les
compagnies a été plusieurs fois constaté avant la guerre, » etc. ;
« attendu que l'état de guerre n'est pas lui-même un cas de force
majeure, » etc.

202. — *BTI,* 1916 /136. — *Machine bien chargée et emballée
par l'envoyeur, arrivée cassée; le chemin de fer a payé; Compagnie
Est français et Chemins de fer prussiens.* — Sentence arbitrale de
l'Office central à Berne condamnant les divers chemins de fer ayant
concouru au transport.

203. — *Sentences arbitrales de l'Office des Transports internationaux à Berne. Chemins de fer belges contre Chemins de fer prussiens.
BTI,* 1916 /315. — *Il s'agit de fourniture par le chemin de fer d'un
wagon dont le plancher était pourri; des caisses de glaces y fixées se
sont déclouées et sont tombées; la marchandise a été brisée.* — Le
chemin de fer de départ qui avait fourni le wagon a été condamné :
« Le chemin de fer est tenu aussi bien vis-à-vis des particuliers
que des autres membres de la communauté de transport, à vérifier
soigneusement et cela non seulement par un examen extérieur, si
le wagon possède les qualités voulues pour le transport à effectuer.
Un wagon vieux doit être examiné plus minutieusement qu'un

wagon neuf. » (*Réd.* — Si seulement les chemins de fer raison-naient aussi équitablement vis-à-vis du public !)

206. — 3 *janvier* 1917. *Cassation de Rome. CI*, 30, 31, *BTI*, 1917/377. — *En vertu de la présomption établie par l'art*. 130 c *des Tarifs le chemin de fer n'est pas responsable de l'incendie d'un envoi d'objets de ménage emballés dans de la paille.* — Est inconce-vable une responsabilité pour un dommage occasionné à autrui du fait de ne pas avoir exercé un droit propre. Les marchandises remises au transport doivent être emballées solidement, conformément à l'art. 95 des tarifs. L'emploi de la paille dans ce but n'est toute-fois pas une raison suffisante pour motiver le refus de transporter.

207. — 3 *mai* 1917. *Trib. Empire allemand. CI*, 30 (1), 3 (1), 4-2. *BTI*, 1918/230. — *Responsabilité du chemin de fer pour incen-die de chanvre en balles pressées.* — Chargement en wagon couvert à Orel, Russie, transbordé en *wagon découvert* depuis Eydtkuhnen, puis arrivé à Bromberg détaché et conduit à la fabrique ; le lende-main on constate que le feu est au wagon. Le chemin de fer qui refusait de payer a été condamné, car il n'a pas fourni la preuve libératoire ; on n'a pas pu déterminer les causes ; l'incendie spon-tané n'entre pas en jeu, le chanvre n'étant pas humide.

208. — 6 *juin* 1917. *Cour d'Appel de Toulouse. CI*, 30, *BTI*, 1918/161. — *Avarie de mouille à des farines en balles.* — Présomp-tion de faute ; preuve contraire. Farine croûtée extérieurement seulement ; wagons couverts en bon état ; marchandise ayant voyagé sur mer avant d'être mise au chemin de fer ; avarie anté-rieure probable ; chargement et déchargement par les clients ; chemin de fer exonéré.

209. — 13 *novembre* 1917. *Oberlandsg. Augsburg, Eger T. XXXV, H.* 2, 205. — *Ein ordentlicher Spediteur hat Käse im Sommer schnell-mögligst zu verfrachten.* — Il s'agissait d'un envoi de fromages arrivés complètement avariés par suite du trop long voyage et d'un retard ; le chemin de fer a été condamné.

210. — 28 *novembre* 1917. *Jugement du Tribunal de Commerce de Chambéry. BT,* 7/1918. — *Mobilier mouillé.* — *Bâchage par la compagnie.* — *Opération accessoire du chargement.* — *Bâche défec-tueuse.* — *Conséquence de l'état de guerre non admise.* — *Respon-sabilité.* — *Margnier contre C*ie *PLM et Mollier.* — *Résumé et extrait textuel.* Des vêtements et des meubles expédiés dans un cadre ayant été mouillés, la compagnie déclinait toute respon-sabilité sous les prétextes ci-après :

— Le cadre employé au transport était, disait-elle, impropre à cet usage, parce que son toit n'étant pas formé de planches juxtaposées mais seulement d'arceaux espacés les uns des autres et non réunis par une arête ; la bâche fournie par l'entrepreneur de transport sur son cadre et celle placée par la compagnie avaient pu s'affaisser, former poche, laisser finalement l'eau s'infiltrer à l'intérieur ;

— D'autre part, une partie de ceux de ses agents qui sont ordinairement affectés à la réparation des bâches étant mobilisés, l'état des bâches restant à sa disposition s'en ressent nécessairement et il lui est impossible d'assurer aux transports commerciaux une protection suffisante ;

— Enfin l'expéditeur aurait pu, en payant la prime d'assurance prévue par l'art. 6 de l'arrêté interministériel du 31 mars 1915, se garantir contre les risques de la nature de celui dont sa marchandise a subi les conséquences.

Le Tribunal a fait justice de ces prétentions dans les termes suivants :

« *Sur l'opération du bâchage*. Attendu que l'expéditeur Marguier ayant revendiqué le bénéfice des tarifs réduits, la Compagnie PLM a régulièrement fait application, ainsi qu'il résulte des indications portées sur le récépissé au destinataire, du barême I, applicable aux mobiliers non dénommés en cadres, en vertu du tarif spécial PV n° 24 de ladite Compagnie ;

« Attendu qu'aux termes de ce tarif le chargement du cadre litigieux, d'un poids de 2.990 kilos, devait être effectué par *le personnel de la compagnie*, que ledit tarif est muet en ce qui concerne le bâchage des cadres de mobilier ;

« Attendu que conformément aux prétentions des administrations de chemins de fer, la jurisprudence de la Cour de Cassation s'est fixée dans ce sens que *le bâchage doit être considéré comme une des opérations du chargement* et que l'expéditeur obligé, d'après le tarif applicable, *à charger sa marchandise;* ne peut s'en prendre qu'à lui-même de *la défectuosité du bâchage?* que la responsabilité de la compagnie ne peut être engagée par le mauvais état d'une bâche mise par elle *gracieusement* à la disposition de l'expéditeur, que n'ayant pas à charger la marchandise elle n'est pas obligée de fournir les bâches avec le wagon ;

« Attendu que *la justice devant être égale pour tous* il doit nécessairement être fait application *des mêmes principes* lorsque comme dans l'espèce c'est la compagnie qui, d'après son tarif PV n° 24 *devait faire et a fait le chargement;* que, par conséquent, l'expéditeur qui n'avait pas *à charger le cadre* qu'il expédiait n'était pas obligé de *fournir des bâches* pour préserver son contenu de la pluie ; que sa responsabilité ne saurait être engagée pour l'insuffisance de la bâche qu'il a mise *gracieusement* sur ledit cadre ; que n'ayant pas *à charger* ce cadre, il n'avait pas *à le bâcher ;*

« Attendu que dès lors, la Compagnie PLM ne peut s'en prendre *qu'à elle-même* de la défectuosité du bâchage qui lui incombait comme étant une opération accessoire de celle du chargement mise à sa charge par son tarif PV n⁰ 24 ; qu'elle doit, par suite, supporter, seule, la responsabilité des avaries résultant de cette défectuosité ;

« *Sur l'art. 4 de l'arrêté ministériel du 31 mars* 1915 :

« Attendu qu'aux termes de cet article, la responsabilité des administrations de chemins de fer ne s'étend pas aux avaries dans le cas où elles établiraient que la cause de ces avaries est une conséquence de l'état de guerre ;

« Qu'il a déjà été jugé par le tribunal de ce siège, le 16 juin 1916, que malgré l'existence permanente et continue de l'état de guerre, les administrations de chemins de fer, loin d'être exonérées *indistinctement* de toutes les pertes et avaries, sont seulement déchargées de la responsabilité des pertes et avaries pour lesquelles elles « établissent » que leur cause est une conséquence de l'état de guerre ; qu'elles doivent donc « établir » dans chaque cas la relation de cause à effet entre l'état de guerre et les faits précis qui ont été la cause de l'avarie, par exemple une avarie de mouille due à la réquisition, en cours de route, de la bâche qui recouvrait la marchandise ;

« Attendu, dit également un arrêt de la Cour de Bordeaux du 29 mai dernier (*Bulletin des Transports*, de juillet-août 1917) que le moyen tiré de l'art. 4 précité ne saurait être accueilli par la Cour que tout autant que la compagnie *démontrerait* que l'avarie qui lui est imputée se rattache par un lien étroit à l'état de guerre ; qu'en un mot, elle est la conséquence de *faits* qui sont le résultat direct et exclusif de l'état de guerre et qui n'auraient pu se produire sans cet état ;

« Or, attendu que le bâchage défectueux n'est pas une conséquence directe et exclusive de la guerre et qu'il aurait pu se produire aussi bien en temps de paix qu'en temps de guerre ; que la Compagnie ne saurait donc être déchargée de la responsabilité des avaries subies par les cuirs litigieux » ;

« Attendu que le Tribunal ne peut que s'approprier cette jurisprudence, d'ailleurs conforme à la sienne ;

« Attendu qu'il est constant et non contesté que l'avarie dont Margnier demande réparation a eu pour cause le transport de son cadre de mobilier sur un wagon *découvert insuffisamment protégé par une bâche perméable* fournie par elle ; que vainement celle-ci prétendrait avoir été obligée d'utiliser pour le transport la bâche dont elle s'est servie, alors qu'aux termes de l'art. 2 de l'arrêté interministériel précité du 31 mars 1915, d'une part, les délais de transport en petite vitesse sont doublés, ce qui portait à 14 jours, non compris celui de la remise ni celui de la livraison, le délai afférent à l'expédition litigieuse ; d'autre part, le point de départ des délais... est fixé... pour les marchandises dont la manutention « incombe au chemin de fer, comme dans l'espèce », au jour, où le chargement sur wagon pouvant avoir lieu, le chemin de fer les prend en charge » ;

« Qu'en vertu de ces dispositions, la Cie **PLM**, si elle n'avait eu à sa disposition, lorsque la marchandise lui a été présentée, que des bâches en mauvais état, *pouvait différer la prise en charge* jusqu'au moment où elle aurait pu disposer de bâches suffisamment étanches et employer ensuite pour le transport un délai de 14 jours ; qu'en fait ayant pris charge de la marchandise le 12 février 1916, elle l'a offerte au destinataire trois jours après, soit 11 jours avant l'expiration des délais réglementaires ; qu'il faut, dès lors, la considérer comme ayant estimé, tant au moment de la prise en charge qu'au moment de la mise en route, que le matériel utilisé par elle était suffisant pour assurer l'exécution du transport dans de bonnes conditions ; que s'il en a été autrement, ce ne peut être qu'en vertu d'une erreur ou d'une négligence de sa part, qui n'ont *aucun rapport avec l'état de guerre ;* qu'elle ne saurait d'ailleurs, alors qu'elle a employé au transport moins d'un quart du temps qui lui a été accordé, arguer de la nécessité où elle se serait trouvée d'utiliser, sans attendre, le matériel défectueux dont elle a fait usage :

« Qu'ainsi, la Compagnie n'étant pas couverte par l'exception invoquée par elle, prévue en l'art. 4 de l'arrêté du 31 mars 1915, doit être tenue pour responsable dans les termes des art. 1784 du Code civil et 103 du Code de Commerce, conformément à l'article premier du même arrêté. *(Correspondance particulière du Bulletin des Transports.)* »

Observations. — Le Tribunal ayant en conséquence condamné la Compagnie à payer à l'expéditeur une somme de 710 francs, montant des avaries constatées, celle-ci s'est trouvée justement condamnée puisqu'elle a éxécuté le jugement d'ailleurs irréprochable. (Lamy).

211. — 28 *décembre* 1917. *Cour Suprême d'Autriche. BTI*, 1919 /85. — *Relativement à l'allégation du chemin de fer que l'expéditeur aurait chargé sa marchandise dans un wagon non approprié.* — Il faut observer que c'est le chemin de fer et non l'expéditeur qui dispose du matériel de transport, le chemin de fer est par conséquent tenu de fournir aux expéditeurs des wagons appropriés. Lorsqu'il néglige de le faire, il doit supporter le dommage occasionné de ce fait à la marchandise transportée.

212. — *BTI*, 1917 /242. — Restriction de la responsabilité des chemins de fer en cas d'avaries survenant à des *dames-jeannes clissées* (recouvertes d'une claie ou tissus d'osier, de jonc, etc.).

213. — *BTI*, 1917 /395. — Etude d'irresponsabilité des voituriers

pour l'emballage avec des matières inflammables (voir par exemple 206).

215. — *8 février 1918. Cour civile Genève. — B. contre CFF. — Marchandises expédiées d'Angleterre à Genève; avaries constatées par le destinataire; expertise, action en dommages-intérêts, faute lourde du transporteur.* — Le chemin de fer prétendait que les dégâts étaient la conséquence de l'état de guerre.

Les caisses *tissus* étaient sèches extérieurement, mais avaient un aspect jaunâtre et sale ; en les ouvrant on a constaté des détériorations par l'*humidité* (malgré le bon emballage intérieur) et la *moisissure*, eau douce.

Somme réclamée pour les avaries : 507 fr. 90.

Les CFF refusèrent et se basèrent sur le droit français (l'envoi ayant été effectué avec lettre de voiture interne française).

La mouille provient de ce que les colis sont restés, sur quai Bordeaux, insuffisamment protégés contre la pluie, d'où faute lourde du chemin de fer qui aurait dû mettre la marchandise dans un local approprié. CFF condamnés à payer.

216. — *16 février 1918. Trib. d'Empire allemand. CI, 30, 31, 60, BTI, 1919/III. — Responsabilité des chemins de fer pour le transport de bestiaux dans des wagons découverts, transformés en wagons couverts pendant la guerre. — Bœufs asphyxiés.* — Chemin de fer condamné à la moitié de la valeur pour wagon défectueux et l'envoyeur à l'autre moitié pour n'avoir pas pris les précautions voulues pour l'aération.

217. — *22 février 1918. Trib. Comm. de la Seine. BT, 7/1918. — Vin blanc en fûts. — Un fût avarié et vidé. — Expertise judiciaire tardive et sans pertinence. — Fermentation prétendue. — Preuve. — Responsabilité de la compagnie. Calcul de l'indemnité.*

218. — *1ᵉʳ mars 1918. Cour de Justice civile Genève. G. contre CFF.* — « Lorsque le chemin de fer commet une *faute grave* en matière de transport international, le destinataire peut, même en l'absence de toute déclaration *d'intérêt à la livraison*, réclamer pour une avarie non seulement le montant de la dépréciation subie par la marchandise, mais une indemnité complète pour le préjudice subi. » (*CI, 41.*)

Il s'agit d'un envoi GV de Genève à Bellegarde d'une machine non emballée. Au moment du déchargement on constate qu'un pied de fonte est brisé.

G. réclame aux CFF 125 fr. pour réparation des dégâts et 500 fr. pour dommages-intérêts.

Les CFF ont prétendu à un déchargement défectueux par suite du déplacement d'une corde de la grue.

Mais le déchargement a été effectué par les *employés du chemin de fer* qui n'ont pas pris les précautions voulues, donc négligence positive assimilable à la *faute lourde;* d'autre part, le chemin de fer aussi a commis une faute, le quai de déchargement n'était pas muni d'appareil de levage nécessaire, vu le poids de la machine. Chemin de fer condamné à tout payer (soit 125 fr., plus 500 fr. et tous les frais).

219. — 23 *avril* 1918. *Cassation France.* — *Avarie à une machine chargée par l'expéditeur.* — Le PLM refusait de payer et se basant sur la CI qui dispose que le chemin de fer n'est pas responsable des avaries aux marchandises *chargées par l'expéditeur*, en tant que l'avarie provient du danger inhérent au chargement, etc.

Le chemin de fer a eu gain de cause.

L'expert présumait que l'avarie a pu résulter du chargement opéré, sur son embranchement, par l'expéditeur et conformément à la CI ce fait même dégageait le chemin de fer.

220. — 12 *juin* 1918. — Vu la demande, les faits de la cause. les pièces produites et les enquêtes ;

Attendu que J. réclame paiement de la somme de 164 francs, représentant la valeur d'une *bonbonne de kirsch* qui avait été confiée au défenseur, et qui s'est brisée en cours de transport ;

Que A., camionneur, ne conteste pas les faits de la cause, tels qu'ils sont exposés par le demandeur, mais qu'il excipe de l'art. 447 du Code des Obligations ;

Attendu que le témoin N. qui a vu les débris de la bonbonne, a déclaré que le verre, étant donné la contenance de cette dernière, était beaucoup trop mince ;

Qu'en effet, alors que l'épaisseur normale du verre serait de deux millimètres, les débris présentent à plusieurs endroits une épaisseur de 1 millimètre ;

Attendu que cette disposition a été confirmée par celle du témoin B ;

Attendu au surplus que des débris de la bonbonne ayant été versés aux débats par le témoin N. il est facile de constater que l'épaisseur du verre est extérieurement inégale et est, en certains endroits, extraordinairement faible ;

Que, dans ces conditions, on est fondé à dire que A. a établi à satisfaction de droit que la destruction de la bonbonne résulte de la nature même de celle-ci (art. 447 Code des Obligations) ;

Par ces motifs : Le Tribunal jugeant en dernier ressort, déboute J. de ses conclusions et le condamne aux dépens taxés à 11 fr. 20.

Voir aussi : *Justice de Paix Neuchâtel,* 10 *juillet* 1909 ; *Trib. Première Instance Genève,* 7 *avril* 1904 ; Voir *BTI,* 1901 /275, 1902 /399 ; *BT,* 7 /1915.

221. — 15 *septembre* 1918. *Trib. Comm. Seine. BT,* 1919 /13. — *Société C. contre PLM.* — *Bonbonne brisée.* — *Avis suspect au sujet*

du conditionnement de cette bonbonne. — Réserves acceptées par la compagnie. — Vice propre non établi par une expertise judiciaire. — Responsabilité du chemin de fer.

222. — *11 octobre 1918. Trib. Comm. de la Seine. BT, I /1919. — Sucre mouillé par suite de la défectuosité de la toiture du wagon. — Conséquence de l'état de guerre non admise. — Réserves acceptées. —* Responsabilité de la compagnie pour mauvais entretien de son matériel.

223. — *14 avril 1919. Arrêt de la Cour d'Appel de Lyon (3e ch.). BT, 9 /1920. Sermet frères contre Compagnie générale de navigation. — Transports par eau. — Cafés avariés. — Stipulation limitant la responsabilité de la compagnie à 1 fr. par kilo. — Validité de cette stipulation. —* La Cour,

Attendu que les avaries subies en cours de route par les cafés expédiés par Philifert et Mayen à Sermet frères, que la Compagnie générale de navigation s'était chargée de transporter, s'élèvent à 3.204 fr. 90, et que les conclusions de Sermet frères tendent au paiement intégral de cette somme ;

Attendu, cependant, qu'aux termes de la lettre de voiture signée par les expéditeurs à la date du 7 décembre 1917, la compagnie ne garantissait la marchandise contre les risques de la navigation qu'à concurrence de 1.000 francs la tonne, soit de 1 fr. le kilogramme ; qu'il s'agissait non pas d'une assurance globale portant sur tout l'ensemble de la cargaison, mais d'une garantie partielle pour chaque unité de kilogramme, quelle que fût l'étendue des avaries ;

Attendu, en conséquence, que sur le total de 4.232 kilogrammes de café transporté, 1.892 seulement ont subi des avaries s'élevant à la somme de 3.204 fr. 90 ; mais que, par application du contrat liant les parties, la compagnie n'est tenue qu'à concurrence de 1 franc par kilogramme, soit de la somme totale de 1.892 francs ;

Attendu que les conclusions de Sermet frères, tendant à la réparation des avaries, soit au remboursement de la somme de 3.204 fr.90 inférieure à celle de 4.232 francs représentant la valeur totale de la marchandise, ne sauraient être accueillies, la responsabilité de la compagnie n'étant engagée que dans les limites ci-dessus déterminées ;

Attendu que la compagnie transporteur est elle-même mal fondée à soutenir que la marchandise valant 2 fr. 60 le kilogramme, et n'étant assurée que partiellement, Sermet frères sont ainsi leurs propres assureurs pour le surplus, d'où la conséquence que la perte ayant été de 3.204 fr. 90, elle ne devrait supporter, ainsi que l'ont admis les premiers juges, que les dix vingt-sixièmes, soit 1.232 fr. ;

Attendu, en effet, qu'il ne peut pas y avoir lieu à un partage de responsabilité entre la compagnie et l'expéditeur ; que le contrat n'était point un contrat d'assurance, mais un contrat de transport ; que l'expéditeur n'avait pas la faculté, comme en matière d'assurance, de déterminer le montant de l'assurance qu'il souscrivait, mais qu'il était obligé, au contraire, d'accepter, quelle que fût la valeur de la marchandise, la réduction de la garantie qui lui était imposée par la compagnie elle-même sous l'empire des nécessités du moment, ou de renoncer à tout transport ; que la preuve étant rapportée que les dommages résultant de l'avarie dépassent la somme de 1 franc fixée forfaitairement par chaque kilogramme, la compagnie est ainsi tenue des risques à concurrence de la somme totale de 1.892 francs ;

Par ces motifs,

Faisant droit à l'appel de Sermet frères,

Réforme le jugement rendu entre les parties par le Tribunal de Commerce de Lyon, à la date du 23 mai 1918 ;

Condamne la Compagnie générale de navigation à payer à Sermet frères, pour les causes sus-énoncées, la somme de 1.892 fr., avec intérêts du jour de la demande ;

Fait masse des dépens, tant de première instance que d'appel, qui seront supportés par moitié par chacune des parties. *(Gazette judiciaire et commerciale de Lyon.)*

224. — 10 *mai* 1919. *Tribunal d'Empire allemand. CI, 18, 30, 34, 41, BTI, 1920/63. — Responsabilité du chemin de fer pour dommage causé par la corruption de la marchandise. — Obligation du chemin de fer d'aviser l'expéditeur. — Notion de faute grave. — Fromages de Hollande* expédiés en Allemagne ; faute grave du chemin de fer de n'avoir pas avisé l'expéditeur de l'arrêt de l'envoi pour raisons de guerre.

225. — 30 *juin* 1919. *Arrêt de la Cour d'Appel de Lyon. BT, 7/1920. — Wagon plombé. — Avaries ou manquants. — Colis portant des traces de vols, laissés en souffrance. — Demande d'expertise recevable. — Résumé.* Le destinataire auquel incombait le *chargement* et le *déchargement d'un wagon plombé*, contenant des marchandises qu'il s'expédiait à lui-même, ne saurait être irrecevable sous prétexte qu'il n'aurait pas, notamment, rempli les formalités de l'art. 106 du Code de Commerce, à solliciter une expertise judiciaire tendant à démontrer que les colis dont il a refusé de prendre livraison portaient des traces indiscutables de vol commis en cours de route et dont la responsabilité incomberait aux compagnies chargées du transport ; alors, spécialement, qu'il est constant que la prise de livraison qui lui est reprochée par les premiers juges a eu lieu, en fait, avant qu'il eût pu constater les vols qu'il allègue, et que, par ailleurs, il a rempli en temps utile les formalités prévues par l'art. 105 du Code de Commerce. *(Bouverat contre Cie de l'Est de Lyon et Cie PLM.)*

226. — 29 *août* 1919. *Trib. Comm. Lyon. BT*, 9/1920. — *Marchandises avariées.* — *Acceptation sans réserves par un camionneur et par son mandant.* — *Action de celui-ci contre celui-là et contre la compagnie.* — *Rejet* 9/1920. — *Extrait textuel:* Attendu qu'il résulte des explications des parties et des documents fournis au Tribunal que la marchandise litigieuse a été retirée le 5 août par Chollier, camionneur mandataire autorisé du destinataire, sans observations ni réserves ; que, de même, Chollier en a effectué la remise sans observations ni réserves à André ;

Attendu que, si l'art. 105 du Code de Commerce accorde un délai de trois jours pour la constatation des avaries, il est indispensable, pour l'application de l'article visé, qu'il soit incontestablement démontré que ces marchandises dont l'avarie sert de base à la réclamation, sont bien celles qui ont fait l'objet du transport incriminé ; que cette preuve incombe au destinataire si l'avarie n'a pas été constatée contradictoirement à la réception des colis et surtout lorsque ceux-ci ayant cessé, pendant un certain temps, d'être sous la garde des transporteurs, ne se trouvent plus dans l'état où ils étaient au moment de la livraison. *(André contre Cⁱᵉ PLM et Chollier.)*

Observations. — Le destinataire, n'ayant pas fait la preuve qui lui incombait, a été débouté de la demande en paiement des avaries (s'élevant à 660 francs) qu'il avait introduite contre son camionneur et contre la compagnie. Il a, en outre, été condamné aux frais du procès.

227. — 25 *octobre* 1919. *Trib. d'Empire allemand. BTI*, 1920/210. — *Déchargement à la grue : position juridique du préposé à la manœuvre de cet engin.* — Si le déchargement incombe au destinataire, et s'il n'y a pas de demande de déchargement par le chemin de fer formulée par écrit, celui-ci n'est responsable que pour le bon état de la grue, et à l'égard du préposé à cet engin, que pour *culpa in eligendi*, mais non pour une faute de ce préposé commise au cours du déchargement.

228. — 31 *octobre* 1919. *Tribunal du Commerce de la Seine.* — *Wagon-réservoir avarié du fait du chemin de fer, dirigé par la compagnie sur ses ateliers.* — *Retard dans la mise à disposition du destinataire de 16 jours.* — La compagnie ne justifie d'aucun cas de *force majeure* ou autre, elle est condamnée à 400 francs d'indemnité pour non utilisation (chômage) et à tous les dépens.

229. — 5 *novembre* 1919. *Cour d'Appel Lyon. CI*, 37 *et* 41, *BTI*, 1922/4. — La disposition de l'art. 37, CI, n'est applicable qu'aux avaries qui tiennent à des causes inhérentes à la nature de la marchandise, telles que les avaries de bris par suite d'un choc, de mouillure par la pluie, etc. ; elle ne peut être étendue aux avaries par suite de retard dans la livraison. Mais, en cas de retard, l'indemnité pleine et entière est due d'après l'art. 41, CI, lorsqu'une faute grave est relevée à la charge du chemin de fer.

Il s'agit d'un envoi escargots resté 24 jours en route au lieu de 4. — Faute grave du chemin de fer qui refuse d'indiquer la cause du retard.

230. — *15 novembre 1919. Trib. d'Appel Paris. — Transports de marchandises. — Chargement par l'expéditeur. — Chute d'un objet transporté. — Voyageur blessé. — Arrivage défectueux. —* Responsabilité partagée par l'expéditeur et le chemin de fer qui avait le droit de refuser le chargement et ne l'a pas fait.

231. — *26 décembre 1919. Trib. Comm. de Lyon. — Avaries. — Emballage défectueux. — Fragilité. — Faute de l'expéditeur. —* Lorsqu'une compagnie de chemin de fer a reçu une expédition de fonte moulée qui, d'après l'usage, doit être expédiée en vrac, l'expéditeur n'en reste pas moins tenu de prendre des précautions exceptionnelles, alors qu'il s'agit de pièces très fragiles, telles que des volants qui auraient dû être protégés au besoin à l'aide de bouchons de paille ; à défaut, par l'expéditeur d'avoir pris ces précautions, il y a insuffisance d'emballage, et le chemin de fer n'est pas responsable de l'avarie survenue dans ces conditions.

232. — *28 décembre 1919. Cour Suprême d'Autriche. CI, 30 (1), BTI, 1919/83. — Envoi réexpédié par le destinataire, sans transbordement. — Acceptation par le chemin de fer sans réserves et sans constatation relativement à l'état de la marchandise. — Avarie reconnue à destination. — Beurre en tonneaux; à l'arrivée, constatation de 7 fûts brisés, le contenu répandu sur le plancher du wagon est devenu impropre à la consommation. —* Envoi de 40 fûts venu de Sasnitz à Tetschen d'où réexpédition avec nouvelles lettres de voiture sur trois destinations, dont une sur Cracovie où fut constatée l'avarie ci-dessus.

Chemin de fer allègue que l'avarie est imputable au transport en *wagon découvert,* à la défectuosité du chargement et de l'emballage ainsi qu'à la nature de la marchandise.

Mais le chargement à Tetschen ayant été accepté *sans réserve* par le chemin de fer, celui-ci a été condamné par toutes les instances. Quant à l'allégation que la marchandise aurait été chargée dans un wagon découvert, le Tribunal a observé que c'est le chemin de fer et non l'expéditeur qui dispose du matériel de transport et que le chemin de fer est tenu de fournir aux envoyeurs des wagons appropriés.

233. — *16 juin 1920. Jugement du Tribunal de Commerce de Roubaix. BT. — Société Coopérative Roubaisienne contre Poirier frères et Cie du Nord. — Fûts de vin. — Avaries. — Preuve du vice propre*

de la chose non établie par la compagnie. — Responsabilité de celle-ci. — Arrêté du 3 juin 1915 non applicable. — Le Tribunal :

Attendu que la Société Coopérative Roubaisienne de Consommation a assigné Poirier frères et la Cie du Nord et qu'elle demande qu'ils soient condamnés, soit conjointement et solidairement, soit l'un à défaut de l'autre, à lui payer la somme de 392 fr. montant de frais qu'elle a avancés pour une expédition de vin arrivée en mauvais état, et une somme de 2.000 fr. à titre de dommages-intérêts pour le préjudice qu'elle aurait subi ;

Attendu que Poirier frères ont assigné à leur tour la Cie du Nord en laisser pour compte de la dite expédition, en paiement de la location des fûts et en 2.000 fr. de dommages-intérêts ;

Attendu que la Cie du Nord demande reconventionnellement que la Coopérative Roubaisienne et Poirier frères soient condamnés, soit conjointement et solidairement, soit l'un à défaut de l'autre, à lui payer les frais de magasinage de la marchandise litigieuse à libeller par état ;

Attendu que l'expédition faite le 6 août 1919 pour compte de Poirier frères, de Saint-Couat (Aude), de 12 demi-muids de vin, est arrivée en gare de Roubaix le 27 octobre ;

Attendu qu'en raison du retard dans l'arrivage, des manquants constatés et de l'avarie des marchandises, la Société Coopérative Roubaisienne, à qui elle était envoyée, s'est adressée à justice pour faire valoir ses réclamations ;

Sur sa demande concernant Poirier frères :

Attendu que les 12 demi-muids de vin ont été vendus par Poirier frères l'hecto nu gare départ ; que par suite la marchandise a cessé d'être la propriété des vendeurs dès le moment de l'expédition et qu'elle a voyagé aux risques et périls de l'acheteur, destinataire, sauf le recours de celui-ci contre le transporteur ;

Attendu que la compagnie du chemin de fer a pris en charge les 12 fûts sans aucune réserve ; que si la marchandise a été endommagée ou partiellement perdue en cours de route, la responsabilité n'en peut être attribuée à Poirier frères que couvre l'acceptation sans réserve de la compagnie ;

Attendu que l'indication donnée par l'expert désigné par le Tribunal pour la constatation des avaries, que les fûts étaient très usagés, n'implique pas qu'ils n'étaient pas en état de supporter le voyage ; qu'il n'y a pas là la preuve d'un vice propre de la chose dont la compagnie pourrait se prévaloir contre l'expéditeur malgré la prise en charge sans réserves ;

Attendu qu'ainsi, la Coopérative Roubaisienne n'est pas recevable dans ses prétentions contre Poirier frères ;

En ce qui concerne sa demande et celle de Poirier frères contre la Cie du Nord :

Attendu que la C^{le} du Nord est responsable du retard important avec lequel la marchandise est arrivée à Roubaix et de toutes les conséquences de ce retard ;

Attendu en effet que l'expédition a mis pour arriver à destination presque trois mois au lieu des trois semaines à peine, prévues par l'horaire normal ; qu'il est vraisemblable que c'est aux péripéties de ce voyage prolongé, aux chocs subis par le wagon transporteur, que sont dûs l'écliage des fûts, le manquant important constaté et le mauvais état à l'arrivée d'une expédition acceptée au départ comme étant dans des conditions normales ;

Attendu que la C^{le} du Nord prétend que les demandeurs sont en tort de n'avoir pas assuré la marchandise et que d'ailleurs elle jouissait encore, au moment de l'expédition et jusqu'au 10 août, du régime d'irresponsabilité institué par l'arrêté du 31 mars 1915 ;

Attendu que le régime de l'assurance avait été supprimé par l'arrêté ministériel du 3 avril 1919, donc antérieurement au contrat de transport litigieux ; que, d'autre part, la clause d'irresponsabilité avait elle-même été rapportée par l'arrêté du 28 juillet 1919 pour le 10 août suivant, soit pour une date antérieure au passage de l'expédition sur le réseau du Nord, sur certaines lignes duquel seulement les transports se faisaient encore jusqu'alors sans condition de délai ni de responsabilité ;

Attendu que le chemin de fer ne prouve ni le vice propre de la chose ni la force majeure qui l'exonéreraient de toute responsabilité s'il n'y avait ni faute ni négligence de sa part ;

Attendu qu'au contraire le retard anormal de l'expédition lui est imputable à faute ;

Attendu qu'il doit supporter tant vis-à-vis de la Société Coopérative Roubaisienne que vis-à-vis de Poirier frères les conséquences de cette faute ;

Attendu qu'ainsi il doit être condamné à rembourser à la Coopérative Roubaisienne le montant des frais qu'elle a avancés, à prendre et à conserver pour son compte la marchandise avariée, à en payer à Poirier frères le prix facturé, et à payer la location des fûts ;

Attendu qu'aucune faute n'ayant été commise ni par la Société Coopérative Roubaisienne, ni par Poirier frères à l'égard de la C^{le} du Nord, celle-ci ne saurait être admise à leur réclamer des frais de magasinage qui n'ont été ocasionnés que par sa propre négligence ;

Par ces motifs,

Le Tribunal statuant en premier ressort,

Après reprise des conclusions et après en avoir délibéré ;

Déclare la Société Coopérative Roubaisienne non recevable et mal fondée en sa demande contre Poirier frères, l'en déboute ;

Donne acte à la Coopérative Roubaisienne qu'elle est prête à reprendre les fûts 4 et 9 et à payer le prix de leur contenu suivant les constatations faites par l'expert ; dit cette offre suffisante et satisfactoire ;

Attendu que la Coopérative Roubaisienne est fondée à laisser pour compte les 10 autres demi-muids ;

Condamne le chemin de fer du Nord à prendre et à conserver pour son compte cette marchandise avariée et à en payer à Poirier frères le prix facturé, soit la somme de 10.923 fr. 20, de laquelle il y aura lieu de déduire la portion du prix due par la Coopérative pour le contenu des fûts 4 et 9 ; le condamne en outre aux intérêts judiciaires ;

Le condamne également à payer à Poirier frères la location des fûts à raison de cinquante centimes par fût et par jour depuis le 6 septembre 1919 jusqu'au jour où les 12 fûts seront restitués en bon état à Poirier frères, en gare de Lézignan ;

Condamne la C^le du Nord à payer à la Société Coopérative Roubaisienne la somme de 392 fr. pour les frais avancés par elle ;

Dit qu'il n'y a pas lieu d'accorder à la Coopérative Roubaisienne ni à Poirier frères les dommages-intérêts qu'ils réclament et qui ne sont pas justifiés ;

Condamne la C^le du Chemin de fer du Nord à tous les dépens ;

Et déboute les parties de toutes autres et plus amples conclusions.

Observations. — Nous félicitons le Tribunal de ne pas s'être laissé prendre à l'étrange théorie suivant laquelle le régime d'irresponsabilité — qui n'a que trop duré — devait encore, en l'espèce, recevoir application. Me Dhellemmes, membre correspondant de notre Ligue à Roubaix, représentant de M. Poirier, en a, fort heureusement, démontré le néant ; le jugement ci-dessus en est la preuve et la compagnie s'est du reste inclinée, puisqu'elle a payé le montant des condamnations prononcées contre elle.

235. — 20 *janvier* 1920. *Tribunal de Commerce de Nice. BT*, 7/1921. — *Fûts d'huile.* — *Avaries et retard.* — *Expertise.* — *Vice propre de fûts.* — *Réserves.* — *Responsabilité de l'expéditeur de de la compagnie.* — « Le Tribunal de Commerce de Nice paraît avoir accepté d'un cœur bien léger les conclusions de l'expert en ce qui concerne ce prétendu *vice d'emballage*, qui aurait été la cause du manquant et dont la compagnie devait rapporter la preuve pour être libérée de la responsabilité de celui-ci. Encore faudrait-il savoir au moins en quoi consistait ce vice d'emballage et sur quels éléments précis se base le Tribunal pour affirmer que l'Union des Propriétaires de Nice (qui sans doute s'y connaît, en matière de transports d'huile, aussi bien qu'un « expert » du Pouliguen) a commis une faute en faisant « voyager l'huile dans une futaille présentant des défauts ». » (Lamy.)

236. — 21 *janvier* 1920. *Cour d'Appel Besançon. CI*, 30, 31, 42, *BTI*, 1922/133. — D'après l'art. 31, CI, lorsqu'il résulte des cir-

constances de fait que le coulage des fûts de vin est dû au mauvais état des fûts, le chemin de fer est couvert par une présomption d'irresponsabilité et le demandeur en indemnité doit prouver la faute du chemin de fer.

D'ailleurs le mauvais état des fûts est un *vice propre* de la chose transportée, lequel sur termes de l'art. 30, CI, décharge le chemin de fer de toute responsabilité.

237. — 30 *janvier 1920. Oberlandsger. Munich. CI*, 31 (1). — Une bâche utilisée comme couverture d'un wagon découvert est censée transportée en wagon découvert.

238. — 6 *février 1920. Trib. Comm. Nantes. — Chargement et bâchage.* — Le bâchage constitue une opération de chargement, il en résulte que l'expéditeur auquel incombe le chargement d'après le tarif applicable est tenu de procéder au bâchage ; cet expéditeur n'est donc pas fondé à arguer, à l'encontre de la compagnie, de la défectuosité du bâchage, dans le but de réclamer des dommages-intérêts à raison de *mouillure* de ses marchandises. Peu importe que la bâche lui ait été fournie gracieusement par la compagnie. Il aurait dû en tout cas, soit la refuser, soit ne l'accepter qu'avec protestation et réserve.

239. — 11 *février 1920. Trib. Empire allemand. CI*, 30 (1), 31, 1 /2, *BTI*, 1922 /215. — *Wagons Jarres.* — Le transport d'acides dans des wagons dits W. Jarres ; les jarres doivent être assimilées à un transport sans emballage.

240. — 12 *février 1920. Jugement du Tribunal de Commerce de Saint-Claude. BT*, 7 /1920. — *Avaries de mouille. — Chargement et bâchage défectueux opérés par l'expéditeur. — Responsabilité de celui-ci, malgré la clause du « transport aux risques de l'acheteur ». — Extrait textuel. En ce qui concerne les fils de Mariotte:* Attendu que ces derniers soutiennent que les marchandises litigieuses, vendues par eux aux frères Witsohi en gare de Véreux, *sans garantie de transport,* voyageaient « aux risques et périls de l'acheteur » ;

Mais attendu que même en admettant que les parties aient convenu que les marchandises étaient livrables en gare de Véreux et voyageaient *aux risques et périls de l'acheteur,* la responsabilité des fils de Mariotte n'en est pas moins engagée ;

Qu'il est évident que la responsabilité du vendeur ne pourrait être retenue si l'avarie en cours de transport résultait soit d'une faute de la compagnie, soit de la faute d'un tiers, mais qu'il n'en est pas de même lorsque cette avarie provient de la faute de l'expéditeur ;

Attendu que les fils de Mariotte, qui ont opéré le chargement comme il a été dit, auraient dû prendre toutes les précautions nécessaires pour opérer un chargement régulier ; qu'ils auraient dû vérifier l'état de la bâche mise à leur disposition et opérer un bâchage parfait, permettant à la marchandise d'arriver intacte à destination ; que ne l'ayant pas fait, il y a lieu de déclarer que c'est par leur négligence ou leur imprévoyance que les sacs de son ont été rendus inutilisables, et qu'ils sont par conséquent responsables vis-à-vis de Witschi frères de l'avarie constatée ;

Mais attendu que la demande de ces derniers est exagérée et qu'il leur sera fait reste de raison en allouant le prix de la marchandise avariée, tel qu'il a été fixé par l'expert, le tout sans dommages-intérêts ;

Par ces motifs :

Le Tribunal jugeant contradictoirement en matière commerciale et en premier ressort, le ministère public entendu et après avoir délibéré ;

Met hors de cause la Cie PLM ; condamne au contraire les fils de Mariotte à payer à Witschi frères la somme principale de 1.950 fr., montant de la valeur du son mouillé et de celle des sacs avariés par la mouille ;

Rejette comme mal fondée la demande en dommages-intérêts formée par les frères Witschi ;

Condamne enfin les fils de Mariotte aux entiers dépens liquidés à 97 fr. 75, lesquels comprendront en outre les frais de l'expertise, ainsi que tous droits, doubles droits et amendes qui pourraient être réclamés par l'enregistrement. *(Correspondance particulière du Bulletin des Transports.)*

Observations. — D'après la jurisprudence de la Cour de Cassation, les compagnies ne sont pas responsables de la défectuosité du bâchage effectué par l'expéditeur, ni des bâches qu'elles lui ont fournies à titre gracieux. D'autre part, nul ne pouvant s'exonérer par avance des conséquences de sa faute ou de sa négligence, il s'ensuit que les clauses « sans garantie de transport » et « aux risques et périls de l'acheteur » ne sauraient couvrir les fautes du vendeur.

C'est de ces principes que le jugement ci-dessus a fait application.

241. — 24 *mars* 1920. *Trib. Comm. Seine 4. BT.* 1921/1. — *Pièces de machines avariées.* — Deux expertises ordonnées successivement par deux magistrats différents ; validité de la première et nullité de la deuxième. Condamnation de la compagnie au paiement de tous les frais entraînés par celle-ci.

242. — 3 *juin* 1920. *Cour de Cassation (ch. req.). BT,* 7/1920. — *Fûts d'huile.* — *Coulage attribué à la dilatation par suite de la chaleur.* — *Vice propre non établi.* — *Responsabilité de la compagnie.*

242 *bis.* — 30 *juin* 1920. *Oberlandsg. Kiel.* — *Incendie par*

flammèches d'un chargement de foin en gare avant la conclusion du contrat de transport. — Chemin de fer condamné.

243. — 30 *juin* 1920. *Trib. Comm. Seine. BT*, 9/1921. — *Objets en fonte non emballés. — Bris en cours de route. — Absence de vice propre.* — Responsabilité du transporteur entre les mains duquel l'avarie s'est produite.

Observations. — Le jugement ci-dessus, auquel la compagnie s'est du reste soumise, a fait une exacte application du principe rappelé par l'arrêt de la Cour de Cassation du 27 décembre 1909 (voir Lamy, *Manuel pratique*, 9ᵉ édition, p. 258) aux termes duquel : Ni la fragilité de l'objet transporté, ni le défaut d'emballage ne constituent par eux-mêmes un vice propre de la chose ou une faute de l'expéditeur ; il y a lieu de rechercher dans chaque espèce si la nature de l'objet nécessite un emballage ou un emballage spécial. C'est avec beaucoup de raison que le Tribunal a fait remarquer qu'on ne saurait considérer comme devant être toujours emballés, des objets pour lesquels le tarif applicable, et appliqué à l'expédition litigieuse, prévoit des prix différents suivant qu'ils sont emballés ou non.

Le plus piquant est que, le destinataire ayant par son refus « manifesté sa volonté de rester étranger au contrat de transport », l'administration des chemins de fer s'en est prise au « commissionnaire chargeur », en l'espèce sa « collègue » (si l'on peut dire), la Cⁱᵉ de l'Est, et que celle-ci, déboutée de sa demande en garantie contre l'expéditeur, supportera l'entière responsabilité du dommage et des frais : quand le râtelier est vide les chevaux se battent ! (Lamy.)

244. — 9 *juillet* 1920. *Jugement du Tribunal de Commerce de la Seine. Belfay contre Chemins de fer de l'Etat. BT*, 9/1920. — *Colis d'objets mobiliers totalement détruits par un incendie. — Indemnité de 10.000 fr. en réparation du préjudice que le chemin de fer « avait pu prévoir ».* — Le tribunal,

Après en avoir délibéré conformément à la loi ;

Attendu que, le 25 juillet 1919, Belfay a remis à la gare de Paris-Vaugirard, du réseau de l'Etat, 11 colis d'objets mobiliers du poids de 361 kilos pour être expédiés par petite vitesse à l'adresse d'un tiers en gare de la Rochelle ;

Qu'à la date du 7 août 1919 cette dernière gare informait le destinataire que les susdits objets avaient été détruits par un incendie ;

Attendu que dans ces circonstances de fait Belfay réclame à l'administration des chemins de fer de l'Etat la valeur des objets détruits et certains dommages-intérêts ;

Attendu que la défenderesse ne tente pas d'alléguer aux débats

un cas fortuit ou de force majeure constitué par l'incendie dont
s'agit ;

Que sa responsabilité demeure dès lors engagée envers Belfay
quant à la perte totale et définitive des 11 colis dont elle avait pris
charge, et qu'elle doit être en conséquence tenue de réparer le
préjudice subi par Belfay de cette perte ;

Que tenant compte de la valeur des objets disparus, du trouble
subi par Belfay du fait de la privation de ces colis composés de
pièces d'ameublement, de linge et de vêtements, le Tribunal, au
moyen des éléments d'appréciation qu'il possède, fixe, toutes causes
confondues et définitivement, l'importance du préjudice que l'administration *avait pu prévoir* en contractant, à la somme de 10.000 fr.,
à concurrence de laquelle, et entièrement à titre de dommages-
intérêts, il échet de faire droit à la demande :

Par ces motifs :

Le Tribunal jugeant en premier ressort ;

Condamne l'administration des chemins de fer de l'Etat par
les voies de droit à payer à Belfay, toutes causes confondues, la
somme de 10.000 fr. à titre de dommages-intérêts ;

Déclare Belfay mal fondé en le surplus de sa demande à toutes
fins qu'elle comporte ;

L'en déboute :

Et condamne l'administration défenderesse aux dépens.

245. — *22 juillet 1920. Jugement du Tribunal de Paix du 2e canton de Montpellier. BT, 3/1921. — Colis postaux. — Bonbonnes de
liquide brisées. —* Emballage prétendu non conforme aux règlements : responsabilité de la compagnie. Demande reconventionnelle.

246. — *23 juillet 1920. Jugement du Tribunal de Commerce de
la Seine. BT, 9/1920. — Wagons « particuliers » chargés. — Retard
dans leur prise en charge et dans leur livraison à destination. —
Avaries et manquants. —* Responsabilité de la compagnie.

« Que tenant compte de la valeur du *vin perdu*, de l'immobilisation des wagons utilisés par Cassaigne frères pour les transports
de leurs vins, soit d'une *privation* de ces véhicules pendant 10 jours
pour l'un et 43 jours pour l'autre, le Tribunal, au moyen des éléments d'appréciation qu'il possède, fixe l'importance du susdit
préjudice à la somme de 3.485 fr., à concurrence de laquelle il
échet de faire droit à la demande. »

247. — *11 septembre 1920. Jugement du Tribunal de Commerce
d'Yvetot du 7 août 1920. Présidence de M. Brux. Dorange contre
Chemins de fer de l'Etat. — Avaries consécutives au retard. — Expédition livrable en gare. — Demandes de livraison établies à la suite
d'une enquête. — Expertise. — Réserves. — Responsabilité. — Extrait
textuel.* En ce qui concerne la première expédition arrivée d'après

la demande avec un retard de 4 jours, qui aurait occasionné l'avarie de la marchandise :

Attendu que l'Administration des Chemins de fer de l'Etat ne conteste ni l'existence ni l'étendue du dit retard, mais soutient seulement que les réclamations dont la dite expédition a été l'objet n'auraient pas été faites « de façon régulière » ; que, d'ailleurs, Dorange aurait pris livraison « sans réserves » ; qu'enfin il n'aurait pas établi que l'avarie prétendue soit le résultat du retard ;

Mais attendu qu'il résulte des débats et des pièces produites, ainsi que de l'enquête à laquelle il a été procédé par le Tribunal, qu'un employé du demandeur a réclamé quotidiennement jusqu'à leur livraison, au chef de gare de Foucart-Alvimare, les expéditions attendues par Dorange, auquel il a été invariablement répondu : « Je n'ai rien reçu pour M. Dorange ». Que dès lors, aucune formule spéciale n'étant imposée aux demandes de livraison, il échet de reconnaître que Dorange s'est présenté à la gare après l'expiration du délai réglementaire et n'a pu obtenir livraison des colis qu'il a expressément réclamés, fait qui suffit d'après la jurisprudence. (Cassation, chambre civile, 23 juillet 1906, Cie d'Orléans contre Descadeillas, et 25 juillet 1915, Cie d'Orléans contre Dufaut et Cie) pour établir le retard et la responsabilité des transporteurs ;

Attendu d'autre part que l'absence de réserves ne prive pas le destinataire de la faculté de prouver, le cas échéant, que des avaries existaient au moment où la livraison a été effectuée ; que cela est si vrai que l'art. 105 du Code du Commerce accorde expressément au dit destinataire, en cas d'avarie ou de perte partielle, un délai de 3 jours pour formuler sa protestation ;

Attendu au surplus, qu'il s'agit en l'espèce, non d'une avarie survenue en cours de transport, mais d'une avarie qui a été la conséquence naturelle du *retard ;* qu'il y a donc lieu de lui appliquer les règles concernant le retard ;

Qu'aucune réserve n'est nécessaire pour constater l'existence de celui-ci et que l'art. 105 du Code de Commerce ne lui est pas applicable (Cassation, chambre civile, 5 mai 1903, Cie de l'Est contre Housset) ; qu'il suffit qu'il soit établi pour que le transporteur soit rendu responsable de ces conséquences ;

Attendu, à cet égard, que si Dorange n'a, il est vrai, fait procéder à aucune expertise, ni constatation, il a cependant, dès qu'il s'est aperçu en procédant au déballage, du mauvais état de sa marchandise, adressé au chef de gare une réclamation dont celui-ci a accusé réception sans contester le fait matériel de l'avarie et sans envoyer aucun agent en constater la réalité et l'importance ;

Attendu qu'aucune procédure spéciale n'est obligatoire en la matière ;

Que, notamment, l'art. 106 du Code de Commerce ne pouvait trouver application, puisque la marchandise étant déjà entre les mains du destinataire, il ne pouvait y avoir ni refus, ni contestation pour la réception ;

Attendu que, dans ces conditions, il appartient au Tribunal d'apprécier, au moyen des éléments dont il dispose, dans quelle mesure Dorange justifie de l'existence et de l'étendue du préjudice dont il demande réparation. *(Correspondance particulière du Bulletin des Transports.)* (Lamy.)

248. — 29 *septembre* 1920. *Oberlandsger. Moravie. BTI*, 1921 /44, *CI*, 31 (1). — Le Chemin de fer n'est pas responsable de la *mouille en wagon couvert mais défectueux*, quand il serait en droit de transporter la marchandise en *wagon découvert*.

Réd. — Il est à peine nécessaire de relever cette énormité : un expéditeur de marchandise prend la précaution supplémentaire de charger en wagon couvert et le Tribunal assimile le wagon d'un type spécial à un véhicule d'un autre type.

249. — 15 *octobre* 1920. *Jugement du Tribunal de Commerce de la Seine (9e ch.). BT*, 5 /1921. — *Avarie d'un wagon particulier due à un déraillement. — Immobilisation consécutive. — Calcul de la durée de cette immobilisation et de l'indemnité correspondante. —* Le retard du wagon par suite d'avaries est, à défaut de preuve contraire, présumé causé par le fait de la compagnie. Celle-ci ne peut se baser par analogie sur le chômage des wagons pendant leur réparation, cette exonération ne visant que les réparations résultant d'un usage normal et non pas celles imputables à une faute de la compagnie. Celle-ci a été condamnée à 3.500 fr. — *Immobilisation de 52 jours et trouble commercial.*

250. — 16 *novembre* 1920. *Cassation France. BT* 1 /1921. Cie *française des tramways électriques et omnibus de Bordeaux contre* Cie *du Midi. — Incendie dans une gare. — Cause restée inconnue. — Art.* 1384 *du Code civil : présomption de faute. Dommages à la voie publique contiguë. — Responsabilité.*

La Cour,

Sur le moyen unique, vu l'art. 1384, § 1, du Code civ. ; Attendu que la présomption de faute édictée par cet article à l'encontre de celui qui a sous sa garde la chose inanimée qui a causé le dommage ne peut être détruite que par la preuve d'un cas fortuit ou de force majeure ou d'une cause étrangère qui ne lui soit pas imputable ; qu'il ne suffit pas de prouver qu'il n'a commis aucune faute, ni que la cause du dommage est demeurée inconnue ; qu'il n'est pas nécessaire que la chose ait un vice inhérent à sa nature susceptible de causer le dommage, l'article rattachant la responsabilité à la garde de la chose, non à la chose elle-même ;

Attendu que le 2 juillet 1906 un incendie a éclaté à Bordeaux dans la gare maritime de Brienne, dont la Cie des chemins de fer du Midi est concessionnaire ; qu'alimenté par de nombreux fûts de résine (ou brai) entreposés dans cette gare, le feu gagna la voie publique contiguë et détruisit les rails, poteaux et appareils de transmission de la ligne des quais de la Compagnie française des tramways électriques et omnibus de Bordeaux ;

Attendu que l'arrêt attaqué reconnaît que les fûts de résine étaient sous la garde de la Compagnie des chemins de fer du Midi, mais déclare que la cause du dommage doit résider dans la chose qu'on a sous sa garde, lui être intrinsèque ; que le brai n'est pas susceptible de s'enflammer par suite d'un vice inhérent à sa nature et, en conséquence, par confirmation du jugement, rejette la demande en dommages-intérêts formée par la Compagnie française des tramways ; qu'en statuant ainsi il a violé le texte sus-visé ;

Casse l'arrêt de la Cour de Bordeaux du 16 juillet 1917.

Observations. — L'arrêt ci-dessus fait une juste application du principe posé par l'art. 1384 du Code civil, aux termes duquel chacun est responsable non seulement du dommage causé par son propre fait, mais encore de celui qui est causé par le fait des choses qu'on a sous sa garde. Cet article, à l'inverse de l'art. 1382, qui exige la preuve de la faute de l'auteur du dommage, attache à la garde de la chose une présomption de faute que peut seule détruire la preuve d'un cas fortuit ou de force majeure ou d'une cause étrangère qui ne soit pas imputable au gardien.

La Cie du Midi soutenait que l'incendie survenu dans sa gare n'avait pu être causé par les fûts de résine qui s'y trouvaient déposés, puisque la résine n'est pas susceptible de combustion spontanée ; d'autre part, en démontrant l'absence de faute de sa part et l'impossibilité de découvrir la cause (restée inconnue) de l'incendie, elle espérait échapper à la responsabilité des conséquences de celui-ci. Mais si le Tribunal de Première Instance et la Cour de Bordeaux se sont laissé prendre à cette argumentation, la Cour de Cassation y a mis bon ordre en rappelant le caractère rigoureux de la *présomption de faute* établie par l'art. 1384 du Code civil. Son arrêt, intéressant au point de vue juridique, est, de plus, d'un intérêt pratique considérable, étant données la fréquence des incendies dans les gares et l'obstination des compagnies à présenter une défense qui a pourtant été maintes fois rejetée. (Lamy.)

251. — 18 *décembre* 1920. *Trib. d'Empire allemand. BTI*, 1922/45, *CI*, 31. *C. Comm. all.* 459, § 4. — En cas d'avarie à un *envoi d'œufs par suite de choc*, le chemin de fer n'est obligé à indemnité que si une *faute spéciale* est démontrée à sa charge.

252. — 24 *décembre* 1920. *Trib. Comm. Gap. CL*, 3/5. — *Le vice propre d'objets (croix en fonte) doit être démontré par la compagnie.* — La fonte est cassante, mais ce n'est pas là une tare spéciale.

Les compagnies ont l'usage constant de transporter en vrac les croix en fonte ; comme le PLM ne peut prouver une tare, paille ou mauvaise qualité, il doit payer.

253. — *29 novembre 1921. Jugement du Tribunal de Commerce de Pontarlier. BT, 9/1926. — Panneton contre : 1º Delambre-Cettrant ; 2º Cie PLM. — Machines à coudre voyageant aux risques et périls du destinataire. — Avaries. — Expertise fantaisiste ; prétendue faute de l'expéditeur. — Responsabilité du chemin de fer.*

Le Tribunal,

Attendu que, suivant conventions verbales, en date des 24 et 31 janvier 1921, les Etablissements Pannetton ont vendu au sieur Delambre-Cettrant, négociant à Bucquey, deux machines à coudre type G. R. et S. H., moyennant le prix de 797 fr. 50, payable à Morteau, valeur 15 mars ;

Que le demandeur a expédié ces deux machines en gare de Morteau (PLM), le 4 février 1921 (expédition nº 5.871), à destination de l'acheteur, en gare d'Achiet (Nord) ; qu'à l'arrivée, ces deux machines ayant les pieds cassés, le sieur Delambre-Cettrant n'en prit pas livraison et se refusa au paiement du montant de la facture qui lui a été adressée ;

Que c'est à tort qu'il a agi ainsi à l'égard des Etablissements Pannetton ; qu'en effet, aux termes des conditions de vente de ces établissements, les machines voyagent aux risques et périls des destinataires qui, en cas d'avaries, doivent exercer leur recours contre les transporteurs ;

Que, par suite, malgré les avaries constatées, l'acheteur est débiteur du prix des machines, sauf à lui à en prendre livraison sous réserve et à exercer son action contre les transporteurs, et qu'il doit donc payer ce prix aux Etablissements Pannetton et retenir à sa charge les frais de magasinage occasionnés par son refus de prendre livraison ;

Attendu, il est vrai, que, d'après les renseignements fournis aux demandeurs, la Cie du Nord, dernier transporteur, a fait procéder à une expertise, en vertu de l'art. 106 du Code de Commerce ;

Que, d'après l'expertise de M. Darnal, ingénieur à Douai, les avaries constatées seraient imputables à une faute des Etablissements Pannetton, qui auraient insuffisamment emballé les pieds des machines ;

Que cette prétention est absolument injustifiée ; que les appréciations générales de l'expert sont dénuées de toute valeur probante ;

Que, d'ailleurs, les demandeurs se sont conformés, dans le mode d'emballage de leurs machines, aux usages pratiqués constamment dans le commerce ; qu'au surplus les pieds des machines expédiées ne sont pas d'une fragilité nécessitant un emballage ;

Attendu que la Cie PLM doit donc être responsable à l'égard

du destinataire des conséquences de l'avarie ; qu'en effet, elle a accepté les machines qui lui étaient confiées et n'a fait aucune réserve sur leur emballage :

Par ces motifs :

Le Tribunal, jugeant en matière de commerce et en premier ressort,

Condamne Delambre-Cettrant à payer aux Etablissements Pannetton la somme de 797 fr. 50, prix de deux machines, avec intérêts de droit ;

Déclare que les frais de magasinage étant occasionnés par le refus injustifié du destinataire, doivent être mis en principe à sa charge ;

Mais dit que la Cᵢₑ PLM, ne prouvant en aucune manière que l'avarie constatée soit imputable à une faute de l'expéditeur, doit être rendue responsable de toutes les conséquences de l'avarie et assumer la charge de toutes les condamnations précitées prononcées contre Delambre-Cettrant, au besoin à titre de dommages-intérêts ;

La condamne aux entiers dépens.

Observations. — La décision ci-dessus présente un certain intérêt en ce qu'elle constate l'obligation pour le destinataire, lorsque la marchandise voyage à ses risques, d'en payer le prix à son vendeur expéditeur, alors même que les objets lui parviennent avariés.

Nos adhérents y trouveront, en outre, un exemple de plus à ajouter à ceux, si nombreux, que nous avons déjà donnés, du peu de confiance que les juges doivent accorder aux appréciations de certains experts. (Lamy.)

254. — 16 *décembre* 1920. *Trib. Comm. Seine.* — *Avaries particulières.* — *Avaries.* — *Frais.* — *Cargaison.* — *Transbordement prévu au contrat.* — *Circonstances exceptionnelles.* — *Raréfaction de la main-d'œuvre.* — *Frais plus élevés.* — *Surestaries évitées.* — *Police d'assurance.* — *Clauses.* — *Risques de guerre.* — *Dépenses imprévues.* — *Risque non couvert par la police.*

Le Tribunal,

Attendu que Langstaff, Ehrenberg et Pollak exposent et font plaider qu'ils ont assuré aux compagnies défenderesses plusieurs cargaisons de coke pour les voyages d'Anvers à Radujewatz-Tomok, avec transbordement à Galatz sur chalands remorqués ; que cette assurance couvre des réclamations pour détention ou délai, spécialement des réclamations de frais pour magasinage et (ou) surestaries occasionnés par un risque de guerre couvert par la police ; qu'un entrepreneur de Galatz, avec lequel les demandeurs avaient passé un contrat pour le transport des marchandises assurées de Galatz à Timok, refusa d'exécuter la convention en raison de

l'état de guerre et en invoquant la loi roumaine ; qu'en raison de
la mobilisation qui avait désorganisé la main-d'œuvre, le transbordement des marchandises était devenu impossible, alors surtout
qu'il n'y avait aucune place à terre pour les déposer en stock ;
qu'en raison de ces obstacles, le chargement des navires allait être
arrêté, ce qui occasionnerait des surestaries importantes qui seraient
supportées par les assureurs ; que les demandeurs eurent alors
recours à des moyens de fortune pour opérer le transbordement
après en avoir référé aux assureurs ; qu'ils agirent du reste sous
la surveillance des agents du Lloyd à Galatz ; qu'ils eurent alors
à supporter des dépenses exceptionnelles ayant eu pour résultat
d'éviter aux compagnies défenderesses des surestaries et des magasinages ; que les frais ainsi exposés par eux s'élevant à la somme
de 66.093 fr., doivent être remboursés en vertu de la substitution
puisque c'est grâce à eux que la résiliation des risques prévus par
les assureurs a pu être évitée, au grand bénéfice des assureurs ;

Mais attendu que, dans le contrat d'assurance dont s'agit, il
est stipulé que « les assureurs répondent de tous les dommages et
pertes qui arrivent aux objets assurés par guerre, hostilités, repré-
sailles, arrêts, etc... » et qu'« en dehors de la capture et de la saisie,
ils garantissent seulement les dommages matériels arrivant aux
objets assurés, etc... » ; que pour savoir si les assureurs sont responsables, il faut, tout d'abord, rechercher si les objets assurés
ont été endommagés ou perdus ;

Et attendu qu'il résulte des débats et des documents produits
qu'aucun objet transporté n'a disparu ou n'a subi de dépréciation ;
qu'il s'ensuit donc qu'à ce point de vue, les assureurs ne sauraient
être recherchés ;

Attendu d'autre part que, si la police d'assurance couvre également « les réclamations pour détention et délai » spécialement (les
réclamations de frais pour magasinage et (ou) surestaries, occasionnés par un risque de guerre couvert par la police), on ne saurait
considérer comme provenant d'un risque de guerre prévu par la
police, l'augmentation des frais de chargement qu'ont pu subir les
demandeurs par suite de la défection de l'entrepreneur avec lequel
ils avaient traité et par suite de la raréfaction de la main-d'œuvre,
car, pour constituer une avarie particulière en frais, la dépense
doit être extraordinaire aux termes de l'art. 397 C. Comm., c'est-
à-dire qu'il est nécessaire que la somme déboursée en pareille circonstance ait été nécessaire pour éviter ou réduire un dommage
ou une avarie que subit la chose assurée par suite d'un fait imprévu ;
qu'en l'espèce, il n'en est pas ainsi puisque le transbordement et
le transport par allèges avaient été prévus dans le contrat de
transport et que ces opérations étaient possibles, contrairement
aux affirmations des demandeurs ; les frais qu'elles occasionnaient
étant seulement augmentés du fait de la guerre ; qu'en faisant pro-

céder au déchargement et au transport des marchandises à Timok
les demandeurs ont accompli les obligations qui leur incombaient
et n'ont nullement agi comme negotiorum gestor des sociétés
défenderesses. Que si les transporteurs avaient refusé de livrer les
marchandises à destinations uniquement en raison d'un excédent
imprévu des frais, ils n'auraient pu réclamer le montant des frais
de surestaries ou de magasinage en résultant, car ceux-ci auraient
alors résulté non de la guerre, mais de la négligence des transporteurs
qui n'auraient pas effectué les opérations qui leur incombaient
uniquement parce que la dépense qu'elles auraient occasionnée
dépassait leurs prévisions ; qu'on ne saurait, dans ces conditions,
mettre à la charge des défenderesses les majorations qu'ont dû
supporter les demandeurs par suite des exigences des personnes
qu'ils ont occupées pour effectuer les opérations qui leur incombaient d'après le contrat d'assurance ;

Attendu enfin que (les frais substitués), dont le remboursement
est admissible dans certains cas, ne peuvent concerner que des
surestaries ou des magasinages provenant directement d'un fait
de guerre, alors qu'en l'espèce ils concernent des opérations ayant
seulement occasionné une augmentation des frais de main-d'œuvre,
occasionnant une majoration de frais pour permettre aux marchandises transportées d'atteindre leur lieu de destination ; que,
si le représentant de Langstaff, Ehrenberg et Pollak à Galatz a
télégraphié au secrétaire du Comité des assureurs français pour
lui signaler les difficultés de la situation et lui demander d'aviser
les agents que ce comité avait sur place, relativement aux frais
supplémentaires et éventuelles surestaries, ledit comité a répondu
à la date du 1er juillet 1913, en indiquant qu'il n'avait pas de
représentant sur place et qu'il ne pouvait que s'en rapporter à
Langstaff, Ehrenberg et Pollak du soin de faire procéder au
déchargement le plus rapidement et le plus économiquement
possible ; que ce télégramme concernant une situation qui n'était
pas exactement indiquée aux assureurs ne saurait constituer de
leur part un engagement à payer les dépenses à faire ; qu'en s'en
rapportant aux demandeurs pour les faire plus rapidement et le
plus économiquement possible, ils se réservaient implicitement la
faculté de les contester si elles ne rentraient pas dans celles mises
à leur charge par les polices ; qu'à tout point de vue, la demande
est mal fondée et doit être rejetée ;

Par ces motifs :

Déclare Langstaff, Ehrenberg et Pollak mal fondés en leur
demande, les en déboute et les condamne aux dépens.

255. — 10 *novembre* 1921. *Jugement du Tribunal de Commerce
de Marseille. BT*, 1/1923. *Trouche contre PLM, Samuel, Gonzalles,
Carasso et Duneau, Godin et C*ie. — 1º *Destinataire substitué.* —

Validité de la substitution. — 2º Pois chiches en sacs avariés. —
Wagon en mauvais état ; vice caché. — Responsabilité de la compagnie.
— Attendu que Godin et Cⁱᵉ ont vendu à Carasso et Duneau
50 tonnes pois chiches sur wagon Le Havre ;

Attendu que, se conformant aux ordres de leurs acheteurs
d'expédier la marchandise à Gonzalles, leur portefaix, les vendeurs
ont dirigé l'envoi au destinataire indiqué en gare de Marseille-
Arenc ;

Attendu que le 24 septembre 1920, à l'arrivée de deux wagons
contenant partie de l'envoi, le pesage contradictoirement requis
par Samuel frères, avant la retiraison, a fait ressortir une différence en moins de 90 kilos sur le wagon nº 83.919 et de 203 kilos
sur celui portant le nº 146.130 ;

Attendu que le troisième wagon, porteur du solde de la marchandise, étant parvenu à Marseille le 5 octobre, le pesage contradictoire, à nouveau requis, à révélé un manquant de 600 kilos ;
qu'en outre, des avaries ayant été constatées à l'ouverture de ce
wagon, Trouche frères ont pris l'initiative de faire ordonner une
expertise par le président du siège ; que M. Manin, expert désigné,
ayant procédé à l'exécution de son mandat, en présence du représentant de la compagnie, il est résulté de ses constatations que
malgré la bonne apparence du wagon, la toiture un peu faible et
protégée seulement par une toile goudronnée, avait laissé pénétrer
l'eau de pluie qui était tombée en abondance pendant le cours de
transport, causant ainsi des avaries plus ou moins graves à 78 sacs ;
que ces avaries, d'après le mandataire de justice, s'élèvent à 15 %
pour 36 sacs, 25 % pour 22 sacs et 50 % pour 19 sacs ;

Attendu que Trouche frères ont assigné : 1º Samuel ; 2º la
Cⁱᵉ PLM ; 3º Gonzalles frères, pour s'entendre condamner conjointement et solidairement ou celui d'entre eux reconnu responsable, à leur payer le montant des avaries ci-dessus constatées
ainsi que les manquants, les frais de transport afférents à ces
manquants et les honoraires d'expertise ;

Attendu que, de son côté, Samuel a appelé en garantie Carasso,
tant en son nom personnel que comme liquidateur de l'ancienne
Société Carasso et Duneau ; qu'à son tour, Carasso sus-qualifié a
formulé une action en garantie contre Godin et Cⁱᵉ ;

Attendu que toutes ces instances doivent être jointes ;

Attendu que la Cⁱᵉ PLM oppose tout d'abord à la demande un
moyen d'irrecevabilité tiré de ce que Trouche frères, ne figurant
pas au contrat de transport, sont sans qualité pour agir vis-à-vis
d'elle ;

Mais attendu que le destinataire a régulièrement endossé et
cédé ses droits à Trouche frères ; que la compagnie a eu connaissance
de cette cession, tant par les diverses réclamations dont elle a été
l'objet qu'en assistant aux opérations de pesage et de l'expertise

faites à la requête de Trouche frères ; qu'en conséquence, la fin de non-recevoir proposée doit être rejetée ;

Attendu, d'autre part, que la compagnie décline la responsabilité de l'avarie de mouille et soutient qu'elle a pour origine le fait et la faute de l'expéditeur qui aurait dû vérifier l'état du wagon avant d'en opérer le chargement ;

Attendu que l'état apparent de ce wagon ne pouvait permettre au chargeur de suspecter les causes occultes qui provoqueraient ensuite l'avarie en cours de transport ; que les effets de ces causes ont été engendrés, ainsi que l'a constaté l'expert, d'abord par la faiblesse de la toiture pour assurer en cas de pluie l'étanchéité, ensuite par l'insuffisance de protection de cette toiture, par l'emploi d'une toile goudronnée usagée, toutes choses constituant des vices cachés ; qu'à cet égard encore, la compagnie n'étant pas fondée dans son exception, doit être déclarée seule responsable du dommage survenu à la marchandise contenue dans ce troisième wagon, à l'exclusion des autres défendeurs mis en cause ou appelés en garantie, à l'encontre desquels aucune faute n'a été relevée ; que l'importance de ce dommage doit être fixée à 810 fr. pour les 600 kg. manquants à 135 fr. les 100 kg., montant du prix d'achat augmenté de celui du transport, ensuite à 2.774 fr. 25 pour la partie relative aux 78 sacs avariés dont le quantum d'avarie représente un poids total de 2.055 kg. calculé également au prix ci-dessus de 135 fr les 100 kilos ; que ces deux éléments de préjudice réunis forment ensemble une somme de 3.584 fr. 25 que la compagnie doit être tenue de payer, indépendamment des frais d'expertise ; que cela étant, il ne saurait être question d'allocation concernant des manquants minimes sur les deux wagons, faute par les destinataires d'avoir observé à cet égard les délais réglementaires prévus à l'art. 105 du Code de Commerce pour formuler leur réclamation ; que toutefois la compagnie offrant le remboursement du transport afférent aux différences de poids constatées sur les 1er et 2e wagons, soit ensemble 293 kilos, il y a lieu d'ajouter pour ces causes une somme de 29 fr. 30 à la liquidation du compte précédemment fixé à 3.584 fr. 25 ;

Par ces motifs :

Le Tribunal joint les instances, homologue le rapport de l'expert Manin ; met hors de cause Samuel et Gonzalles, dépens de ce chef à la charge de Trouche frères ;

Condamne la Cie PLM à payer auxdits Trouche frères la somme de 3.613 fr. 50, tant pour avaries que manquants, avec intérêts de droit et dépens, qui comprendront tous frais et honoraires d'expertise ;

Déboute Samuel de ses fins en garantie contre Carasso et Duneau, avec dépens ;

Déboute également Carasso ès-qualités de sa demande en garantie contre Godin et Cie, avec dépens.

256. — 11 *février* 1921. *Cour de Cassation.* — *Commissionnaire de transports.* — *Voiturier.* — *Expertise.* — *C. Comm. art.* 106. — *Disposition exceptionnelle.* — *Application limitative.* — *Contestation pour la réception.* — *Expertise ordonnée en cours de route.* — *Wagon-réservoir.* — La Compagnie des chemins de fer du Midi s'est pourvue en cassation d'un arrêt de la Cour de Montpellier, rendu le 3 février 1916, au profit de M. Pagès.

Arrêt:

La Cour,

Sur le moyen unique :

Attendu que la Compagnie des chemins de fer du Midi s'est chargée de faire circuler sur son réseau des wagons-réservoirs appartenant au sieur Pagès ; qu'ayant constaté sur ces wagons des avaries au cours de l'exécution du contrat de transport, elle a obtenu, avant leur arrivée à destination, et conformément à la procédure établie par l'art. 106, C. Comm., la nomination d'experts à l'effet de vérifier les dégâts et d'en rechercher les causes ; que se fondant uniquement sur les rapports de ces experts, elle a prétendu que les avaries étaient dues au vice propre de la chose et, qu'en conséquence, elle a réclamé à Pagès le remboursement des frais de réparations et d'expertises dont elle avait fait l'avance ;

Attendu que l'arrêt attaqué a décidé à bon droit que ces expertises, auxquelles Pagès n'avait pas assisté, ne lui étaient pas légalement opposables, et qu'à défaut de toute autre justification, la demande de la compagnie ne pouvait pas être accueillie ;

Attendu, en effet, que la procédure spéciale instituée par l'art. 106, C. Comm., déroge en matière d'expertise, aux règles du droit commun ; qu'elle ne peut donc pas être suivie en dehors des circonstances exceptionnelles pour lesquelles elle est autorisée ; que ce texte prévoit seulement le cas de refus ou de contestation pour la réception des objets transportés ; que dès lors, il n'est pas applicable aux objets qui, en cours de voyage, n'ont pu encore donner lieu à aucune difficulté de cette nature ;

D'où il suit qu'en statuant comme il l'a fait l'arrêt attaqué n'a violé aucun des textes de la loi visés par le pourvoi ;

Par ces motifs :

Rejette...

257. — 17 *février* 1921. *Tribunal de Commerce de la Seine. BT*, 9/1921. — *Wagon réservoir de vin.* — *Retard.* — *Avarie subséquente.* — Condamnation de la compagnie à payer les avaries plus une indemnité de 50 fr. par journée d'*immobilisation* du wagon,

soit 33.000 francs. « Attendu dès lors, que la compagnie de l'Hérault doit être tenue responsable tant du retard que des avaries survenues à la marchandise, et aussi de l'immobilisation subséquente du wagon. »

258. — 4 *mars* 1921. *Cour d'Appel de Toulouse. BT*, 3/1921. — *Poteries émaillées. — Avaries. — Attribution à la compagnie d'un déchet de route de 2 %.* — Nous ne pouvons que répéter, à l'occasion de l'arrêt ci-dessus, ce qui est dit page 149 de la 9e édition du *Manuel pratique* de Lamy : La « casse » est une avarie, non un « déchet » ; les compagnies n'ont droit à aucune tolérance à titre de « déchet de route » pour bris de porcelaine, verreries, poteries, fontes, œufs et autres objets plus ou moins fragiles. Il leur appartient de justifier de ces avaries comme de toute autre ; elles n'en sont exonérées que par la preuve que les dites avaries ont été dues au vice propre de l'objet ou à la force majeure. (Lamy.)

259. — 9 *mars* 1921. *Tribunal de Commerce de la Seine* (5e *ch.*). — *Wagon-réservoir en retard. — Obligation pour le destinataire d'en réclamer la livraison. — Caisse d'agrès déplombée et spoliée. —* Responsabilité de la compagnie pour son contenu présumé.

260. — 16 *mars* 1921. *Cour de Cassation (Ch. civ.). BT*, XI/1921. — *Fûts d'huile ; coulage. — Effets de la garantie donnée par l'expéditeur. — Moyens de preuve supprimés par le fait de la compagnie.* — Responsabilité de celle ci.

Observations. — Cet arrêt, d'ailleurs peu clair et mal rédigé, est, bien qu'il aboutisse à une solution équitable, dangereux par certains de ses motifs. Il constate en premier lieu que la compagnie, en mettant le destinataire dans l'impossibilité de démontrer la cause exacte de l'avarie, s'interdit du même coup, à elle-même, la possibilité de lui reprocher, le cas échéant, de n'avoir pas fait la preuve lui incombant. Cela, c'est parfait en tant que principe général, mais il n'en faudrait pas conclure que le destinataire avait, en l'espèce, une preuve à faire, et c'est cependant ce que semble admettre la suite de l'arrêt : la Cour de Cassation énonce, en effet, comme n'ayant pas été méconnu, « le principe que la garantie donnée par l'expéditeur n'exonère le voiturier qu'autant que l'expéditeur ou le destinataire ne prouve pas que la perte ou l'avarie provient d'une autre cause que celle qui est spécifiée dans le bulletin de garantie et devient ainsi imputable à la faute du voiturier ».

Or, ce prétendu principe est manifestement faux, parce qu'il est contraire à l'art. 103 du Code de Commerce complété par la loi du 17 mars 1905, dite loi Rabier. En vertu du dit article, la présomption est *toujours* contre le voiturier et les *bulletins de garantie* ne peuvent valoir autrement que comme constatation de l'état d'une expédition au moment de sa remise au chemin de fer.

Par suite, lorsque, comme dans l'espèce, l'expéditeur a souscrit un bulletin ainsi conçu : « Je dégage la compagnie pour les manquants qui pourraient résulter du suintage des douves de flanc et de fond ». il n'en résulte nullement que le manquant constaté à l'arrivée sera mis à la charge de l'expéditeur, à moins qu'il ne prouve que le dit manquant provient, comme le dit l'arrêt rapporté, « d'une cause autre que celle qui est spécifiée dans le bulletin de garantie » ; le manquant doit, au contraire, être mis à la charge de la compagnie jusqu'à ce qu'elle ait prouvé qu'il provient de la cause de perte reconnue par l'expéditeur. Il importait de signaler cette erreur grossière dans un arrêt dont les compagnies essayeront évidemment de tirer un avantageux parti. (Lamy.)

261. — *5 avril 1921. Cour d'Appel de Paris. BT, 5/1921. — Wagon-réservoir avarié par la faute de la compagnie. — Immobilisation. — Inapplicabilité de l'art. 6 du tarif PV, n° 129. — Arrêté du 31 mars 1915. —* Responsabilité de la compagnie.

262. — *5 avril 1921. — Tribunal de Commerce de la Seine (2e ch.). BT, 5/1921. — Sucre avarié par mouille. — Mauvais état du wagon au départ, aggravé en cours de route par une tempête. — Force majeure non admise. —* Responsabilité des Chemins de fer de l'Etat.

264. — *19 avril 1921. Cassation de France. BT, V/1921.* C^le **PLM** *contre Benoît. — Fûts de térébenthine. — Coulage attribué à une légère descente des cercles et à la sécheresse. — Vice propre et force majeure non établis. — Responsabilité.*

La Cour donne défaut contre Benoît ; et statuant sur le moyen unique ;

Attendu que Fontanilhes et Okte, négociants à Bordeaux, ont remis à la C^le de Paris à Orléans un fût d'essence de térébenthine à expédier à Chalon-sur-Saône, réseau de la C^le **PLM**, en PV port dû, tarif le plus réduit, que le destinataire Benoît a refusé de prendre livraison pour cause de manquant résultant du coulage ;

Attendu, d'après les motifs de l'arrêt attaqué et ceux du jugement qu'il a adoptés, que, au moment de la prise en charge, la compagnie n'a formulé aucune réserve sur le conditionnement du fût ni sur son état plus ou moins réel de vétusté : que l'expert commis en vertu de l'art. 106 du Code de Commerce n'a constaté aucun vice propre de la marchandise, ni aucune défectuosité de l'emballage qui ait été la cause du coulage, lequel, aux termes formels de son rapport, est dû uniquement à la chaleur et à la sécheresse qui ont amené une légère descente des cercles ; que ces causes extérieures, dont la prévision était élémentaire pendant la saison d'été, ne constitue en aucune manière la force majeure ; que les plus simples précautions absolument compatibles avec les nécessités du service des compagnies auraient suffi pour soustraire le fût à l'action du soleil et de la chaleur, et qu'au lieu de les prendre, la compagnie, qui connaissait la nature de la marchandise très sujette à évaporation et la longue durée du trajet à effectuer pendant la saison d'été, a laissé pendant tout ce trajet le fût exposé au soleil et à la chaleur dans des wagons découverts et sur les quais des gaers ;

Attendu qu'il résulte de ces constatations souveraines que le coulage n'était dû ni à la force majeure, ni au vice propre de la chose, ni à la faute de l'expéditeur ; que, dès lors, en condamnant par confirmation du jugement, la compagnie à la réparation du préjudice causé à Benoît, l'arrêt attaqué, loin de violer les textes visés au moyen, en a fait au contraire une exacte application ;

Par ces motifs :

Rejette le pourvoi (formé contre l'arrêt de la Cour d'Appel de Dijon le 13 mars 1913).

265. — *26 avril 1921. Cassation de France. Arrêt de la Cour de Cassation (ch. civ.) du 26 avril 1921. BT, V /1921. — Cie d'Orléans contre Guiraud et Richet. — Fût de vin. — Coulage attribué à un relâchement des cercles. — Vice propre invoqué. — Insuffisance des motifs du jugement.*

La Cour,

Sur les deux premiers moyens réunis, vu l'art. 103 du Code de Commerce, lequel est ainsi conçu : « Le voiturier est garant de la perte des objets à transporter, hors les cas de force majeure, il est garant des avaries autres que celles qui proviennent du vice propre de la chose ou de la force majeure » ;

Attendu que le voiturier se libère de sa responsabilité en prouvant que les avaeris survenues au cours du transport ont pour cause le vice propre de la chose ;

Attendu que le 21 avril 1914, Richet et Guiraud ont remis à la gare de Libourne pour être transporté à Pont-de-Briques, un fût de vin, qui est arrivé à destination avec un manquant par suite de coulage ; qu'un expert désigné conformément à l'art. 106 du Code de Commerce a constaté que cet objet ne portait aucune trace de choc et que le coulage avait eu lieu par suite du relâchement des cercles, imputable à la sécheresse et à la rouille ; qu'assignée par Richet et Guiraud en paiement d'une indemnité, la Cie d'Orléans s'est prévalue du rapport de l'expert pour décliner toute responsabilité ; mais que le jugement attaqué l'a condamnée au paiement de la somme réclamée par le motif qu'elle n'apportait pas la preuve du vice propre du fût, qu'à supposer que le relâchement des cercles provint de la sécheresse, ce ne pouvait être un cas de force majeure et que cette sécheresse, conséquence du temps chaud qui existait au moment du transport, obligeait le transporteur à prendre les précautions nécessaires pour garantir la marchandise contre les avaries auxquelles elle était exposée en cours de route ;

Mais attendu que, sans invoquer la force majeure, la Compagnie alléguait que les cercles du fût auraient dû être en état de supporter la sécheresse normale résultant de la température à l'époque du transport, et que du reste le relâchement des cercles avait eu pour cause non seulement la sécheresse mais la rouille ;

Attendu qu'en omettant d'une part, de s'expliquer spécialement sur l'existence et la conséquence de chacun des vices propres articulés par la compagnie, et, d'autre part, de préciser les soins compatibles avec les nécessités du service qui auraient été négligées par elle, le jugement attaqué n'a pas légalement justifié sa décision et a par suite violé le texte susvisé ;

Par ces motifs, et sans qu'il y ait lieu de statuer sur le troisième moyen ; Casse le jugement du Tribunal de Commerce de Libourne du 18 juillet 1914.

Observations. — Cet arrêt montre la nécessité pour le juge du fait de répondre avec le soin le plus méticuleux, lorsqu'il condamne une compagnie, à tous les arguments invoqués par celle-ci par sa défense. La C^le d'Orléans n'avait, ici, nullement prouvé le vice propre ; elle l'invoquait seulement ; mais cela suffisait pour que le Tribunal dût examiner ses articulations à cet égard et y répondre ; il pouvait du reste, fort bien, après avoir fait cet examen, déclarer dans une appréciation souveraine qui eût échappé à la Cour de Cassation, que, eu égard aux circonstances du fait, on ne pouvait considérer comme établie la preuve que l'avarie avait été due à un vice propre de l'objet transporté. Dans une espèce analogue, qui a donné lieu à un arrêt du 19 avril dernier, qui est publié plus haut, la Cour de Cassation a pu, la décision attaquée étant mieux motivée, adopter une solution contraire de celle ci-dessus. (Lamy.)

266. — *27 avril 1921. Cassation de France. BT, 5/1921. — Vérification avant livraison, empêchée par le transporteur. — Inapplicabilité de l'art. 105 C. Comm. —* Qu'en effet, la fin de non recevoir de l'art. 105 ne peut être opposée par le voiturier qui, lors de la livraison, a par son fait, mis le destinataire dans l'impossibilité de vérifier les marchandises. *(Voir jurisprudence identique de cassation des : 5 novembre 1906, BT, 1907/42 ; 21 juin 1911, BT; 1911/126.)*

267. — *2 mai 1921. Arrêt de la Cour d'Appel de Lyon (2e ch.). 3/1922. — C^le PLM contre : 1° Vve Nébout, 2° Société des produits chimiques d'Alais et de la Camargue. — Incendie dans un wagon. — Cause attribuée au défaut d'étanchéité d'un fût de chlorate de* *soude. — Valeur de l'expertise de l'art. 106 du Code de Commerce.*

La Cour,

Sur l'appel principal en ce qui concerne la Vve Nébout :

Adoptant les motifs des premiers juges relativement à l'allocation à celle-ci de la somme de 1.038 fr. 40, montant de la valeur des marchandises non livrées, avec intérêts de droit ;

Mais considérant, quant à la somme de 300 fr., allouée à titre de dommages-intérêts à l'intimée, que l'art. 5 de l'arrêté ministériel du 31 mars 1915, invoqué par la Cie PLM, ne devait pas recevoir son application, motif pris de ce que ladite compagnie aurait, en résumé, commis une faute postérieure au contrat de transport, en ne délivrant pas, dès qu'elle en fut requise, les caisses de savon de l'intimée ; que l'on ne saurait voir dans le fait de la Cie PLM d'opposer à la réclamation de la Vve Nébout, l'action en garantie qu'elle se proposait d'exercer contre la Cie d'Alais, une faute postérieure à l'exécution de son contrat de transport avec l'intimée, faute qui l'aurait rendue inhabile à se prévaloir des dispositions de l'art. 5 du décret ministériel précité ;

Qu'il y a donc lieu d'accueillir sur ce point l'appel de la Cie PLM et de dire, contrairement à ce qu'ont décidé les premiers juges, que la demande de dommages-intérêts de la Vve Nébout doit être rejetée ;

Sur l'appel en garantie contre la Cie des produits chimiques d'Alais :

Considérant que c'est à tort que les premiers juges l'ont déclarée irrecevable ;

Qu'on ne saurait, en effet, sérieusement contester qu'il existe un lien de connexité entre le contrat de transport de la Cie PLM avec la Vve Nébout et le contrat de transport de la même compagnie avec la Cie des produits chimiques d'Alais, connexité résultant de l'incendie des marchandises transportées pour le compte de la Cie d'Alais, qui s'est communiqué aux marchandises transportées pour le compte de la Vve Nébout ;

Que, d'autre part, l'exception de la chose jugée dont il est question dans les conclusions de la Cie PLM devant la cour, en ces termes : « Qu'elle a été soulevée par la Cie d'Alais dans des instances analogues », ne paraît pas avoir été soutenue ou reprise en appel ; qu'en tout cas, cette exception n'est pas fondée par le motif qu'il n'y a pas à la fois identité de causes, de parties et d'objet entre le litige actuel et ceux qui se sont déroulés devant les tribunaux de commerce de Tarare et de la Seine, aux jugements desquels la Cie PLM a aquiescé ;

Qu'il y a donc lieu de déclarer recevable le recours en garantie formé par la Cie PLM contre la Cie d'Alais ;

Mais considérant, en ce qui concerne le bien fondé de ce recours, qu'il échet de confirmer le jugement du Tribunal de Trévoux qui a déclaré ce recours mal fondé, en adoptant les motifs des premiers juges et en considérant au surplus que, si l'expertise Grenier diligentée par la Cie PLM « à prévision des litiges que pourrait faire naître la disparition des marchandises dont elle avait charge », ne peut à aucun point de vue être opposée à la Cie d'Alais pour deux motifs principaux : le premier, c'est qu'elle déborde du cadre de l'art. 106 du Code de Commerce qui prévoit seulement « le cas de refus ou de contestation pour la réception des objets transportés », ce qui le rend inapplicable aux objets qui, en cours de voyage, n'ont pu encore donner lieu à aucune difficulté de cette nature ; le deuxième, c'est que les contestations et enquêtes non contradictoires auxquelles s'est livré l'expert Grenier sont dépourvues de valeur juridique et probante vis-à-vis de la Cie d'Alais, cette expertise conserve néanmoins une valeur documentaire dont les éléments peuvent venir à l'appui d'autres éléments recueillis par ailleurs à l'effet d'établir la responsabilité de la Cie des produits chimiques d'Alais ;

Or, attendu à cet égard, en ce qui concerne la valeur probante de l'expertise Grenier prise en elle même, que les conclusions de cet expert sont battues en brèche et contredites par d'autres constatations, d'autres expériences et d'autres conclusions de deux experts officieux de la Cie d'Alais, n'ayant aussi aux débats que la valeur de simples renseignements ;

Qu'en définitive, on est amené à conclure de ces constatations, de ces appréciations divergentes et contradictoires, que l'expertise Grenier ne fournit quant à la cause du sinistre qui a éclaté dans la nuit du 25 au 26 mai 1917 que des hypothèses scientifiques savamment déduites, mais non la certitude nécessaire à baser la responsabilité de la Cie d'Alais ;

Que les éléments d'information existants dans la cause et apportés par les enquêtes administrative et judiciaire laissent subsister la même incertitude sur les causes du sinistre qui a éclaté dans la nuit du 25 au 26 mai 1917 à la gare de Portes-triage de Valence et a motivé le recours en garantie de la Cie PLM contre la Cie d'Alais ;

Considérant, d'autre part, qu'il y a lieu d'écarter un fait d'ailleurs reconnu par la Cie d'Alais et invoqué par la Cie PLM comme engageant la responsabilité de cette compagnie, à savoir que les tonneaux de chlorate de soude qu'elle transportait pour le compte de celle-ci ne portaient pas l'étiquette « matière inflammable » prescrite par les règlements ;

Que cette omission n'aurait d'influence que si les employés de la Cie PLM qui ont manutentionné les tonneaux *en avaient ignoré le contenu* indiqué sur la feuille d'expédition et s'il existait *une relation de cause à effet* entre la dite omission et l'incendie ;

Que la Cie PLM est d'autant plus mal venue à faire grief à la

Cie d'Alais de l'omission précitée, qu'elle même a commis la faute autrement grave et caractérisée de laisser des caisses de dynamite en stationnement, cela contrairement à des règlements formels (art. 142 et 143 du règlement du 12 novembre 1917), sur un quai à proximité de l'endroit où elle faisait décharger les tonneaux de chlorate de soude de la Cie d'Alais :

Considérant, en ce qui concerne la demande subsidiaire d'enquête et d'expertise tendant à établir la faute de la Cie d'Alais, que ces mesures d'instruction déjà sollicitées et écartées en première instance ne peuvent porter et ne portent en réalité que sur des points ayant déjà fait l'objet : pour l'expertise soit des constatations, soit des appréciations scientifiques de l'expert Gremier, et que, après quatre ans, de nouvelles constatations sont d'ailleurs devenues, sinon tout à fait impossibles, du moins plus précaires que celles faites antérieurement ; pour l'enquête, soit des dépositions recueillies par cet expert ou déjà entendues au cours des enquêtes administrative et judiciaire et émanant d'agents de la Cie PLM ; qu'après quatre années, les dites dépositions, qui n'ont pu apporter précédemment dans la cause la certitude qu'il aurait fallu pour retenir la responsabilité de la Cie d'Alais, ne sauraient devenir plus probantes ;

Qu'il n'apparaît pas que, dans ces conditions, les mesures d'instruction subsidiairement sollicitées puissent amener la constatation ou la révélation d'aucun fait nouveau et précis de nature à entraîner la responsabilité de la Cie d'Alais et à motiver le recours en garantie de la Cie PLM ; que par les motifs ci-dessus déduits, il échet de les repousser :

Sur l'appel incident de la Vve Nébout, tendant à la majoration des dommages-intérêts à elle alloués en première instance : considérant que les motifs pour lesquels la Cour a admis l'application de l'art. 5 de l'arrêté ministériel du 31 mars 1915 invoqué par la Cie PLM suffisent à le faire rejeter :

Par ces motifs :

La Cour confirme le jugement dont appel, en ce qui concerne la condamnation de la Cie PLM à payer à Vve Nébout la somme de 38.000 fr. 40, valeur des marchandises qu'elle transportait pour le compte de celle-ci et qu'elle n'a pu représenter, avec intérêts de droit à partir de la demande en justice ;

Réforme, au contraire, ledit jugement en ce qui concerne l'attribution à Vve Nébout de la somme de 300 fr. à titre de dommages-intérêts :

Dit n'y avoir lieu de ce chef et ce, par application de l'art. 5 de l'arrêté ministériel du 31 mars 1915, à la condamnation de la Cie PLM à une somme quelconque à titre de dommages-intérêts ;

Rejette l'appel incident de la Vve Nébout ;

Réforme encore le jugement dont appel en ce qu'il a déclaré irrecevable la demande en garantie de la Cie PLM contre la Cie d'Alais ;

Dit cette demande recevable, mais la déclare mal fondée ; rejette les conclusions subsidiaires de la Cie PLM aux fins d'enquête et d'expertise ;

Fait masse des dépens tant de première instance que d'appel pour être supportés dans la proportion de 19 vingtièmes par la Cie PLM et du vingtième par la Vve Nébout, à l'exception de l'appel en garantie et de ceux d'expertise qui, tant en première instance qu'en appel, resteront en entier à la charge de la Cie PLM, et de ceux de l'appel incident que la Vve Nébout supportera seule ;

Rejette toutes autres conclusions plus amples et contraires des parties.

Observations. — La Cour de Cassation a déjà eu à se prononcer sur l'un des nombreux litiges auxquels a donné lieu l'incendie survenu à Portes-lès-Valence dans la nuit du 25 au 26 mai 1917 : nous avons publié, dans notre précédent numéro, page 14, l'arrêt, en date du 28 décembre 1921, par lequel la chambre des requêtes a rejeté le pourvoi formé par la Cie de produits chimiques d'Alais et de la Camargue, contre un arrêt de la Cour d'Appel de Grenoble, du 28 décembre 1920, mettant à sa charge, à concurrence de moitié, la responsabilité du dit incendie, sous prétexte que la Cie PLM aurait « établi que la cause initiale du sinistre avait été le défaut d'étanchéité de l'un des fûts » (de chlorate de soude) remis par elle au transport.

La Cour Suprême a estimé, dans sa décision, que la Cour d'Appel, « jugeant commercialement », pouvait valablement utiliser « même à titre de simples renseignements... en les rapprochant des autres faits par elle relevés », les résultats d'une expertise faite en vertu de l'art. 106, mais en dehors des circonstances exceptionnelles en vue desquelles une telle expertise est prévue. Sa doctrine, à cet égard, est quelque peu floue et semble même se contredire aux termes de l'arrêt de la chambre civile, du 14 février 1921, que nous avons publié la même année, page 27.

Quoi qu'il en soit,

L'arrêt ci-dessus de la Cour de Lyon, tout en déclarant qu'une expertise faite dans les conditions sus indiquées ne pouvait être opposée à la Cie des produits chimiques d'Alais et de Camargue, a admis cependant, elle aussi, que cette expertise conservait néanmoins une « valeur documentaire » et pouvait par conséquent concourir, pour partie, à établir la responsabilité de la dite Cie PCAC. Mais — et c'est là le piquant de l'affaire —, tandis que la Cour de Grenoble, se basant sur l'expertise en question et sur des faits reconnus constants, était arrivée à partager la responsabilité entre la Cie PCAC et la Cie PLM, la Cour de Lyon, au contraire, au vu de la même expertise et en présence des mêmes faits, a abouti à une solution contraire. Au surplus, les cours et tribunaux ci-après, soit qu'ils aient considéré comme complètement inopérante l'expertise, soit qu'ils en aient tenu compte à titre de renseignement, ont tous refusé d'admettre le recours en garantie de la Cie PLM contre la Cie des produits chimiques d'Alais et de la Camargue : Cours d'Appel de Besançon (7 février 1921, de Bourges (17 mai 1921) et de Chambéry (26 juillet 1921) ; (ces trois arrêts ont confirmé les jugements de première instance) Tribunaux de Commerce de Clermont-Ferrand (20 janvier 1921), de la Seine (25 mars 1920) et de Tarare (23 mai 1920). (Lamy.)

268. — *3 mai 1921. Trib. Comm. Reims. — Chemin de fer. — Transport d'aéroplane, ouragan. — Responsabilité du transporteur. — Frais d'essais et déplacements. — Evaluation. — Dommages-intérêts.* — La Cie de l'Est a été condamnée pour n'avoir pas pris les précautions habituelles pour que la caisse, à elle confiée, ne tombe pas du wagon en cours du transport.

269. — *9 mai 1921. Cassation France. BT, 5/1921. — Guignan frères contre Cie PLM. — Avaries. — Réserves par lettres recommandées « antérieures » à la livraison.* — Caractère d'ordre public de l'art. 7 de l'arrêté du 31 mars 1915.

270. — *28 mai 1921. Cassation de France. BT, 7/1921. — Incendie dans une gare. — Cause imputable à des causes d'exploitation. — Compétence de l'autorité judiciaire et responsabilité de la compagnie (cause restée inconnue).* — L'incendie qui a éclaté dans la gare maritime de Bordeaux a déjà fait l'objet de plusieurs décisions judiciaires entre autres : Cassation, 21 janvier 1919 (voir BT, 1920/27). L'autorité judiciaire est compétente pour statuer sur la responsabilité des dommages provenant de faits de l'exploitation ; ce serait au contraire l'autorité administrative qui serait compétente si les dommages se rattachaient à la mauvaise exécution d'un travail public tels que quais et bâtiments d'une gare de chemin de fer. (Lamy.)

271. — *14 juin 1921. Arrêt de la Cour de Cassation (Ch. civ.). BT, 7/1921. — Transport international. — Retard et avaries. — Refus du destinataire. — Application des art. 24 et 25 de la convention de Berne.* — Irresponsabilité de la compagnie. (C'est un arrêt assez curieux dans son genre et qu'il faudrait étudier en détail.)

272. — *22 juin 1921. Jugement du Tribunal de Commerce de Marseille. BT, 7/1921. — Balles de peaux chargées par l'expéditeur. — Avaries par suite du mauvais état de la toiture du wagon transporteur et d'un orage en gare d'arrivée.* — Responsabilité entière de la compagnie.

Observations. — La compagnie se prétendait exonérée pour deux motifs : 1º parce que l'expéditeur, qui avait effectué le chargement, aurait pu refuser le wagon, s'il l'avait jugé défectueux ; 2º parce que si le destinataire avait mis plus d'empressement à prendre livraison, la marchandise eût été à l'abri au moment où éclata l'orage qui a occasionné l'avarie. Ces deux moyens de défense n'étaient pas meilleurs l'un que l'autre, et le Tribunal les a, avec juste raison, repoussés tous les deux. L'expéditeur n'a nullement le devoir de vérifier l'état d'un wagon qui lui est obligatoirement fourni par le chemin de fer et qui, obligatoirement, doit être fourni non seulement en bon état, mais capable d'effectuer dans de bonnes conditions le transport que la demande de matériel a fait connaître ; on ne saurait donc mettre à sa charge la responsabilité du mauvais état de ce wagon.

273. — 22 *juin* 1921. *Jugement du Tribunal de Commerce de Grenoble. BT,* 7 /1921. — *Bellet-Seigle contre :* 1º Cie *PLM ;* 2º *Genestal et* Cie. — *Sacs de sucre mouillés.* — *Mauvais état du wagon transporteur, chargé sur embranchement particulier.* — *Responsabilité de la compagnie.*

Le Tribunal,

Attendu que par exploits des 3 et 5 février 1921 Bellet et Seigle, entrepreneurs de transports à Grenoble, ont assigné la Cie PLM en qualité de transporteur, et Genestal et Cie, transitaires au Havre, en qualité d'expéditeurs, aux fins de s'entendre condamner solidairement entre eux, ou celui des deux qui mieux le devra, à leur payer la somme de 10.984 fr., montant du préjudice qu'ils leur ont causé et à celle de 1.000 fr. à titre de dommages-intérêts ainsi qu'en tous les dépens ;

Attendu qu'il s'agit en l'espèce de 200 sacs de sucre expédiés par Genestal et Cie, en mai 1920, en un wagon fermé, à Bellet et Seigle, pesant ensemble 9.616 kilos et représentant à 5 fr. une valeur de 48.080 fr. ;

Attendu que cette marchandise est arrivée avariée en gare de Grenoble et cela par suite d'un mouillage en cours de route ainsi que l'a établi une expertise à laquelle il a été procédé en vertu de l'art. 106 du Code de Commerce, et qu'il en est résulté pour Bellet et Seigle une perte, tant sur la quantité qui a été réduite à 9.274 kg., que sur la qualité, perte qui s'est montée au total à la somme de 10.984 fr. ainsi qu'ils en font foi ;

Attendu que, déclinant sa responsabilité, la Cie PLM demande au Tribunal de rejeter purement et simplement comme mal fondée la demande de Bellet et Seigle ; de dire que le fait par l'expéditeur d'avoir chargé sur son embranchement particulier, sans le concours du transporteur, sans faire connaître la nature des marchandises à transporter, dans un wagon ne présentant pas toutes les garanties d'étanchéité nécessaires et qu'il pouvait refuser, constitue une faute engageant la seule responsabilité de l'expéditeur, et, recevant la compagnie reconventionnellement demanderesse, de condamner qui mieux le devra, de Bellet et Seigle ou de Genestal et Cie, au paiement de la somme de 20 fr. 30, montant des frais d'expertise payés par elle, et de celle de 200 fr. de dommages et intérêts et en tous les dépens ; et très subsidiairement et pour le cas où sa responsabilité serait retenue, de dire que cette responsabilité est partagée par l'expéditeur, responsable au moins au même titre que les transporteurs pour avoir accepté et chargé sans vérification le véhicule mis à sa disposition ;

Attendu que, résistant à ces prétentions, Genestal et Cie concluent à ce que Bellet et Seigle soient déboutés de leur demande, fins et conclusions, en tant que dirigée contre eux ; et dans leurs rapports avec la Cie, à ce qu'il soit statué que celle-ci n'établit point de faute à leur encontre, en conséquence soit déboutée de toutes ses demandes, fins et conclusions et condamnée à leur payer la somme de 150 fr. de dommages-intérêts ;

Attendu que Bellet et Seigle ont subi un préjudice dont il leur est dû juste réparation ; qu'il échet en conséquence de rechercher et d'examiner lequel des deux, du transporteur ou de l'expéditeur, doit supporter la responsabilité ;

Attendu que la marchandise a été chargée dans un wagon fermé mis à la disposition de l'expéditeur par les transporteurs et que, des conclusions du rapport de l'expert, il ressort que l'avarie par mouillage, constatée à l'arrivée en gare de Grenoble, est due à un mauvais état du wagon et notamment à sa fermeture défectueuse ;

Attendu que l'art. 103 du Code de Commerce établit une présomption de faute à l'égard du voiturier, sauf à lui à établir que l'avarie est le résultat d'un cas de force majeure, du vice propre de l'objet transporté ou de la faute de l'expéditeur ;

Attendu qu'en l'espèce la Cie PLM à juste titre ne cherche pas à s'abriter derrière le cas de force majeure, pas plus que derrière celui du vice propre de l'objet transporté, mais qu'elle invoque, à sa décharge, la faute de l'expéditeur ;

Attendu cependant qu'elle n'en rapporte pas la preuve ; qu'en effet il ne saurait être question ici de chargement défectueux comme cela peut être le cas lorsqu'il s'agit de marchandises à amarrer convenablement ou à bâcher sur wagon plate-forme ; que d'ailleurs l'expertise n'a révélé aucune faute dans la façon dont le chargement a été fait, et que la compagnie, en prenant charge, n'a formulé aucune réserve ;

Attendu, en ce qui concerne l'état du wagon lui-même, qu'aux termes de l'art. 26 du décret du 11 novembre 1917 les compagnies de chemin de fer sont tenues de maintenir constamment en bon état d'entretien les véhicules de toute espèce servant à l'exploitation de leur réseau et que, d'autre part, non seulement Genestal et Cie n'avaient pas l'obligation de vérifier l'état du matériel mis à leur disposition, mais qu'ils n'avaient pas même le droit de le refuser du moment que ce matériel correspondait à ce qu'ils avaient demandé ; qu'au surplus, il leur était difficile de se rendre compte au moment du chargement de la marchandise du défaut d'étanchéité du wagon mis à leur disposition ;

Attendu que Genestal et Cie ne sont que de simples transitaires qui ont exécuté leur mission de façon normale et que, cela fait, ils doivent être dégagés de toute obligation ;

Attendu qu'il y a lieu en conséquence de les mettre hors de cause et de débouter la compagnie de ses demandes, fins et conclusions, y compris de sa demande reconventionnelle aussi bien à l'égard de Bellet et Seigle qu'à l'égard de Genestal et Cie, et de la déclarer seule responsable du préjudice subi par Bellet et Seigle ;

Attendu qu'aussi bien Bellet et Seigle que Genestal et Cie sont justifiés à demander à la compagnie des dommages-intérêts, tant du fait de la résistance qu'elle a opposée dans la reconnaissance de ses torts, que des frais qu'elle les a contraints à exposer pour obtenir justice, et qu'il y a lieu d'arbitrer les dommages à 500 fr. en ce qui concerne Bellet et Seigle et 150 fr. en ce qui concerne Genestal et Cie.

Par ces motifs,

Le Tribunal,

Après en avoir délibéré conformément à la loi et sans s'arrêter à aucunes fins ni conclusions contraires, si ce n'est pour les rejeter mettant hors de cause Genestal et Cie ;

Déboute la Cie PLM de sa demande reconventionnelle ainsi que de ses autres demandes, fins et conclusions et la condamne à payer à Bellet et Seigle, avec intérêts de droit du jour de l'assignation, la somme de 10.984 francs ;

La condamne également à payer à Bellet et Seigle à titre de dommages-intérêts la somme de 500 fr. et à Genestal et Cie celle de 150 francs ;

La condamne, enfin, aux dépens de l'instance.

Observations. — Cas analogue à celui qui fait l'objet du jugement du Tribunal de Commerce de Marseille publié plus haut.

L'affaire se compliquait ici de cette circonstance que le chargement avait été effectué sur un embranchement particulier, sans le concours ni même la présence d'aucun agent de chemin de fer ; mais, au fond, cela ne changeait rien à la situation réciproque des parties ; cela ne retranchait rien aux obligations de la compagnie en ce qui concerne la fourniture de wagons en bon état, aptes à transporter dans de bonnes conditions la marchandise annoncée, et n'ajoutait rien aux obligations de l'expéditeur en ce qui concerne la vérification de ces wagons ; comme le dit excellemment le Tribunal de Commerce de Grenoble : « non seulement Genestal et Cie n'avaient pas l'obligation de vérifier l'état du matériel mis à leur disposition, mais ils n'avaient pas même le droit de le refuser, du moment que ce matériel correspondait à ce qu'ils avaient demandé » ; la compagnie restait donc entièrement responsable des conséquences de l'état défectueux du wagon fourni par elle. (Lamy.)

274. — *6 juillet 1921. Cassation de France. BT, 7/1921. — Contrat de vente suivi de transport. — Avaries en cours de route. — Inapplicabilité à l'expéditeur aussi bien qu'au transporteur d'une clause attributive de juridiction.* — Le destinataire avait assigné le PLM devant les Tribunaux de Lyon, ville destinataire, ce que lui contestait soit l'envoyeur, soit le PLM, parce que le contrat d'achat portait, en cas de différend, une attribution de juridiction devant un tiers tribunal.

275. — *15 juillet 1921. Trib. Comm. Béthune. BT, 9/1921. — Objets en fonte non emballés. — Bris en cours de route. — Absence de vice propre.* — Responsabilité des transporteurs.

Observations. — La compagnie destinataire, entre les mains de laquelle les avaries ont été constatées, n'a pas voulu (ou plutôt pas pu) s'en prendre à la compagnie expéditrice ; elle a donc actionné seulement le destinataire et l'expéditeur ; mais elle a été, comme de juste, déboutée de sa demande et s'est vue, en outre, condamnée envers le destinataire « reconventionnellement demandeur », au paiement de la valeur des avaries, plus des dommages et intérêts pour avoir, notamment, *refusé* de reconnaître sa responsabilité. (Lamy.)

276. — *16 juillet 1921. Cour d'Appel Paris. BT, 7/1921. — Alcool en fûts, retard et avaries. — Refus suivi d'une expertise. Formalités de l'art. 105 C. Comm. non exigibles. — Cour d'Appel Paris, 16 juillet 1921.* — La compagnie voulait essayer, pour des questions de forme, de s'exonérer ; cela n'a pas pris.

277. — *31 octobre 1921. Cour de Cassation (ch. req.). BT, 1/1921. — Wagon particulier ; retard dû à une avarie. — Responsabilité de la compagnie et recours de celle-ci contre le propriétaire et expéditeur du wagon.* — Ce qu'il importe pour nous de retenir, c'est qu'il s'agissait exclusivement de l'action en garantie dirigée par la compagnie contre le propriétaire du wagon, qui, bien qu'il se trouvât avoir été en même temps expéditeur, était recherché surtout en sa qualité de propriétaire : il « connaissait l'existence d'une réparation », dit l'arrêt ci-dessus : il « ne pouvait ignorer l'état dans

lequel se trouvait le wagon » : enfin, il « n'aurait pas dû mettre en service un *wagon dont la défectuosité* lui était signalée » ; et c'est pourquoi il a été condamné à garantir la compagnie en cause des condamnations qui pourraient être prononcées contre elle au profit du destinataire. La dite compagnie était, en effet, responsable du retard, conformément à la jurisprudence de l'arrêt du 29 avril 1907. (Lamy.)

278. — *2 novembre 1921. Cour d'Appel 1921. BT, 1/1922. — Limitation de responsabilité. — Le voiturier n'a pas le droit de limiter sa responsabilité pour pertes et avaries.* — Sous ce même titre « Limitation de responsabilité », nous nous demandions, dans notre numéro de septembre-octobre 1920, page 70, si les voituriers avaient le droit de limiter leur responsabilité pour pertes et avaries.

En présence d'un jugement du Tribunal de Commerce de Lyon, et d'un arrêt de la Cour d'Appel de la même ville qui répondaient affirmativement à cette question, nous n'hésitions pas à déclarer que, malgré ces deux décisions formelles, nous estimions une telle jurisprudence parfaitement erronée.

« Le texte de la disposition ajoutée à l'art. 103 du Code de Commerce par la loi Rabier, est, disions-nous, suffisamment clair pour qu'on n'ait aucun doute sur le sens à lui attribuer, et, du reste, en fût-il autrement, il suffirait, pour être fixé, de se reporter à la déclaration faite, au cours de la discussion de la dite loi devant le Sénat, le 27 décembre 1904, par M. Pérousse, directeur des chemins de fer au Ministère des Travaux publics. »

Puis, après avoir rappelé les termes de cette déclaration, nous ajoutions : Il en résulte bien que, « contrairement à ce que croient le Tribunal de Commerce et la Cour de Lyon, les clauses ou stipulations des tarifs, lettres de voitures ou autres pièces quelconques qui limiteraient à un maximum l'indemnité due par le voiturier en cas de perte ou d'avarie doivent être tenues pour nulles ».

Nos adhérents seront heureux de constater avec nous qu'un arrêt de la Cour d'Appel de Paris du 2 novembre 1921 a pleinement confirmé la disposition ajoutée par la loi Rabier à l'art. 103 du Code de Commerce, avions-nous dit, est « assez claire pour qu'on n'ait aucun doute sur le sens à lui attribuer », cette disposition, dit à son tour la Cour de Paris, « se suffit à elle-même ; elle est nette, précise, sans ambiguité et elle ne saurait... donner lieu à aucune interprétation ».

L'arrêt en question a décidé, en conséquence, qu'il y avait lieu de tenir pour nulle la clause en vertu de laquelle la Société des Voyages Duchemin prétendait limiter à 300 fr. par colis la responsabilité afférente aux transports de bagages effectués par ses soins. (Lamy.)

279. — *4 novembre 1921. Trib. de Montpellier. — Cheval.* —

Vice propre. — Trouvé mort à l'arrivée ; pas de tamponnement, animal déjà malade au départ ; vice propre. — Pas de responsabilité du chemin de fer.

280. — *7 novembre 1921. — Chemins de fer. — Transport de marchandises avariées. — Chargement par l'expéditeur. — Fûts de vin. — Vice propre de la chose. — Transporteur. — Absence de faute.*

Attendu qu'en l'état de ces constatations et déclarations, la Cour d'Amiens a pu décider qu'il résultait de tous les faits, documents et circonstances de la cause que la perte de liquide reconnue à l'arrivée était due au vice propre de la chose et à la défectuosité du chargement imputable à l'expéditeur.

281. — *18 novembre 1921. Jugement du Tribunal de Commerce de Compiègne. BT, 9 /1925. — C*ie *du Nord contre :* 1º *Berthier et Tissot ;* 2º *Jacob et autres. — Wagon complet de tuiles. — Nombreuses avaries. — Expertise fantaisiste. — Responsabilité de la compagnie.*

Le Tribunal,

Attendu qu'à l'arrivée en gare de Noyon, le 4 octobre 1920, d'un wagon de tuiles expédié de Navilly (S.-et-L.), le 23 septembre précédent, par Jacob fils, à l'adresse de Berthier et Tissot, il fut constaté au déchargement que de nombreuses tuiles étaient cassées ; que ce déchargement fut suspendu et une expertise provoquée à la requête de la Cie du Nord ;

Que, par ordonnance de M. le juge de paix de Noyon, en date du 8 octobre 1920, M. Wagner, se disant ingénieur-conseil à Saint-Ouen-l'Aumône, fut nommé expert et procéda à la mission à lui confiée, puis dressa de ses opérations un rapport qu'il déposa au greffe de la justice de paix de Noyon à la date du 14 janvier 1921 ;

Attendu qu'il résulte dudit rapport et des constatations faites que le chargement avait été effectué sur quatre plans, chaque plan étant composé de dix rangées transversales formant dix piles d'une hauteur égale à quatre fois la largeur de la tuile, c'est-à-dire environ un mètre, et n'étaient pas placées en quinconce ; qu'au-dessus du dernier plan on n'avait pas placé les faîtières sur trois rangées transversales et que les tuiles des rangées transversales n'étaient pas suffisamment serrées entre elles et les ridelles du wagon ;

Que dans la longitudinale, il existait, entre un certain nombre de rangées et les ridelles d'extrémité, des vides qui représentaient à chaque plan une importante surface vide ; que, sur le plancher du wagon et entre chaque plan, on avait placé une quantité insuffisante de paille pour isoler utilement les tuiles entre elles ; que les trente rangées ainsi que les extrémités n'étaient pas isolées ; qu'il restait sur la surface totale du wagon une surface vide non occupée de 0,791 mm. et que la surface vide dans la longitudinale était de 0,250 mm. ; qu'ensuite l'expert donne un exemple de chargement qu'il préconise pour éviter les avaries, et qui consiste à isoler les tuiles des deux extrémités de la longitudinale du wagon par des batillons de bois (branches), nattes de paille ou autres matières similaires, afin qu'elles ne soient pas exposées aux chocs inévitables des coups de tampons ; qu'il indique que, si le plancher du wagon est en bon état et droit, on doit étendre sur toute la surface une couche de paille, foin ou fibre de bois d'une épaisseur de 30 mm. minimum ; que les tuiles doivent être placées en long dans la longitudinale ; que les rangées transversales ainsi que chaque plan doivent être isolés par des tasseaux ou liteaux de 25 mm. de côté ; que les vides entre tasseaux et tuiles doivent être comblés par des matières isolantes ; que le chargement ainsi organisé serait parfaitement homogène si les tuiles de chaque plan étaient disposées en quinconce comme elles doivent l'être et que l'emploi des tasseaux ne grève en aucune façon la parfaite organisation du chargement qu'il préconise, car ils sont, dit-il, toujours employés pour les couvertures faites de tuiles mécaniques ; qu'il conclut à une perte de 754 fr. 25 incombant à l'expéditeur, le wagon étant arrivé en parfait état d'exploitation en gare de Noyon ;

Attendu que la C\ie du Nord, se fondant sur les conclusions du rapport de l'expert, demande aujourd'hui la condamnation solidaire de Jacob fils comme expéditeur et de Berthier et Tissot comme destinataires au paiement de la somme de 749 fr. 95, montant des frais de ladite expertise et des frais de greffe, plus intérêts et dépens ;

Attendu que, de leur côté, Berthier et Tissot comme destinataires demandent à Pauma, leur vendeur originaire, de les garantir et indemniser des condamnations en principal, intérêts et frais qui pourraient être prononcées contre eux au profit de la C\ie du Nord ; qu'ils demandent également la condamnation solidaire de Pauma et de la C\ie du Nord au paiement de la somme de 754 fr. 25, valeur des tuiles brisées, et de celle de 1.000 fr. à titre de dommages-intérêts ;

Attendu que Pauma, alléguant que l'expédition des tuiles dont s'agit avait été faite par Jacob fils, demande également à ce dernier de le garantir contre toutes les suites de l'instance, en principal, intérêts et frais ;

Attendu que ces diverses instances sont connexes et qu'il y a lieu de les joindre pour être statué sur icelles par un seul et même jugement ;

Joint lesdites instances ;

1º *Sur la demande principale :*

Attendu qu'il résulte suffisamment des éléments de la cause, des usages du commerce et des explications fournies que l'*expert*

Wagner — qui se dit ingénieur-conseil — n'est pas un technicien connaissant les usages du commerce ; que son rapport ne contient que des idées fantaisistes et ne paraît avoir été dressé ainsi qu'en vue d'honoraires exagérés équivalant à l'importance des dommages subis ;

Qu'en effet il n'existe pour les tuiles qu'un mode uniforme de chargement qui est et a toujours été pratiqué et qui ne donne lieu qu'à des avaries insignifiantes, étant donné le chiffre considérable des tuiles expédiées ; que ce mode de chargement, utilisé par tous les fabricants, est parfaitement rationnel et donne dans la pratique d'excellents résultats : les tuiles sont posées sur champ dans le sens de la longueur, c'est-à-dire que la plus grande dimension de la tuile se trouve dans le sens de la longueur du wagon ; les tuiles ainsi posées forment une série de couches horizontales superposées ; ces couches horizontales sont serrées les unes contre les autres aussi étroitement que possible ; il en résulte que l'ensemble des tuiles forme une sorte de monolithe rigide et compact, la tuile étant incompressible ; il n'y a pas lieu de craindre que le bloc d'ensemble se désagrège par suite de la création d'un jeu entre les tuiles ;

Attendu qu'il a été reconnu que toutes les fois qu'on cherchait à ajouter de la paille et du foin, soit entre les rangées de tuiles, soit à chaque extrémité du wagon, on courait le risque de désagréger le bloc de tuiles, la paille ou le foin se coupant et s'écrasant en cours de route par suite de trépidations et que, l'espace occupé par la paille au moment de l'emballage devenant vide, les tuiles prenant du jeu et s'entrechoquant peuvent se briser ;

Attendu que le mode d'emballage préconisé par l'expert constitue une véritable curiosité et n'a jamais été pratiqué par des techniciens ; que l'idée de séparer chaque rang de tuiles par une planchette, et de mettre à chaque extrémité du wagon une couche de paille, si elle peut paraître séduisante lorsqu'il s'agit de faire un dessin géométrique, représentant le chargement idéal d'un wagon, *aurait pour conséquence la casse inévitable de tout le chargement,* qui ne présenterait pas un bloc rigide et compact par suite des trépidations ou des coups de tampons inévitables qui se produisent au cours du transport, les liteaux et les tuiles se déplaçant, et l'ensemble du chargement en se disloquant entraînerait une véritable casse ;

Attendu que la jurisprudence est formelle à cet égard et résulte de nombreux jugements rendus en la matière, notamment par les tribunaux de commerce de Villefranche-sur-Saône le 24 novembre 1914, de Chalons-sur-Marne le 12 août 1910, et de Compiègne le 27 mars 1914 ;

Attendu que, dans l'espèce, le mode d'emballage suivi par Jacob est rationnel et normal et que la casse qui en est résultée ne peut provenir que de chocs anormaux ou coups de tampons, survenus au cours du transport, qui ont provoqué un déplacement dans le *chargement* et occasionné le vide indiqué par l'expert ;

2º *Sur les appels en garantie :*

Attendu que par suite des faits énoncés ci-dessus la responsabilité de l'expéditeur, qui s'est strictement conformé aux usages du commerce, ne pouvant être retenue, Jacob fils ne peut être tenu à indemniser ses acheteurs des suites d'avaries qui ne sont pas son fait ;

Par ces motifs, retenant la cause et jugeant en premier ressort ;

Déclare la Cⁱᵉ du Nord irrecevable et mal fondée dans sa demande principale, l'en déboute ;

Réserve à Jacob fils et aux appelants en garantie tous leurs droits contre la Cⁱᵉ du Nord en ce qui concerne la réparation du dommage causé par l'avarie du cours du transport ;

Et condamne la Cⁱᵉ du Nord en tous les dépens des instances jointes.

282. — 3 *décembre 1921. C. d'Appel Grenoble. BT, 1/1922. B. et Cⁱᵉ contre PLM. — Expédition de sucre. — Avarie de mouille dans un wagon couvert, chargé sur embranchement particulier. — Vice du wagon. —* Responsabilité de la compagnie. Le Tribunal a condamné le PLM pour avoir fourni un wagon défectueux, le chargeur n'ayant pas à vérifier *minutieusement* un matériel dont la surveillance et l'entretien incombent exclusivement à la compagnie. Le PLM prétendait aussi que le chargeur avait utilisé sans droit ce wagon ; le Tribunal a estimé cet argument inadmissible et invraisemblable, puisqu'en recevant le wagon chargé, la gare en avait au moins tacitement autorisé l'usage. (Lamy.)

283. — 20 *décembre 1921. Cassation de France. BT, I/1922. — Incendie dans un wagon de chevaux. — Chose jugée avant dire droit. — Preuve d'un cas purement fortuit non rapportée par la compagnie. —* Responsabilité de celle-ci.

Observations. — Une jurisprudence constante veut que l'incendie dont la cause est restée inconnue soit mis à la charge de celui chez qui il a éclaté ; ici, comme il s'agissait d'un transport, le voiturier était en outre responsable *a priori*, en vertu de l'art. 103 du C. Comm. (Lamy.)

284. — 28 décembre 1921. *Cassation France. BT,* I/1922. *Cⁱᵉ des Produits X. contre PLM. — Incendie dans un wagon. — Cause attribuée au défaut d'étanchéité d'un fût de chlorate de soude. — Expertise de l'art. 106, C. Comm. — Sa valeur. —* Responsabilité partagée. (Une flamme ayant jailli du fût a mis feu à d'autres fûts, l'incendie a fait exploser 80 caisses dynamite placées à proximité et cette explosion cause des dégâts à une maison voisine.)

285. — 19 *janvier 1921. Cour d'Appel de Paris (5ᵉ). BT, 1/1921. — Vins en fûts transportés sur un wagon appartenant à un parti-*

culier. — Retard, manquants et avaries. — Vice propre non établi. —
Responsabilité de la compagnie. Appréciation du préjudice.

286. — *20 octobre 1921. Jugement du Tribunal de Commerce
de Lyon. BT, 5/1922. — Glaize contre Cie PLM. — Cristaux et
porcelaine en caisses. — Bris. — Absence d'inscription « Fragile ».
— Vice propre non établi. — Responsabilité.*

Le Tribunal,

Attendu que, par exploit du 25 mai 1921, Glaize a assigné la
Cie PLM aux fins de s'entendre condamner à lui payer, avec
intérêts de droit et dépens, la somme de 250 fr., montant de divers
objets brisés, contenus dans deux caisses de cristaux et porcelaines,
faisant l'objet de l'expédition GV, n° 365, de Perpignan à Lyon,
en date du 1er décembre 1920, et la somme de 250 fr., à titre de
dommages-intérêts, pour le préjudice causé par son obstination à
ne pas vouloir régler la valeur réclamée des objets brisés par son fait ;

Attendu qu'à l'appui de sa demande Glaize expose, par conclusions, que le récépissé délivré par la Cie PLM porte bien « une
caisse cristaux, une caisse porcelaine » et que ladite compagnie
lui a fait payer le tarif GV, spécial au transport des objets précieux ;
que, dans ces conditions, la Cie PLM n'ignorait pas que les objets
contenus dans les caisses litigieuses étaient essentiellement fragiles
et qu'elle avait à prendre toutes dispositions et précautions pour
en assurer la bonne conservation au cours du transport ; que,
n'ayant formulé aucune observation ni réserve lors du chargement, elle est présumée avoir assumé la responsabilité du transport ; que les objets brisés avaient une valeur qui ne peut être
contestée ; que la somme de 250 fr. réclamée est donc amplement
justifiée ; que, par son refus de payer cette somme, la Cie PLM
a occasionné à Glaize de nombreuses démarches qui justifient la
demande en 250 fr., à titre de dommages-intérêts ;

Attendu que la Cie PLM résiste à la demande et soutient, par
conclusions, qu'il n'est pas prouvé que les pièces aient été avariées
au cours du transport ; qu'elles occupaient le centre des caisses
qui les contenaient, ce qui fait ressortir nettement un vice d'emballage, c'est-à-dire le vice propre de la chose transportée, puisque
les objets en contact avec les parois des caisses, donc plus exposés,
n'ont pas souffert ; que les caisses litigieuses ne portaient pas la
mention « Fragile » et ne laissaient voir, à l'extérieur, aucune trace
de choc ; que la responsabilité du transporteur est donc dégagée
et que la demande de Glaize doit être purement et simplement
rejetée ;

Attendu que, des éléments de la cause, il résulte que la Cie PLM
ne conteste pas que dans l'une des caisses se trouvaient, lors du
déballage, un saladier et un compotier brisés, et, dans l'autre, une
théière dont l'anse était cassée ; qu'elle prétend seulement que,

l'emballage intérieur ayant été mal fait et l'indication « Fragile »
n'ayant pas été inscrite sur les caisses, sa responsabilité ne saurait
être engagée ; que, cependant, l'agent de la C^le PLM, qui a assisté
au déballage et reconnu les avaries, n'a fait aucune réserve relative
à un emballage défectueux ; qu'il n'apparaît pas que le fait que
les objets brisés se trouvaient dans le centre des caisses puisse
permettre d'alléguer un défaut d'emballage ; que, du reste, cet
agent qui, seul, a pu se rendre compte de cet emballage, ne revendique pour sa compagnie, dont il est le représentant autorisé, que
le bénéfice de l'absence, sur les caisses, de la mention « Fragile » ;
que cette indication, qui, de la part de l'expéditeur, eût été une
sage précaution, n'était pas obligatoire et qu'en ne la mettant pas
il a pu faire preuve de négligence, mais n'a commis aucune faute
permettant de libérer le transporteur de sa responsabilité ; qu'il
serait tout à fait contraire à l'équité d'admettre que l'absence de
ladite mention puisse donner le droit à un transporteur de ne pas
manutentionner avec soin les marchandises qui lui sont confiées
et qu'il a prises en charge, alors surtout que ces marchandises ont
été déclarées « cristaux et porcelaines » ; que, dans ces conditions,
il échet de dire que la C^le PLM doit être tenue pour responsable
des avaries dont il s'agit et qu'il y a lieu, en conséquence, de faire
application, à son endroit, des art. 98 et 103, § 2, du Code de Commerce ;

Attendu que les trois pièces brisées peuvent ne pas avoir, à
elles seules, la valeur que Glaize leur attribue, mais qu'il y a lieu
de tenir compte qu'elles font partie d'un service de table qui, du
fait de leurs avaries, est déprécié dans son ensemble ; que cette
raison est suffisante pour admettre comme justifiée la somme de
250 fr. réclamée par Glaize, et que, au surplus, la C^le PLM ne dis-
cute pas ;

Attendu que Glaize ne fournit pas la preuve qu'un préjudice
réel lui ait été causé ; que les motifs qu'il donne (démarches, courses,
lettres) ne le justifient pas ; que sa demande en 250 fr. à titre de
dommages-intérêts n'est donc pas fondée et doit être rejetée ;

Attendu que les dépens sont à la charge de la partie qui succombe ;

Par ces motifs :

Statuant publiquement, contradictoirement et en dernier ressort,
Condamne la C^le PLM à payer à Glaize, outre intérêts de droit,
la somme de 250 fr. pour les causes dont s'agit ;
Rejette, comme non fondée, la demande de Glaize en 250 fr.
à titre de dommages-intérêts ;
Condamne la C^le PLM en tous les dépens ;
Rejette toutes autres fins et conclusions des parties.

Observations. — L'affaire sur laquelle a statué le jugement ci-dessus fournit un exemple des thèses invraisemblables que soutiennent parfois les compagnies : celle-ci, la Cie PLM, qui du reste est coutumière du fait, ne prétendait-elle pas être dégagée de toute responsabilité sous prétexte que l'expéditeur n'avait pas porté sur ses caisses la mention « Fragile » ?... Le Tribunal a fait justice de cette prétention et c'est très bien, mais encore ne l'a-t-il pas fait, à notre avis, avec une suffisante sévérité : « Cette indication (Fragile) qui, de la part de l'expéditeur, dit-il, eût été une sage précaution, n'était pas obligatoire et en ne la mettant pas il a pu faire preuve de négligence, mais n'a commis aucune faute... » C'est bien heureux ! La vérité est que l'expéditeur n'avait commis ni faute ni négligence et qu'il n'avait aucunement à prendre cette « sage précaution ». Au surplus si les agents des compagnies faisaient tout leur devoir, ladite précaution serait complètement inutile. (Lamy.)

287. — 5 *janvier* 1922. *Trib. Comm. Cannes. BT*, 5 /1922. — *Nouguez contre :* 1º *Cie PLM ;* 2º *Comptoir des Tuyaux de grès.* — *Tuyaux et siphons de grès.* — *Avaries.* — *Emballage conforme aux usages du commerce.* — *Absence de vice propre.* — Responsabilité de la compagnie.

288. — 24 *janvier* 1922. *Oberlandsger. Naumburg (Zs.* 15). — *La Zollzeitung.* — Die Haftung der Eisenbahn ist gemäss, § 456, *HGB*, bei Versendung von *Glasballons* in Eisenbahnkorbgestellen auch bei heftigen Rangierstossen, ausgeschlossen.

289. — 14 *février* 1922. *C. d'Appel Paris. BP*, 9 /1922. — *Wagon particulier.* — *Refus de réparations.* — *Exécution en nature.* — Le créancier d'une obligation de faire peut toujours demander en justice l'exécution en nature, sans que le débiteur ait à se faire juge de l'opportunité de cette exécution, d'où il résulte que lorsqu'une compagnie de chemins de fer a avarié par son fait un wagon particulier en cours de transport, elle ne peut refuser de procéder à la réparation du wagon.

290. — 1er *mars* 1922. *Cassation de France. BT*, 3 /22. — *Wagon réservoir détruit.* — *Reconstruit par la Cie du Midi.* — *Absence de négligence de la part de la compagnie.* — Le client avait demandé une indemnité pour privation de jouissance du wagon pendant la durée de la réparation. Comme le client avait opté pour la reconstruction (du wagon détruit) par la compagnie (plutôt que le paiement comptant) et ne pouvant prouver que la compagnie avait traîné les réparations en longueur, a été débouté de sa demande.

290 *bis*. — 10 *janvier* 1922. *Tribunal civil de la Seine (9e ch.).* C /PLM. — *Entrepreneur de déménagements.* — *Voiturier.* — *Garan-*

tie. — Recours. — Action directe de l'expéditeur contre une compagnie de chemins de fer. — Dommages-intérêts.

Le Tribunal :

§ 1. — En droit :

Attendu qu'un entrepreneur de déménagements joue vis-à-vis de celui qui lui donne mandat de transporter en un lieu déterminé un mobilier se trouvant en un autre endroit, le rôle d'un voiturier au sens de l'art. 1782 du Code civil ; que sans doute il ne transporte pas toujours lui-même ledit mobilier ; que si la distance est longue et s'il a la voie ferrée à sa disposition, il fait appel, pour la plus grande partie du transport, au personnel et au matériel d'une compagnie de chemins de fer ; mais que lui seul contracte envers son client l'engagement personnel d'enlever les objets mobiliers du lieu où ils se trouvent et de les transporter en bon état dans celui qui lui a été désigné ;

Attendu que la rédaction d'une lettre de voiture contenant des indications prescrites par l'art. 102 du Code de Commerce n'est pas nécessaire pour constituer la preuve du contrat de déménagement ; que cette convention peut revêtir la forme ordinaire des contrats sous seings privés synallagmatiques, et être établie en autant d'exemplaires que l'exige la loi ; mais que si aucune lettre de voiture ou aucun sous-seing privé n'a été rédigé, la preuve de l'existence et des clauses du contrat peut résulter des autres modes de preuves ordinaires, par exemple d'une quittance de paiement de tout ou partie du prix délivrée par le déménageur à l'expéditeur du mobilier.

Attendu que l'entrepreneur de déménagement jouit, comme tout voiturier, de la garantie résultant de l'art. 106 du Code de Commerce qui lui réserve la faculté, si les objets transportés sont refusés par le destinataire, d'en faire constater l'état par des experts nommés par le président du Tribunal de Commerce ;

Attendu qu'entre autres accessoires de l'obligation principale du déménageur, il en est qui sont des missions de représentation comme celle du mandataire ou commissionnaire ; qu'il suit de là que l'expéditeur, son client, est autorisé à lui demander compte de l'inexécution des obligations par lui assumées en agissant directement contre le voiturier qu'il s'est substitué, alors même qu'il n'a pas été dénommé dans le récépissé tenant lieu de la lettre de voiture visée à l'art. 101 du Code de Commerce, pourvu que sa qualité d'expéditeur soit dûment établie, sans que puisse lui être raisonnablement et de bonne foi opposée l'absence d'un lien de droit quelconque entre lui et ce voiturier, par exemple une compagnie de chemins de fer ; qu'en effet, tous les voituriers intermédiaires remplissant la fonction de commissionnaire relativement à la partie du transport qui doit être effectué par les voituriers subséquents, l'expéditeur, en sa qualité de mandat ou commettant a une action directe à l'encontre du tiers avec lequel son commissionnaire a contracté ;

Attendu qu'il appert de l'art. 99 du Code de Commerce que le déménageur est garant, en qualité de premier transporteur, des faits du transporteur intermédiaire auquel il adresse ou remet ultérieurement les marchandises ; qu'il suit de là que s'il réussit à démontrer que le dommage dont la réparation lui est demandée est survenu alors que celles-ci étaient sous la gare et circulaient sur le réseau de la compagnie de chemins de fer subséquente, il a le droit d'être à son tour indemnisé par celle-ci de toutes les condamnations qui seraient prononcées contre lui au bénéfice de l'expéditeur ;

Attendu que la preuve de la responsabilité du dernier transporteur, dès qu'il est constant qu'il a reçu les marchandises, peut notamment s'induire du défaut de protestation ou de réserves de sa part lors de la réception ou de la prise en charge du colis qu'il s'est engagé de faire parvenir au destinataire, que celui-ci soit la même personne que l'expéditeur ou un préposé ou correspondant du déménageur ; que l'acceptation pure et simple des marchandises par ce dernier transporteur emporte présomption que les dits objets étaient, lors de la remise qui lui en a été faite par le déménageur, exempts d'avaries apparentes ; que cette présomption de bon état au départ ne peut être détruite que par une expertise effectuée à l'arrivée en vertu de l'art. 106 du Code de Commerce susvisé ; que si ce dernier voiturier est la compagnie de chemins de fer, soucieuse, à bon droit, de garantir le patrimoine de ses actionnaires contre les conséquences pécuniaires de réclamations trop fréquentes ou injustifiées, il n'est pas présumable qu'elle commette l'imprudence d'accepter de transporter sans réserves un colis dont l'emballage serait d'une défectuosité apparente ;

Attendu que de ce qui précède, il résulte que l'expéditeur ou le destinataire, qualités parfois réunies dans la même personne, a le choix d'agir contre celui des voituriers auquel est imputable le fait générateur de responsabilité, ou, dans tous les cas, contre le premier voiturier qui, à raison de son rôle de commissionnaire-chargeur, répond de tous les faits susceptibles ; que s'il prend ce dernier parti, le premier voiturier est fondé à exercer un recours contre celui des voituriers subséquents dont la faute engage sa responsabilité ; qu'il lui est alors loisible, par voie de garantie incidente au procès qui lui est intenté, dans le cas où l'expéditeur ne l'aurait déjà lui-même actionné ;

Attendu que lorsque le voiturier n'a pu démontrer que la perte, l'avarie ou le retard, faits générateurs de sa responsabilité sont imputables soit à un cas de force majeure, soit à un vice propre de la chose transportée, soit au fait ou à la faute de l'expéditeur, il est tenu de lui payer une indemnité exactement adéquate au préjudice que celui-ci justifie avoir souffert ; qu'il échet, dans la détermination des dommages-intérêts, de tenir compte tout d'abord du préjudice matériel, consistant notamment dans les dépenses dont ont pu être la cause le retard apporté à la remise des objets à destination ou les avaries qu'ils ont subies ; que dans ce cas spécial, il convient de rapprocher la valeur que conservent les dits effets détériorés, de celle qu'ils auraient eue à l'état sain aux lieu et jour de leur arrivée ; que le voiturier doit alors la différence entre ces deux sommes ; qu'il importe en outre de faire état du préjudice moral résultant notamment des démarches auxquelles l'expéditeur ou le destinataire a pu être astreint par suite de la morosité ou du mauvais vouloir apporté par le voiturier à donner satisfaction à des revendications légitimes d'où il doit être écarté tout soupçon quelconque de mauvaise foi ;

§ 2. — En fait :

Attendu qu'au mois d'avril 1920, la Vve Mercier a chargé la Société Nationale de déménagements de transporter son mobilier de son domicile alors fixé à Marseille, au nouveau domicile qu'elle avait choisi à Neuilly-Plaisance ; que sur le montant du prix fixé à forfait à la somme de 1.500 fr., du cadre moyen qui devait le contenir, elle a versé un acompte de 75 fr. le 13 du même mois ; que la quittance qui lui en a été délivrée constitue la preuve du contrat de transport qui sert de base à son action ;

Attendu que le 29 juin seulement la Société Nationale de déménagements expédiait de la gare Marseille-Aranc qui lui en délivrait récépissé sous le numéro 392.128 en gare de Bercy, à son correspondant Juillet, camionneur à Paris, 13 *bis*, rue de Médéah, le mobilier sous la marque S. N. du poids de 1.000 kilos, que le lendemain elle avisait la Vve Mercier du départ du colis ;

Attendu que ce mobilier étant arrivé complètement mouillé le 13 juillet en gare de Bercy, le camionneur Juillet n'en a pris livraison que sous réserves des réclamations à formuler par le destinataire : qu'il a confirmé ces réserves par lettre recommandée du même jour au chef de gare de Bercy-Nicolai, en conformité de l'art. 105 du Code de Commerce ;

Attendu que le 16 du même mois, par lettre recommandée, Juillet informait ce dernier que le dit mobilier avait été livré partie chez un nommé Orval partie chez la Vve Mercier et qu'un constat avait été fait par huissier de son état ; qu'en même temps il lui exprimait le désir qu'un agent de la Cie du PLM se présentât d'urgence chez les sus-nommés « pour la suite à donner à ces dégâts ».

Attendu que le procès-verbal dressé le 14 juillet par Poinsot, huissier au Raincy, établit que le colis placé sur la voiture stationnant devant le domicile de la dite dame à Neuilly-Plaisance, et portant l'adresse : A. Guéguen, 19 et 20, Cours des quais Lorient, n'est pas plombé ; qu'ensuite le même officier ministériel a constaté que tout son contenu était mouillé, taché, moisi et brisé ;

Attendu que par lettre du 11 août contenant réponse à ses deux lettres recommandées susdatées, la Cie PLM a avisé Juillet qu'elle avait envoyé un agent au domicile de chacune des personnes ci-dessus nommées, mais que celui-ci n'avait pu, faute de compétence, évaluer la dépréciation ; qu'en même temps elle lui demandait s'il avait, à cette fin, provoqué l'expertise judiciaire :

Attendu que sur requête à lui présentée par la Vve Mercier, le président du Tribunal de commerce de Pontoise a, le 8 octobre 1920, par application de l'art. 106 du Code de Commerce, nommé Léon expert à l'effet de procéder, en présence de Juillet, à la visite du mobilier litigieux et d'évaluer le dommage par lui subi ; que dans son rapport dressé le 2 novembre suivant en présence de la demanderesse et du représentant de la maison Juillet, le dit expert attribue la détérioration par humidité de ce mobilier, par lui examiné le 22 octobre, à la circonstance que celui-ci a « été mis dans un wagon qui devait être en mauvais état » ; qu'il a évalué à la somme de 5.479 francs le montant de la perte totale :

Attendu que par assignation des 10 et 15 février 1921, la Vve Mercier prétendant que la responsabilité encourue par suite de la détérioration de son mobilier incombe dans les proportions à déterminer par le présent jugement, aux trois défendeurs, demande leur condamnation conjointe et solidaire à lui payer, en outre de la somme attribuée par l'expert, celle de 5.000 fr. de dommages-intérêts en réparation du préjudice qu'elle affirme avoir subi :

Attendu que la Société Nationale de déménagements et Juillet opposent l'incompétence *ratione loci* et concluent subsidiairement au rejet de la demande ; qu'en tous cas si une responsabilité, qu'ils déclarent ne pouvoir assumer, a été encourue, elle doit incomber à la Cie PLM, dont ils demandent la condamnation éventuelle à les garantir des condamnations qui pourraient intervenir contre eux :

Attendu que la Cie PLM excipant de ce que la Vve Mercier n'a pas traité avec elle, puisqu'elle ne figure pas au contrat de transport, ni comme expéditrice ni comme destinataire, soutient que ladite dame est sans qualité pour agir contre elle et conclut au rejet de la demande.

I. — En ce qui concerne la Société Nationale de déménagements.

a) Sur l'exception d'incompétence ;

Attendu qu'elle a déclaré à l'audience ne point insister sur ce moyen et accepté le débat au fond.

b) Au fond :

Attendu que la demanderesse n'a élevé aucune objection au sujet du bon état de l'emballage du mobilier et du plombage, affirmé par la Vve Mercier, du cadre dans lequel il était contenu ; que la demande de la Vve Mercier à son égard est donc bien fondée ;

Mais attendu que cette société défenderesse, également garante, en qualité de premier transporteur de la Cie PLM qu'elle s'est substituée (art. 99 du Code de Commerce) est recevable, si elle établit que la détérioration subie par le mobilier litigieux est survenue au cours du laps de temps pendant lequel celui-ci circulait sur le réseau de la compagnie susnommée, à se faire indemniser de la condamnation dont le principe vient d'être affirmé au bénéfice de la Vve Mercier ;

II. — En ce qui touche Juillet ;

Attendu qu'il appert des faits ci-dessus exposés que ce défendeur, lorsqu'il a pris livraison en gare de Bercy de ce même mobilier, a fait à l'égard de la Cie PLM les réserves les plus expresses au sujet des réclamations à formuler par le destinataire ; qu'une telle vigilance exclut nécessairement toute idée de faute, et qu'il y a lieu, en conséquence, de prononcer sa mise hors de cause ;

III. — En ce qui concerne la Cie PLM :

Attendu que bien que la Vve Mercier ne soit pas dénommée au récépissé, équivalant à la lettre de voiture, délivré par cette compagnie lors de l'expédition du colis, sa qualité indiscutable de mandat ou commettant de la Société Nationale de déménagements lui confère, pour les motifs précédemment déduits, une action directe contre la Cie PLM, avec laquelle son mandataire ou commissionnaire a traité ; que son action est donc recevable contre cette compagnie de chemins de fer ;

Attendu, au fond, que l'acceptation sans protestations ni réserves d'aucune sorte du colis litigieux par la Cie PLM à la date du 29 juin 1920 où elle l'a pris en charge fait présumer l'absence de vice propre antérieurement au départ de la gare de Marseille-Aranc ; que cette présomption, loin d'être combattue en l'espèce par la preuve contraire, autorisée par la loi, est corroborée par l'expertise à laquelle il a été procédé en vertu de l'art. 106 du Code de Commerce, de laquelle il résulte que si les meubles ont été détériorés « par une grande mouille », c'est qu'ils ont été mis dans un wagon qui devait être en mauvais état.

Attendu qu'une telle négligence des préposés de la Cie du PLM constitue un des faits visés à l'art. 99 du Code de Commerce, imputables au commissionnaire intermédiaire, c'est-à-dire à la dite compagnie ainsi constituée en faute qui doit, dès lors, supporter seule les conséquences pécuniaires de la responsabilité mise de droit par le texte dont s'agit à la charge de la Société Nationale de déménagements, premier transporteur ; que le recours en garantie de celle-ci est donc fondé ;

IV. — Sur le préjudice :

Attendu que le mobilier détérioré, dont une partie, la chambre à coucher, avait été fabriquée avec du bois provenant de Tahiti, était destinée à garnir le pavillon situé 16, rue de Marne, à Neuilly-Plaisance, où la demanderesse avait fixé son nouveau domicile depuis le décès de son mari, qu'il se trouvait dans un tel état qu'elle a sollicité et obtenu en référé l'autorisation de le vendre ; qu'elle n'a profité que d'une seule chambre du pavillon dont elle affirme avoir payé la totalité d'une année de location, soit 1.500 fr. ; qu'elle a payé sans aucun profit, et d'avance 750 fr., moitié du prix convenu du déménagement ; qu'elle a donné à l'arrivée à chacun des déménageurs, au nombre de cinq, 25 fr. de pourboire ; que les démarches par elle tentées auprès de la Société de déménagements, sans succès, lui ont occasionné des ennuis et une perte de temps ;

Attendu que le Tribunal, tenant compte d'une part, de l'évaluation proposée par l'expert, d'autre part, de la somme de 1.753 fr. 40, prix net de la vente autorisée en référé et en outre des circonstances ci-dessus rappelées ainsi que du préjudice moral subi par la demanderesse, possède les éléments nécessaires pour chiffrer à la somme globale de 8.000 fr., le montant de la réparation équitable à laquelle elle a droit ;

Par ces motifs :

Condamne la Société Nationale des déménagements à payer à la Vve Mercier la somme de huit mille francs ;

Condamne la Cie PLM à garantir la Société Nationale de déménagements de l'intégralité de la condamnation ainsi prononcée au profit de la Vve Mercier ;

Met Juillet hors de cause ;

Déclare les parties respectivement mal fondées dans le surplus de leurs conclusions, les en déboute ;

Condamne la Cie PLM en tous les dépens.

291. — *13 mars 1922. Cass. Civ. — Bâchage. — Bâches défectueuses. — Irresponsabilité. —* Le bâchage constitue l'une des opérations du chargement. Dès lors, quand l'expéditeur a fait le chargement en vertu d'une obligation résultant du tarif, la compagnie qui, sans y être obligée, a mis gratuitement une bâche à sa disposition, ne peut être déclarée responsable de la défectuosité de cette bâche.

292. — *14 mars 1922. Jugement du Tribunal de Commerce de la Seine (5e ch.). BT, 7/1922. — Wagons de poterie et de verrerie.*

— *Casse importante.* — *Vice propre non établi.* — Responsabilité de la compagnie.

293. — 14 *mars* 1922. *Cour de Cassation (ch. civ.). BT*, 3/1922. — *Foins avariés.* — *Bâchage défectueux.* — *Manutention à la charge de l'expéditeur.* — Non responsabilité de la compagnie.

Attendu que, d'après le tarif spécial PV, n° 1, les marchandises devaient être manutentionnées par le destinataire, et que le chargement et le déchargement devaient être opérés par leurs soins ;

Attendu que le bâchage constitue l'une des opérations du chargement ; qu'aucune disposition du tarif n'obligeait la compagnie à fournir des bâches ;

Attendu que l'avarie, soit en cours de transport, soit sur le quai de la gare, a été la conséquence de la défectuosité du bâchage ; que dès lors, le jugement attaqué a violé les textes susvisés ;

Par ces motifs :

Casse et annule, mais seulement en ce qui concerne la somme de 290 fr. allouée par le jugement comme représentant la valeur des balles de foin (le pourvoi ne critiquant pas le dispositif du jugement relatif à la somme de 9 fr. 55, montant des frais de transport), le jugement rendu entre les parties par le Tribunal de Commerce de Draguignan le 16 juin 1911 et les renvoie devant le Tribunal de Commerce de Toulon.

Observations. — Cette jurisprudence, éminemment critiquable lorsqu'elle concerne, comme dans l'espèce, des marchandises déchargées par la gare, cessera d'être applicable lorsque seront en vigueur les nouvelles dispositions relatives au bâchage. (Lamy.)

Voir dans le *Bulletin des Transports* à Paris, numéro de septembre 1921 un article concernant la nouvelle réglementation française concernant le *bâchage* et le *transport en wagons couverts* (*v. Journal Officiel,* 19 *janvier* 1921).

294. — 9 *mai* 1922. *C. d'Appel Paris. CL*, 2/24/10. — D'après l'art. 6 du tarif PV 129, les compagnies ne doivent pas d'indemnités de *chômage* pendant la durée des réparations... mais la jurisprudence décide que cette disposition est inapplicable aux avaries qui procèdent de la faute du transporteur.

La Cour de Montpellier a décidé en 1922 que lors même qu'une avarie, cause initiale de l'*immobilisation* d'un wagon-réservoir, était imputable à la compagnie des chemins de fer, celle-ci ne saurait être responsable du temps de chômage résultant du retard mis par le locataire du wagon à lui fournir des pièces de rechange que, d'après le tarif appliqué, il aurait dû avoir prêtes à être mises à la disposition du chemin de fer.

295. — 17 *mai 1922. Cour de Cassation (ch. civ.). BT,* 7 /1922.
— *Accident. — Rupture de la chaîne d'une grue régulièrement mise
à la disposition d'un expéditeur. — Vice caché. —* Responsabilité
de la compagnie.

Observations. — La Cour de Cassation a tout simplement fait
application à l'espèce de l'art. 1721, ainsi conçu, du Code civil :
« Il est dû garantie au preneur pour tous les vices ou défauts de
la chose louée qui en empêchent l'usage, quand même le bailleur
ne les aurait pas connus lors du bail. S'il résulte de ces vices ou
défauts quelque perte pour le preneur, le bailleur est tenu de
l'indemniser. » Mais il importe de le remarquer, parce que la Cour
de Cassation a bien soin de le mentionner dans son arrêt, il s'agissait d'une grue mise à disposition, non pas gracieusement, mais
« moyennant la taxe réglementaire ». (Lamy.)

296. — 21 *mai 1922. Tribunal fédéral a condamné les CFF à
payer des avaries survenues à un chargement de farine de bananes
par suite de l'état défectueux du toit du wagon. CI,* 31, *Cn.* 456. —
Le chargement par le client n'exonère pas *ipso facto* le chemin de
fer ; l'art. 31 (1) n'exonère le chemin de fer pour avarie que si
celle-ci est provoquée par chargement défectueux. En l'espèce il
y aurait eu chargement défectueux si l'envoyeur avait chargé la
farine de bananes dans un wagon abîmé ou en mauvais état ; il
n'y a pas preuve de cela. On n'a pas pu dire si la *toiture était défectueuse* déjà à Cette, au départ. Si cela avait été le cas, le chargeur
ne pouvait du reste pas s'en apercevoir. Les CFF ont été condamnés.

297. — 27 *mai 1922. Cour d'Appel d'Amiens. (CL,* 3 /7 /517*),
BT,* 7 /1924. — *Métiers à tisser en fonte chargés sur wagons plats,
non emballés. — Avaries. — C*ie *du Nord actionnée et condamnée. —
Machines laissées en gare et pour compte. —* Non seulement la
compagnie a été condamnée à payer les machines plus 10.000 fr.
d'indemnité, mais n'a pas obtenu le paiement de plus de 100.000 fr.
de frais de magasinage qu'elle prétendait réclamer.

298. — 3 *juin 1922. Trib. Comm. Nantes. BT,* 2/1924. — *Potiche
de prix brisée. — Expertise attribuant cette avarie à un emballage
défectueux. — Admission de l'ayant droit à faire la preuve contraire.*

Observations. — Décision juste et bien motivée. On sait en
effet que :

Le juge n'est nullement astreint à suivre l'avis des experts,
même judiciairement nommés ; cet avis lui fournit seulement des
éléments d'appréciation qu'il doit contrôler et rapprocher des
autres circonstances de la cause pour former sa conviction, il
s'ensuit que si l'intéressé offre de prouver des faits « pertinents
et admissibles » susceptibles de mettre à néant les conclusions de

l'expertise, on ne saurait lui refuser l'autorisation de tenter cette preuve. (Lamy.)

299. — 1er *août 1922. Cassation. Chemin de fer. — Transport de marchandises. — Balles de coton. — Bâche obligatoire. — Voyage à découvert. — Incendie. — Perte. — Irresponsabilité. —* L'expéditeur d'une marchandise à laquelle le feu peut être facilement communiqué, telle que du coton en balles, ne peut la faire voyager dans des wagons à découvert qu'à la condition d'en effectuer le bâchage ; et cette obligation qui résulte d'un tarif homologué, lequel s'impose à toutes les parties intéressées et est d'ordre public, ne disparaît pas, même au cas où la compagnie de chemin de fer qui a reçu la marchandise pour la transporter en a dispensé l'expéditeur.

300. — *8 novembre 1922. Arrêt de la Cour de Cassation (ch. civ). BT, 1/1923. — Chemins de fer de l'Etat contre dame Grente. — Avaries à des fûts de cidre. — Conclusions d'une expertise. — Décision contraire insuffisamment justifiée. — Soins de route compatibles avec les nécessités du service.*

La Cour,

Sur le moyen unique :

Vu l'art. 103 du Code de Commerce ;

Attendu qu'en faisant la preuve de la force majeure, du vice propre de la chose ou de la faute de l'expéditeur, le voiturier se libère de la responsabilité des avaries survenues aux objets qu'il transporte ;

Attendu que la dame Grente a expédié, le 24 juin 1914, en petite vitesse, de Beuzeville à Paris, réseau des chemins de fer de l'Etat, 6 fûts de cidre ;

Qu'à l'arrivée, le destinataire ayant refusé 2 des fûts, il a été procédé à une expertise, conformément à l'art. 106 du Code de Commerce ;

Que l'expert a conclu, en l'état des constatations de fait qu'il énumère, que l'avarie reconnue avait pour cause le vice propre de la chose transportée ;

Attendu que l'administration des chemins de fer de l'Etat, assignée devant le Tribunal de Commerce de Pont-Audemer, en paiement de la valeur des 2 fûts, de l'excédent des frais de port et autres et de la somme de 50 fr. à titre de dommages-intérêts, a invoqué, dans ses conclusions, le rapport de l'expert et décliné toute responsabilité ;

Attendu que le jugement attaqué l'a néanmoins déclarée responsable de l'avarie, par ces motifs que, faute de réserves au départ, il est à présumer que les fûts étaient alors en bon état ; qu'on ne saurait admettre que, sur 6 fûts expédiés, 2 seulement ne présentaient pas les conditions de solidité des 4 autres ; qu'il n'apparaît pas que l'expert se soit préoccupé des trous d'évent, et qu'il n'est pas douteux que l'administration des chemins de fer de, l'Etat n'a pas pris, pour éviter la fermentation du cidre, les précautions qu'il convenait de prendre ;

Mais attendu, d'une part, que la réception des marchandises sans réserves, par le voiturier, ne lui enlève pas le droit de se prévaloir du vice propre de la chose ; que, si les juges ne sont pas tenus de suivre l'avis de l'expert, ils doivent établir, autrement que sous une forme vague et hypothétique, que le transporteur n'a pas fait la preuve du vice propre articulé par lui dans ses conclusions ;

Que, d'autre part, si les compagnies et administrations de chemins de fer sont tenues de veiller à la conservation des marchandises qu'elles transportent, leur obligation ne s'étend qu'aux soins généraux et ordinaires compatibles avec les nécessités du service, et que le jugement ne recherche ni ne fait connaître quels seraient les soins compatibles avec ces nécessités, dont l'omission aurait constitué en faute l'administration des chemins de fer de l'Etat ;

D'où il suit qu'en statuant comme il l'a fait, le jugement attaqué n'a pas légalement justifié sa décision et a ainsi violé le texte susvisé ;

Par ces motifs :

Casse et annule le jugement rendu, le 3 septembre 1915, par le Tribunal de Commerce de Pont-Audemer ; renvoie devant le Tribunal de Commerce d'Evreux.

Observations. — Il ne faut pas attribuer à l'arrêt ci-dessus une portée qu'il ne saurait avoir, mais il importe que les magistrats appelés à statuer sur des cas analogues ne perdent pas de vue les enseignements qu'il comporte.

La Cour Suprême rappelle, comme elle le fait d'ailleurs dans un autre arrêt de même date qui est publié plus haut, que *les juges ne sont pas tenus de suivre l'avis de l'expert ;* mais, s'agissant d'avaries à l'objet transporté, elle ajoute qu'ils doivent « établir, autrement que sous une forme vague et hypothétique, que le transporteur n'a pas fait la preuve du vice propre articulé par lui dans ses conclusions » ; d'autre part, lorsque ce transporteur est une administration de chemin de fer, son obligation de veiller à la conservation de la chose « ne s'étend qu'aux soins généraux et ordinaires compatibles avec les nécessités du service » ; dès lors, si les juges lui reprochent de n'avoir pas pris « les précautions qu'il convenait de prendre », ils doivent rechercher et faire connaître (afin que la Cour de Cassation puisse exercer son contrôle) quels sont les soins « compatibles avec les nécessités du service » dont l'omission aurait constitué en faute l'administration en cause.

Le jugement attaqué, tout en étant peut-être juste en son

dispositif, a été cassé uniquement pour insuffisance de motifs : le Tribunal de renvoi pourra donc statuer dans le même sens, mais il devra apporter à la rédaction de son jugement un soin tout particulier, afin de fournir à la Cour de Cassation les précisions qu'elle réclame.

300 a. — 28 *juillet* 1922. *Arrêt de la Cour d'Appel de Paris (5e ch.). BT, 1/1923. — Perret contre Cte d'Orléans. — Retard et avaries consécutives. — Refus du destinataire ; réexpédition. — Responsabilité de la compagnie pour les conséquences du retard. — Décompte de celui-ci.*

La Cour,

Statuant sur l'appel interjeté par Perret du jugement rendu par le Tribunal de Commerce de la Seine le 7 avril 1921 ;

Considérant qu'il résulte des expertises auxquelles il a été procédé que Perret a subi un dommage par la faute de la Cte d'Orléans ;

Que celle-ci le reconnaît par le fait qu'elle conclut à la confirmation du jugement ;

Considérant que des manquants ont été constatés dans les fûts de vin qui ont coulé, soit à raison de chocs violents, soit par l'action de la chaleur ;

Considérant que la compagnie doit être déclarée responsable de ces faits, et que l'action de la chaleur a été due au retard, non contesté d'ailleurs, apporté par la compagnie dans la mise à la disposition des fûts au destinataire ;

Considérant qu'il est établi par les documents versés aux débats que la Cte d'Orléans a été à cet égard saisie de réclamations dans le courant du mois de mai 1919, c'est-à-dire à une époque qui se place entre l'expiration des délais de transport et l'arrivée des marchandises en gare de Marines ;

Considérant que ces réclamations, alors que les marchandises ne pouvaient pas être livrées par la faute du transporteur, ont suffi à faire courir le retard contre celui-ci, sans qu'il ait été besoin que le destinataire se présentât à la gare pour prendre livraison, alors que celle-ci était impossible ; que, dès lors, il y a lieu de tenir compte du préjudice souffert par Perret à raison de ce retard ;

Considérant, néanmoins, que lors de leur arrivée à Marines, les marchandises étaient utilisables ; qu'elles ne pouvaient pas être considérées comme perdues et que Perret a eu le tort de les faire réexpédier à Chenonceaux ; qu'il convient, en conséquence, de limiter la responsabilité de la compagnie, qui ne doit pas supporter le dommage résultant de ladite réexpédition ;

Que, dans ces conditions, la Cour a les éléments nécessaires pour fixer le montant des réparations ;

Par ces motifs :

Et tous autres, non contraires, des premiers juges,

Confirme le jugement ; ordonne la restitution de l'amende ;

Condamne la C^le d'Orléans à payer à Perret, toutes causes confondues, la somme de 1.300 fr., à titre de supplément de dommages-intérêts ;

La condamne, en outre, à tous les dépens d'appel.

Observations. L'arrêt est intéressant en ce qu'il pose avec netteté un principe au sujet duquel il se produit, dans la pratique, de fréquentes erreurs. On sait, en effet, que, d'après une jurisprudence formellement établie, la lettre d'avis n'étant pas obligatoire, il incombe au destinataire « de venir réclamer les colis qui lui sont adressés en gare » (Cass. civ., 31 juillet 1912 ; *Bulletin des Transports*, 1912, p. 64, col. 2) et, par suite, « celui qui prétend qu'une marchandise livrable en gare ne lui a pas été remise dans les délais réglementaires doit établir qu'à l'expiration de ces délais le colis ne lui a pas été livré sur sa réquisition » (Cass. civ., 17 décembre 1912 ; *Bulletin des Transports*, 1913, p. 25, col. 1). Contrairement à une opinion assez généralement répandue et justifiée d'ailleurs par la manière dont sont libellés les arrêts précités, le destinataire n'est nullement obligé de « venir », c'est-à-dire de se présenter *dans la gare même*, pour réclamer la livraison. Il suffit, pour qu'il y ait retard, que soient établies, d'une part, sa demande de livraison, d'autre part, l'impossibilité où s'est trouvée la gare d'y satisfaire ; c'est ce que dit fort bien la Cour d'Appel de Paris. (Lamy.)

N. B. — Bien que la lettre d'avis doive à bref délai devenir obligatoire, en principe, au moins, sur les grands réseaux, cette jurisprudence continuera d'être applicable lorsque le destinataire aura usé de la faculté qui lui sera laissée de dispenser sa gare de lui adresser la dite lettre d'avis.

300 *b*. — 31 *mai 1922. Arrêt de la Cour d'Appel de Montpellier (2e ch.). BT, 1/1923. — C^le du Midi contre Chabaud frères. — Avarie de tourteaux de coprah. — Irresponsabilité de la compagnie basée sur le fait que l'expéditeur ne pouvait prouver la régularité de ses demandes de wagons. — Responsabilité dudit expéditeur.*

La Cour,

Attendu que la C^le du Midi a régulièrement relevé appel d'un jugement du Tribunal de Commerce de Carcassonne, en date du 26 mars 1920, qui l'a condamnée à payer aux sieurs Chabaud frères, pour avaries survenues à des tourteaux qui leur étaient expédiés, la somme de 10.000 fr. ;

Attendu que, de leur côté les sieurs Chabaud frères ont formé un appel incident, dans lequel ils demandent que les dommages à eux alloués soient portés à la somme de 12.680 fr. et ont en outre formé un appel éventuel contre Taron frères, expéditeurs de la marchandise, dans le cas où leur action contre la compagnie serait rejetée ;

Sur l'appel principal :

Attendu que la compagnie soutient que sa responsabilité ne saurait être engagée, à l'occasion de l'avarie qui a été constatée, l'expéditeur de la marchandise ne s'étant pas conformé aux conditions prescrites par l'art. 28 de l'arrêté ministériel du 27 octobre 1900 (l'art. 6 des conditions générales d'application des tarifs spéciaux PV) ;

Attendu qu'aux termes de cet article, les expéditeurs sont tenus d'indiquer, en même temps que le nombre des wagons qu'ils réclament, la nature et le poids approximatif des objets dont ils doivent effectuer le chargement ;

Attendu que Taron frères ne prouvent pas qu'ils aient fait une demande conforme à ces prescriptions ; qu'ils n'établissent pas qu'ils aient fait cette demande par écrit, ce qu'ils pourraient démontrer en produisant leur copie de lettres, ni verbalement, ce qu'ils pourraient demander à établir par témoins ;

Attendu qu'ils se bornent à invoquer les termes de la feuille de chargement, qui porte en effet que le colis transporté est un lot de tourteaux coprah, mais que la mention indiquée sur ce document ne prouve nullement que l'expéditeur ait demandé à la compagnie les wagons nécessaires et indiqué à l'avance la nature et le poids de la marchandise qu'il voulait faire transporter ;

Attendu que les tarifs de chemins de fer doivent être appliqués à la lettre ; que les prescriptions qu'ils édictent sont de droit étroit et qu'on ne saurait suppléer par des raisonnements aux mentions qu'ils exigent ;

Attendu que la demande de Taron frères ayant été irrégulière, l'avarie constatée par l'expert ne peut servir de point de départ à une demande de dommages-intérêts et que, par suite, il n'y a pas lieu de rechercher si le wagon fourni par la compagnie était en bon état, au moment du départ, et convenait à la marchandise transportée ou si, au contraire, il a été détérioré en cours de route ; que la compagnie ne saurait encourir aucune responsabilité et qu'il échet en conséquence de la décharger des condamnations qui avaient été prononcées contre elle ;

Sur l'appel incident :

Attendu que les premiers juges ont fait une exacte appréciation du préjudice subi et qu'il y a lieu de confirmer leur décision sur ce point ;

Sur l'appel éventuel :

Attendu que c'est par la faute de Taron frères que Chabaud

frères sont privés de tout recours contre le transporteur ; que c'est à raison de l'irrégularité de la demande qu'ils devaient adresser à la compagnie que le destinataire ne peut se faire indemniser par cette dernière de la perte qu'il a subie ; qu'il convient, par suite, disant droit à l'appel éventuel, de condamner l'expéditeur à réparer le préjudice qui a été inféré à Chabaud frères ;

Par ces motifs :

La Cour,

Le ministère public entendu ;
Après en avoir délibéré en secret,
Réformant le jugement dont est appel, décharge la C^{le} du Midi des condamnations qui avaient été prononcées contre elle ;
Condamne Taron frères à payer à Chabaud frères la somme de 10.000 fr. à titre de dommages-intérêts ;
Fait main-levée de l'amende ;
Condamne Taron frères à tous les dépens.

Observations. — On demeure confondu à la lecture d'un arrêt aussi manifestement contraire non seulement aux principes du droit mais même au simple bon sens.

Il est de jurisprudence constante qu'une demande irrégulière de matériel peut être considérée comme nulle ; la gare qui la reçoit n'est dès lors pas tenue de se conformer aux prescriptions de l'art. 6 *(b)* des conditions générales d'application des tarifs spéciaux PV ; c'est-à-dire qu'elle n'est obligée :
— ni d'enregistrer la demande sur le registre *ad hoc ;*
— ni d'y répondre le premier jour ouvrable qui suit la réception ;
— ni enfin de fournir, dans un certain délai, le ou les wagons demandés.

Mais si, malgré l'irrégularité de la demande, le wagon a été mis à la disposition de l'intéressé, chargé par celui-ci, et l'expédition acceptée par la gare, le contrat de transport se forme dans les conditions ordinaires et la compagnie est responsable de son exécution, conformément aux règles du droit commun. C'est l'évidence même, que la forme suivant laquelle la demande a pu être présentée est désormais sans influence sur la façon dont le transport doit être exécuté.

En l'espèce, la compagnie en cause ne pouvait échapper à la responsabilité de l'avarie survenue aux tourteaux qu'elle avait pris en charge, mis en route et conduits à la gare de destination, qu'en prouvant que cette avarie avait été due à la force majeure, au vice propre de la chose ou à la faute de l'expéditeur. Cette preuve n'ayant pas été rapportée par elle, sa condamnation s'imposait.

300 bis. — 13 *décembre* 1921. *Jugement du Tribunal de Commerce de Vienne ; réformé par jugement du Tribunal supérieur de*

Vienne du 13 mai 1922, lequel a été confirmé par arrêt de la Cour Su-
prême du 19 septembre 1922. Comp. CI, art, 34 et 37, Règlement
d'exploitation autrichien, § 88. BTI, 1924/janvier. — Mode d'éva-
luation de la dépréciation causée par l'avarie en cours de transport
de marchandises. — Les « autres frais » dont il est question à l'art. 34,
CI, ne comprennent pas les frais de réparation. — Les demandes
d'indemnité basées sur l'art. 34, CI, doivent être exprimées dans la
monnaie légale du pays de la gare destinataire. — Deux voitures
de déménagement, contenant des meubles, ont été expédiées de
Vienne à Zurich et le procès-verbal dressé à l'arrivée a constaté
des avaries causées par l'humidité et par des déchirures. Les frais
de réparation se font élevé à 1.012 fr.

Le demandeur a conclu à ce que les défenseurs soient condamnés
à lui payer 1.012 fr., étant entendu que cette somme pourra être
versée en couronnes au cours du jour du paiement. Il allègue que
les deux véhicules sont partis en parfait état et que les meubles
ont été convenablement emballés et chargés. Le prix des réparations
faites à Zurich, qui représente les « autres frais » mentionnés par
l'art. 34, CI, n'est pas exagéré.

Le chemin de fer défendeur a conclu au rejet de la demande.
Il invoque les art. 9 (3) et 31 (1, 2), CI, en alléguant que la toiture
de l'un des véhicules était en mauvais état au moment du chargement, lequel a été effectué par l'expéditeur, et que l'emballage
des meubles était insuffisant. Il fait valoir en outre que seule la
dépréciation causée à la marchandise peut être mise à la charge
du transporteur, à l'exclusion des frais de réparation, opération
qui a eu au contraire pour objet d'augmenter la valeur des meubles.

Motifs du jugement de Ire instance. — Le Tribunal a admis
sur la base des témoignages et de l'expertise que la déménageuse
a été remise au transport avec sa toiture intacte et que l'arrimage
des meubles avec des morceaux de jute et des coussinets constitue
un emballage convenable qui, au cours d'un transport normal,
protège suffisamment contre les déchirures et autres avaries analogues. Il a, en conséquence, écarté les arguments tirés par le
défendeur des défauts non apparents de l'emballage et du chargement sur un wagon découvert. Le demandeur doit donc être
indemnisé ; cependant, le tribunal a estimé que l'indemnité ne
saurait être, à teneur de l'art. 37, CI, que le remboursement de
la dépréciation subie par la marchandise. Il se rallie ainsi à la thèse
généralement admise (selon Pisko) d'après laquelle l'indemnité se
détermine en déduisant de la valeur de la marchandise intacte au
moment de l'expédition la valeur qu'elle a encore au lieu et au
moment de la livraison. Ces considérations sont basées sur l'interprétation littérale des textes, ainsi que sur l'analogie avec la responsabilité à raison de la perte totale ou partielle. On trouve, en
outre, un autre motif en faveur de cette thèse dans le fait que

généralement le montant des frais de réparation n'est pas en rapport
avec la dépréciation. Il se conçoit aisément en effet que la réparation
puisse avoir pour effet d'augmenter la valeur de la marchandise
ou bien aussi qu'elle constitue une opération tout à fait dis-
pendieuse. Fondé sur ce qui précède, le Tribunal n'a pas posé à
l'expert la question de savoir si les frais réclamés pour la réparation
étaient équitables, mais il s'en est tenu à la dépréciation, en fixant
celle-ci à 22.900 couronnes. Il a admis que les « autres frais » que
la Convention internationale place à côté des frais de transport
et de douane ne doivent s'entendre que des dépenses que l'avarie
a rendues inutiles, à l'exclusion des dépenses que cet événement
a causées au lésé.

Le Tribunal a admis l'évaluation du dommage exprimée par
l'expert en couronnes autrichiennes, bien que le demandeur ait
réclamé tout d'abord des francs suisses. Il a alloué au demandeur
22,900 couronnes, plus les intérêts, en considérant que la demande
tendait au paiement d'une somme d'argent à titre de dommages-
intérêts, qui, à teneur du § 405 CPC, peut être accordée dans la
monnaie légale du débiteur.

Motifs du jugement de seconde instance. — Le recourant estime
avoir droit au remboursement des « autres frais » conformément à
l'art. 34, CI, et il prétend qu'il faut entendre par là les dépenses
que le destinataire a dû faire à Zurich pour remettre la marchandise
dans un état où elle était au moment de l'acceptation au transport. Cette manière de voir n'est pas fondée. Au sens de l'art. 34,
CI, les « autres frais » mentionnés simultanément avec les frais de
transport et de douane sont exclusivement ceux que l'expéditeur
a dû rembourser afin que le transport puisse être exécuté, ainsi
par exemple les *frais de réclamation*, ceux d'autorisation, d'exportation, y compris les taxes supplémentaires, etc., en revanche ces
frais ne comportent pas les primes de l'assurance du transport.
C'est à bon droit que l'instance inférieure a appliqué à la présente
espèce l'art 37, CI, aux termes duquel, en cas d'avarie le chemin
de fer aura à payer le montant intégral de la dépréciation subie
par la marchandise. Le Tribunal d'appel fait aussi sienne la considération de l'instance inférieure, d'après laquelle cette dépréciation
s'évalue en déduisant de la valeur de la marchandise intacte la
valeur qu'elle possède encore après l'avarie, au lieu et au moment
de la livraison. Il ne saurait donc être question du remboursement
des frais de réparation.

En revanche, l'on ne saurait sanctionner le jugement dont est
recours lorsqu'il n'accorde au demandeur qu'une somme de
22.900 couronnes en se basant sur le dommage fixé par l'expert.
Il s'agit d'une expédition de Vienne à Zurich. C'est donc à Zurich
que le contrat de transport devait être accompli. D'après la juris-

prudence constante de la Cour Suprême, la question de savoir dans quelle monnaie le chemin de fer doit payer l'indemnité ne s'apprécie pas d'après la loi du lieu d'expédition, mais d'après celle du lieu où le contrat est accompli. Le domicile du créancier est ici sans importance. Ce n'est, notamment, pas l'art. 34, CI, qui tranche cette question, mais ce sont les art. 325 et 326 du Code de Commerce. Zurich étant le lieu où le contrat de transport devait s'accomplir, le défendeur est tenu de payer son indemnité en francs suisses, sous réserve du droit que lui accorde l'art. 336, al. 2, du Code de Commerce, de payer en monnaie autrichienne au cours du jour du paiement.

Il s'ensuit que la dépréciation, évaluée par l'instance inférieure à 22.900 couronnes, doit être convertie en francs suisses au cours du jour de l'expédition. C'est ce montant là qui devait être alloué au demandeur, tout en réservant au défendeur le droit de payer ces francs suisses en monnaie autrichienne au cours du jour du paiement effectif, puisque ni le contrat ni la loi ne l'obligent à s'exécuter en monnaie suisse. Au cours de la procédure de recours les parties se sont mises d'accord sur le fait que le 28 décembre 1919, jour de l'expédition, le cours du franc suisse était de 29,77 couronnes et que 22.900 couronnes représentaient alors 769 francs suisses. C'est cette somme que le défendeur devait être condamné à payer, sous réserve du droit d'effectuer ce paiement en monnaie autrichienne au cours du jour du paiement effectif. Le recours est donc fondé sur ce point et doit être partiellement admis.

La troisième instance. — a confirmé en tous points le jugement de seconde instance, en rappelant que la Cour Suprême avait exprimé dans son répertoire et déjà jugé à mainte reprise que « les demandes d'indemnité fondées sur l'art. 34, CI, et le § 88 du Règlement d'exploitation s'expriment dans la monnaie légale du pays de la gare destinataire. Si elles sont formulées en une autre monnaie, la somme indiquée doit être convertie dans ladite monnaie légale du pays de la gare destinataire au cours en vigueur au moment de l'expédition ». *(Allgemeiner Tarif-Anzeiger*, 1923, n° 10, p. 261 et suiv.)

301. — 19 *octobre 1922. C. d'Appel Paris. BT.* 2/1923. — *Cie du Midi contre Chapuis frères. — Balles de peaux avariées par une mouillure prétendue antérieure. — Preuve non faite. — Responsabilité.*

La Cour,

Considérant qu'au moment de leur livraison, des balles de peaux expédiées à Chapuis étaient avariées par suite de mouillure, qu'il appartient donc à la Cie du Midi, transporteur, de démontrer que cette avarie était antérieure à sa prise en charge et que, par suite, elle ne doit pas être déclarée responsable ;

Considérant que cette compagnie n'a fait aucune réserve en recevant les marchandises ;

Considérant qu'il résulte du rapprochement des dates d'expédition et de livraison, et des constatations de l'expert, que l'avarie s'est produite en cours de transport sur un certain nombre de balles déterminées ;

Qu'en tout cas, la C^le du Midi n'établit ni à l'aide du rapport d'expert, ni au moyen des autres documents versés aux débats, que la mouillure remonte à une date antérieure à l'expédition ;

Qu'en conséquence, elle n'administre pas la preuve qui lui incombe, et que son appel n'est pas justifié ; par ces motifs et tous autres, non contraires, des premiers juges ; confirme le jugement, condamne la C^le du Midi à l'amende et en tous les dépens d'appel.

Observations. — Cette excellente décision rappellera à la C^le du Midi, qu'ayant accepté une marchandise sans réserves, elle est présumée l'avoir reçue en bon état (Cass. ch. civ., 30 novembre 1910 ; Bulletin des Transports, 1911, p. 26) et ne peut dès lors se libérer, si elle prétend que l'avarie existait avant sa prise en charge, qu'en faisant formellement la preuve de ce fait. (Lamy.)

301 *bis.* — 19 *décembre* 1922. *Jugement du Tribunal de Commerce d'Auxerre. BT*, 1925/12. — *Guilliet fils et C^le contre C^le PLM.*

Le Tribunal,

Après en avoir délibéré conformément à la loi,

Attendu que, conformément aux usages du commerce, la maison Guilliet fils et C^le expédie sur les réseaux des chemins de fer français ses produits métallurgiques, d'un certain volume, *en fonte,* sans les mettre sous cadre, ni les emballer ;

Que de plus, la C^le PLM a accepté de transporter les deux raboteuses litigieuses sans emballage et ne fit aucune réserve ni observation pour se charger de leur transport d'Auxerre à Aulnay-sous-Bois, en petite et en grande vitesse ;

Qu'aujourd'hui elle ne saurait dégager sa responsabilité pour défaut d'emballage ;

Que, du reste, l'argumentation de la compagnie, basée sur les conclusions de l'expert M. Martin Wagner, déposées régulièrement au greffe du Tribunal de Commerce de Pontoise, en date du 23 juillet dernier, au sujet du manque d'emballage, ne saurait être sérieusement retenue ;

Attendu que l'expert, par appréciations purement fantaisistes, se cantonnant dans le domaine de l'hypothèse, prétend que les raboteuses voyageaient à plus de 15 km. à l'heure et devaient être emballées selon du reste la manière qu'il indique ; que cette argumentation subtile d'un expert bon conseiller ne saurait être sérieusement retenue : les compagnies des chemins de fer ont fait suffisamment apprécier aux voyageurs et laissé assez de traces aux objets transportés par les chocs, les heurts de wagons dans les trains aux vitesses minima d'après guerre, pour que l'argument de M. l'expert ne puisse être retenu ;

Attendu, d'autre part, qu'il est à la connaissance du Tribunal que les machines expédiées par la maison Guilliet fils et Cie, et notamment les deux raboteuses, ont été munies de deux traverses en bois fixées au socle des bâtis à l'aide de boulons, lesdites traverses fixées au plancher du wagon à l'aide de solides pointes ;

Que, du reste, même si ces précautions n'avaient pas été prises, la compagnie n'en saurait faire grief à MM. Guilliet fils et Cie puisque les raboteuses ne présentaient pas de traces de frottements et chocs prouvant qu'elles étaient tombées ou qu'elles avaient roulé sur le wagon ;

Qu'il y a donc lieu de débouter la compagnie défenderesse de son chef de demande sur le défaut d'emballage ;

Attendu, d'autre part, que la compagnie prétend que les félures des bâtis étaient produites avant la mise sur wagon et proviennent du vice propre de la chose ; que l'art. 103 du Code de Commerce prévoit, dans ce cas, la non responsabilité du voiturier ;

Attendu que par le rapport de son expert, M. Wagner, la compagnie prétend prouver le vice de construction et la félure des bâtis avant le transport, sous prétexte que sur les bords de lèvres mêmes les félures présentaient des traces de la peinture vert foncé recouvrant les raboteuses elles-mêmes et posée en même temps qu'elles sur les machines ;

Attendu que, comme l'a fait remarquer l'ingénieur M. Buet, représentant MM. Guilliet fils et Cie à l'expertise, la peinture neuve enduisant les raboteuses n'a pas manqué, sous l'effet de la chaleur dans deux wagons en petite et grande vitesse, fin mai et commencement de juin, de suinter légèrement et imprégner les cassures ; que si les lèvres des félures des bâtis avaient été badigeonnées avant le départ, elles auraient été en partie comblées par la peinture épaisse, et l'expert n'aurait pas eu besoin de loupe pour en trouver les traces ;

Que la compagnie ne prouve nullement que la fonte étant de fabrication défectueuse et de construction n'offrant pas une résistance normale, avait un vice propre ;

Qu'il y a lieu de la débouter du chef de cette demande ;

Attendu, d'autre part, qu'il est à la connaissance du Tribunal que les deux raboteuses ont été manipulées par les agents de la Cie PLM, transbordées notamment à la gare de Villeneuve-triage ; que si des parties de raboteuses plus fragiles que les bâtis sont arrivées à bon port, elles ne sauraient nullement prouver que la compagnie n'a pas été fautive ;

Attendu que ces pièces plus légères peuvent avoir été manipulées par les agents de la compagnie défenderesse avec plus de facilité et de précaution ;

Qu'il y a donc lieu de considérer que les arguments de la compagnie, basés sur l'hypothétique expertise de M. Wagner, sont mal fondés et de les réfuter ; ce faisant, considérer que les félures des bâtis proviennent de heurts violents et de manipulations brutales en cours de route ;

Que la compagnie défenderesse, en ayant accepté le transport sans réserve, doit être rendue responsable et payer à MM. Guilliet fils et Cie une indemnité que le Tribunal, avec les éléments en sa possession, établit ainsi :

Indemnité des avaries pour fourniture des deux bâtis	462 fr.
Usinage, démontage, remontage pour deux machines	282 fr.
Frais généraux	564 fr.
Transport petite vitesse d'Auxerre à Aulnay-s.-Bois	50 fr.
Transport grande vitesse d'Auxerre au même lieu :	90 fr. 50
Fourniture de chevrons et de boulons	28 fr.
Total	1.476 fr. 50
A déduire : Valeur de la fonte brute	44 fr.
Net	1.432 fr. 50

Par ces motifs :

Dit que la Cie PLM est responsable des avaries survenues aux deux raboteuses litigieuses ;

Dit qu'elle devra faire son affaire personnelle des réclamations de M. Leclerc, fabricant de meubles à Aulnay-sous-Bois, acquéreur des machines, vis-à-vis de MM. Guilliet et Cie ;

Condamne la Cie PLM à payer à MM. Guilliet fils et Cie, demandeurs, la somme principale de 1.432 fr. 50 pour les causes susénoncées et préjudice causé, les intérêts de droit du 25 septembre dernier, jour de la demande en justice ;

Déboute Guilliet fils et Cie de leur demande en deux mille francs à titre de dommages-intérêts, comme mal fondée, ne justifiant pas de préjudice commercial évaluable;

Condamne la Cie PLM, défenderesse, en tous les dépens de l'instance.

On retrouve agréablement, dans ce jugement, l'expert Wagner, dont nous avons eu à parler ; ce ne sont pas les mêmes juges, mais ils font des constatations analogues ; à Noyon s'agissant d'un wagon de tuiles, l'expert Wagner avait préconisé un mode d'emballage dont le Tribunal de Compiègne dit : « Le mode d'emballage préconisé par l'expert constitue une véritable curiosité et n'a jamais été pratiqué par des techniciens... » A Aulnay-sous-Bois, s'agissant de raboteuses métalliques, le même expert préconise un mode d'emballage... qui n'est pas celui qu'avait employé l'expéditeur, mais au sujet duquel le Tribunal d'Auxerre s'exprime ainsi :

L'argumentation de la compagnie basée sur les conclusions de l'expert M. Wagner, au sujet du manque d'emballage, ne saurait être sérieusement retenue...

L'expert, par appréciations purement fantaisistes... prétend que les raboteuses... devaient être emballées selon du reste la manière qu'il indique... Cette argumentation d'un expert bon conseilleur ne saurait être retenue...

Puis, l'expert Wagner revient à la charge et cherche *à la loupe*, dans les fêlures des bâtis, des traces de peinture dont la faible importance démontre précisément le contraire de ce que ledit expert prétendait établir.

Nous profiterons donc de l'occasion pour engager nos adhérents, et plus particulièrement ceux d'entre eux qui peuvent avoir à statuer sur des litiges en matière d'avaries, à relire notre article « Expertises et experts », paru dans le *Bulletin des Transports* du 1er septembre dernier.

302. — *2 décembre 1922. Jugement du Tribunal de Commerce de la Seine (10e ch.). BT, 9/1925. — Colcombet frères contre Cie PLM. — Vins fins avariés. — Expertise ; prétendue obligation de les mettre sous double fût. — Responsabilité de la compagnie.*

Le Tribunal,

Après en avoir délibéré conformément à la loi,

Attendu qu'il est acquis aux débats que Colcombet frères ont expédié en petite vitesse, sous le n° 3.069, le 9 juin 1920, de Fontaines à Nice, 27 fûts de vin, pesant 6.273 kilos ; qu'à l'arrivée des avaries furent constatées et évaluées par expertise judiciaire à 9.046 fr. ;

Attendu que la compagnie défenderesse entendrait soutenir la demande non recevable pour défaut de qualité des demandeurs ;

Mais attendu, d'une part, que Colcombet frères sont les expéditeurs de la marchandise dont s'agit ; que, d'autre part, les destinataires de ladite marchandise ne sont que les mandataires des demandeurs, lesquels peuvent, dès lors, agir comme étant aux droits du destinataire ;

Que la demande est donc recevable ; qu'il échet d'examiner si elle est fondée ;

Attendu que, subsidiairement et ne méconnaissant pas le principe de sa responsabilité en l'espèce, la Cie PLM fait offre à la barre de la somme de 4.525 fr., plus 1 fr. ; qu'il ne reste pour ce tribunal qu'à examiner si les offres sont suffisantes ;

Attendu que la C^{le} défenderesse se base pour faire ces offres sur les conclusions de l'expertise judiciaire, ainsi formulées : « la cause de l'avarie est due au mauvais arrimage et chocs en cours de route, et à l'absence de précaution de l'expéditeur, qui aurait dû mettre sous doubles fûts, ou sous toile garnie de paille, les vins de prix dont s'agit » ;

Mais attendu qu'il résulte des débats et des documents soumis que la précaution indiquée par l'expert judiciaire n'est nullement obligatoire ; qu'aucun tarif homologué ne la met à la charge de l'expéditeur et qu'en conséquence le fait de ne pas l'avoir exécutée ne peut, en aucune façon, exonérer le voiturier de sa responsabilité ;

Attendu même qu'il est établi que cet emballage spécial n'est pas en usage dans les régions de production de vins fins, à moins de conventions stipulées par l'acheteur ou destinataire, ce qui n'est pas justifié en l'occurence ;

Et attendu au surplus qu'il n'est pas prouvé que, cette précaution eût-elle été prise, le mauvais arrimage des fûts et les chocs en cours de route, constatés par l'expert commis, n'eurent pas causé également des avaries ; que, dès lors, la responsabilité de la compagnie reste entière et qu'il y a lieu de l'obliger à la réparation du préjudice causé ;

Attendu que ce préjudice découle pour Colcombet frères tant de la perte de valeur des vins transportés, perte fixée par l'expert, que du préjudice commercial éprouvé ; qu'il convient d'en fixer l'importance à 9.500 fr., toutes causes confondues, en obligeant la C^{le} PLM à payer à Colcombet frères la somme de 9.500 fr., à titre de dommages-intérêts en accueillant la demande à due concurrence ;

Par ces motifs ;

Le Tribunal jugeant en premier ressort, déclare insuffisantes les offres de la C^{le} PLM ;

La condamne, par les voies de droit, à payer à Colcombet frères la somme de 9.500 fr. à titre de dommages-intérêts ;

Et condamne la C^{le} PLM aux dépens.

302 bis. — 1er *décembre 1922. Trib. de Nancy. — Avaries en cours de transport.* — Aucune disposition légale n'autorise les cours et tribunaux à condamner une partie, en réparation d'un dommage causé par elle, à exécuter un acte qui ne lui est imposé ni par une convention, ni par la loi, alors qu'elle se refuse de l'accomplir.

Il en est notamment ainsi quand une machine expédiée a été avariée en cours de transport ; l'obligation du transporteur est alors uniquement une obligation de transporter, et, le cas échéant, une obligation de réparer le préjudice causé par l'avarie, mais nullement une obligation de procéder effectivement à la réparation de l'avarie. Le réseau ne saurait être tenu d'une intervention personnelle absolument en dehors de son industrie et de ses moyens d'action pour faire remettre en état la machine avariée.

303. — *R. Roger. Manuel juridique de Transports, Paris,* 1922, page 181. — *État du matériel fourni par la compagnie.* — Une compagnie de chemins de fer doit fournir les wagons qui lui sont demandés dans un état de propreté telle qu'à aucun moment les marchandises qui doivent y être déposées ne soient susceptibles de se détériorer. (Loi du 31 mai 1913.) Les compagnies sont tenues de maintenir constamment en bon état les véhicules servant aux transports. Les clients n'ont pas à vérifier l'état du matériel mis à leur disposition et qu'ils n'ont même pas le droit de refuser s'il correspond à ce que le client a demandé. (Cour d'Appel de Grenoble, 3 décembre 1921.) En demandant les wagons l'envoyeur a dû dire pour quelles marchandises. La marchandise a été acceptée sans réserve par le chemin de fer qui devait la rendre comme il l'a reçue (128 et 165). Il incombe au destinataire de prouver qu'il y a eu avarie (165). Si le chemin de fer a livré des wagons mouillés comme il le dit, il n'a pas agi en bon père de famille (172).

304. — *24 mai 1922. Arrêt de la Cour de Cassation (ch. civ.) (M. Sarrut, Premier Président). — C*ie *PLM contre Clauzel frères. — Fûts de vin détruits, à Verdun, par un bombardement.* — Force majeure invoquée. — Motifs de l'arrêt de la Cour d'Appel : insuffisance : cassation.

305. — 11 *décembre 1923. Trib. Comm. Seine. BT,* 4 ;1924. — *F. contre PLM. — Pierres taillées, avariées. — Chargement défectueux opéré par le compagnie avec le concours de l'expéditeur.* — Responsabilité de la compagnie.

307. — 10 *janvier 1923. Arrêt de la Cour de Cassation (ch. civ.). BT,* XII /1923. — *C*ie *du Midi contre l'Alborada et autres. — Incendie dans une gare. — Indemnité payée par la compagnie d'assurances. — Action de celle-ci contre la compagnie de chemins de fer responsable du dommage.*

La Cour,

Sur le premier moyen :

Attendu que, par arrêt de la Cour d'Appel de Bordeaux, en date du 17 mars 1909, passé en force de choses jugées, la Cie l'Alborada et les autres compagnies d'assurances maritimes, défenderesses au pourvoi, ont été condamnées à payer à Ader et Cie, négociants à Bayonne, la somme de 40.408 fr. 40, représentant l'indemnité à eux due pour la perte de marchandises détruites le 2 juillet 1906, par un incendie survenu à la gare de Bordeaux-Brienne ;

Attendu que les compagnies d'assurances, ayant payé cette somme, l'arrêt attaqué les a déclarées conventionnellement subrogées à Ader et Cie contre la Cie du Midi et l'a condamnée, en conséquence, à leur payer la somme sus-indiquée ;

Attendu que l'arrêt attaqué se fonde sur un usage constant d'après lequel l'assuré est censé, quand il reçoit l'indemnité, subroger l'assureur contre le tiers, auteur du dommage et, sur des conclusions prises par Ader et Cie devant le Tribunal, dans lesquelles ils reconnaissent la subrogation résultant du paiement à eux fait par les compagnies d'assurances ;

Attendu qu'en matière commerciale, la preuve par présomptions est admissible, même à l'égard des tiers, pour toutes les conventions et, par suite, pour la subrogation conventionnelle ;

Que, dès lors, la décision de l'arrêt attaqué est légalement justifiée ;

Sur le deuxième moyen :

Attendu que l'arrêt attaqué a pu ne pas répondre aux conclusions par lesquelles la Cie du Midi soutenait que « le caractère synallagmatique du contrat d'assurances rendait les compagnies d'assurances irrecevables à demander l'application de l'art. 1382 du Code civil », puisque ces conclusions étaient subsidiaires, et que l'arrêt avait dit droit à la demande principale ;

Sur le troisième moyen :

Attendu que, pour attribuer la perte des marchandises à la Cie du Midi, l'arrêt attaqué déclare que « le sinistre survenu aux marchandises a été causé par une autre chose dont la Cie du Midi avait la garde et qui, au lieu d'être maintenue à sa place, comme elle aurait pu et dû l'être, avait été certainement mise en un point d'où, incendiée elle-même, elle communiqua le feu » ;

Que cette déclaration justifie l'application, en l'espèce, de l'art. 1384 du Code civil, dès lors que la Cie du Midi ne rapportai pas la preuve d'un cas fortuit, de force majeure ou d'une cause d'incendie qui lui fut étrangère ;

Attendu, par suite, qu'en statuant comme il l'a fait l'arrêt attaqué n'a violé aucun des articles de loi visés au pourvoi ;

Par ces motifs ;

Rejette le pourvoi formé contre l'arrêt rendu le 4 mai 1914 par la Cour d'Appel de Bordeaux.

Observations. — Nous avons déjà publié trois arrêts de la Cour de Cassation concernant l'incendie survenu le 2 juillet 1906 dans la gare de Bordeaux-Brienne : 21 janvier 1919 (*Bulletin des Transports*, 1920, p. 27), 28 mai 1921 (*ibid.*, 1921, p. 63, col. 3) et 31 juillet 1922 (*ibid.*, 1922, p. 84) ; la Cie du Midi a succombé dans tous les trois. Celui-ci fait donc un de plus à son passif et, en même temps, une preuve de plus de l'esprit chicanier de son service de contentieux : elle paiera donc quelque quarante mille francs, plus les frais, ce qui n'est pas peu de chose ; mais ses actionnaires s'en moquent : ils continueront de toucher d'intéressants dividendes, tandis que le déficit de leur exploitation sera comblé par l'Etat, c'est-à-dire par le contribuable. Quant au ministre des Travaux publics, qui pourrait et devrait s'opposer à ces ridicules procès, dont la charge retombe finalement sur notre pauvre budget, il a bien trop souci de mériter les bonnes grâces des grands financiers, pour déplaire à une compagnie de chemin de fer ; on a vu d'ailleurs, dans notre numéro du 1er septembre, sous le titre « Deux maîtresses gifles », qu'il est le premier à encourager la Cie du Midi dans ses fantaisies juridiques. (Lamy.)

Observations. — Du moment que le chargement incombait au chemin de fer en vertu du tarif applicable à l'expédition, il importait peu que l'expéditeur y eût coopéré ; la compagnie demeurait responsable de la manière dont il avait été effectué.

Lamy ajoute, en rappelant ses conseils précédents, qu'il ne faut jamais faire pour le chemin de fer, d'autres opérations que celles auxquelles le public est rigoureusement tenu ; le destinataire a eu gain de cause, il est vrai, mais l'expéditeur, en participant au chargement, n'en avait pas moins fourni à la compagnie un argument qui aurait pu impressionner des juges moins avisés.

308. — 23 *janvier* 1923. *Trib. Comm. Vire. BT, 5/1923.* — *Expédition de farine en partie mouillée. Retour à l'expéditeur, sans ordre du destinataire, des sacs avariés.* — Responsabilité du chemin de fer.

309. — 24 *janvier* 1923. *Cassation France. BT, 7/23.* — *Wagonréservoir de vin.* — *Avarie.* — *Transbordement nécessaire mais mal exécuté.* — *Responsabilité.* — *Résistance injustifiée à la réclamation.* — *Condamnation aux droits fiscaux.* — La Cour de Cassation de France dit que la compagnie avait, en cherchant par tous les moyens à éluder sa responsabilité, commis une *faute lourde,* équivalente au *dol.*

310. — 30 *janvier* 1923. *Jugement du Tribunal de Commerce de Pontoise. BT, 9/1925. (M. Desmazure, président.) Couzinet contre* Cie *du Nord.* — *Bagages ; machine « bobineuse » avariée.* — *Expertise ; mention « non emballée » prétendue libératoire.* — *Responsabilité de la compagnie.*

Le Tribunal,

Après en avoir délibéré conformément à la loi,
Attendu qu'il y a lieu de joindre, vu la connexité, les demandes

principale et reconventionnelle sus-énoncées, pour statuer sur le tout par un seul et même jugement ;

Attendu qu'il ressort des faits de la cause que, le 24 octobre 1922, Couzinet faisait enregistrer, comme bagage, au train n° 623, partant de Paris à 16 h. 30, à destination de Montigny-Beauchamps, une machine dite « bobineuse », en trois colis, et avec la spécification « machine non emballée ».

Attendu que, malgré le parcours très restreint et la durée du trajet de 40 minutes environ, Couzinet ne put prendre livraison au train 623 de la machine qui n'arriva en gare de Montigny-Beauchamps que par le train 695, soit une heure environ plus tard, et avec deux supports en fonte cassés ;

Attendu que, sur le refus de Couzinet de prendre livraison, sans aucune restriction, comme l'y invitait la compagnie, l'expert Wagner a été commis par ordonnance de M. le président du Tribunal, en date du 31 octobre 1922, pour déterminer les causes de l'avarie et son importance ;

Attendu que ledit Wagner a procédé à sa mission et a conclu à la non-responsabilité de la Cie du Nord pour les motifs :

« Que le bulletin d'expédition portant cette mention spéciale « machine non emballée », cette mention signifie que le transport a lieu aux risques et périls du destinataire et que, d'autre part, l'avarie ne peut être due qu'aux heurts entre colis et caisses du wagon, qui se produisent aux démarrages et arrêts du train ; »

Attendu, tout d'abord, que le Tribunal ne saurait un instant s'arrêter à l'avis de l'expert et admettre avec lui que la constatation de non emballage doit avoir pour résultat d'exonérer *de plano* le transporteur de toute responsabilité

Attendu, en effet, que la responsabilité de la Cie du Nord ne saurait être dégagée que s'il était établi que l'avarie provient du vice propre de la chose ou d'un fait imputable à l'expéditeur ;

Or, attendu qu'il résulte des documents de la cause que la machine dite « bobineuse », objet du litige, d'un poids de 50 kilos environ, était d'une stabilité suffisante et que les chocs normaux, causés par les départs ou arrêts d'un train de voyageurs, ne pouvaient avoir d'influence sur cette stabilité ; qu'il est donc évident que les supports cassés, vissés verticalement sur la table de la machine, n'ont pu subir d'avaries que du fait du renversement de ladite machine en cours de transport ; que, tout au plus, pourrait-on admettre que l'avarie provient de chocs de colis voisins mal équilibrés, renversés ou projetés brutalement sur les supports, ce qui laisserait encore la responsabilité de ladite avarie à la charge de la compagnie ;

Qu'il n'est d'ailleurs pas sans intérêt de remarquer qu'aucune constatation de l'avarie n'a été faite au déchargement par les agents de la compagnie ;

Attendu, au surplus, qu'il ressort encore des débats que la machine, par suite d'une erreur de la compagnie, a été déchargée à une station précédant la gare destinataire puis rechargée pour sa destination définitive, et que les dégâts ont pu se produire au cours de ces manutentions inopportunes ;

Qu'en tout état de cause l'avarie constatée n'est manifestement pas due aux motifs indiqués par l'expert et, partant, au vice propre de la chose ; que la Cie du Nord doit donc être déclarée responsable de ladite avarie et déboutée de ses demandes, fins et conclusions ;

Par ces motifs ;

Joint, vu la connexité ;

Dir la Cie du Nord mal fondée en toutes ses demandes et conclusions ; l'en déboute ;

Et, recevant Couzinet reconventionnellement demandeur,

Dit que la Cie du Nord devra, dans la huitaine du présent jugement, livrer sans frais à Couzinet, la machite dite « bobineuse », objet du litige, à peine d'une astreinte de 10 fr. par jour de retard, pendant un mois, après lequel délai passé, il serait fait droit ;

Condamne ladite compagnie à payer à Couzinet pour y être contrainte par tous moyens et voies de droit, dès maintenant, la somme de 540 fr. à titre de dommages intérêts ;

La condamne en outre aux dépens.

311. — 30 *janvier* 1923. *Cour Suprême d'Autriche. Zg. 25 avril 1924. CI, 30. — Responsabilité du chemin de fer pour fourniture d'un wagon en mauvais état. — Co-responsabilité de l'expéditeur qui a chargé lui-même. — Envoi de coton en balles de Milan à destination de Vienne. — Mouille par suite de pénétration de la pluie. —* Le chemin de fer a prétendu que l'envoyeur aurait dû constater le mauvais état du wagon et le refuser et vérifier soigneusement la toiture du wagon ; que lui, chemin de fer, ne savait pas si la marchandise serait emballée en caisses. Le chemin de fer a livré un wagon défectueux et il est responsable d'après CI, 29, de cette livraison par ses employés. (Réd. — Voici un cas typique de la mentalité des contentieux ferroviaires.)

312. — 1er *février* 1923. *Trib. Comm. Bruxelles. Dr. Bruxelles, n° 545367 R2. — Avarie de mouille par l'eau ayant pénétré par les interstices des portières.*

Attendu que le type des wagons munis de portières à glissière est courant sur tous les chemins de fer ;

Qu'il est imposé par les nécessité de l'exploitation (notamment pour la manœuvre des portières dans les entrevoies) ;

Attendu que le système de fermeture ne peut pas assurer une étanchéité parfaite la fermeture hermétique du joint entre les portières et les parois du wagon n'étant pas pratiquement possible, mais que cette circonstance ne constitue pas le transporteur en faute, puisqu'elle est imputable à la force même des choses ;

Attendu qu'en admettant d'ailleurs que ce manque d'*étanchéité* puisse être considéré comme un défaut de construction, c'est là un vice apparent que la demanderesse, qui effectue de très nombreuses expéditions de ciment, ne pouvait ignorer ; qu'elle devait en tout cas, s'en rendre compte au premier examen ;

Attendu qu'en acceptant néanmoins les wagons pour y placer sa marchandise, elle les a reconnus propres au transport de celle-ci ; que cette agrégation s'oppose à ce qu'elle se prévale du prétendu vice (cf. jugement de ce tribunal en date du 10 novembre 1921) :

Attendu qu'au surplus il incombe à l'expéditeur qui effectue lui-même le chargement, d'apporter à cette opération tous les soins que nécessite la nature de la marchandise et le type de wagon employé ; que la prudence imposait à la demanderesse de boucher les interstices des portières si elle plaçait dans leur proximité immédiate une matière que l'eau avarie instantanément, d'autant plus que le transport avait lieu pendant la saison pluvieuse ;

Attendu que, dès lors, bien que la demanderesse fournisse la preuve qui lui incombe, les faits de la cause démontrant que l'avarie est due à un *chargement défectueux*, c'est-à-dire à une cause dont le défenseur (chemin de fer) ne répond pas en l'espèce. (Réd. — En conséquence nous conseillons aux envoyeurs de refuser ce genre de wagons pour y charger leurs marchandises.)

313. — 27 *janvier* 1923. *C. Justice de Genève. — B. contre CFF. — Figues sèches d'Espagne. —* Les CFF peuvent être actionnés comme responsables de l'exécution du contrat de transport sur la totalité du parcours, alors même que le retard ou l'avarie auraient eu lieu sur le réseau étranger, lorsqu'ils acceptent sans autre un transport par lettre de voiture interne française.

Dans ce cas, d'après l'art. 50 de la loi du 29 mars 1883, l'étendue de la responsabilité est déterminée par la législation étrangère.

D'après la loi française (art. 103, C. Comm.) le voiturier est garant des avaries autres que celles qui proviennent du vice propre de la chose.

314. — 9 *février* 1923. *Tribunal de Commerce de la Seine. BT,* 12/1923. — *G. contre PLM. — Wagon-réservoir de vin. — Retard dû à une avarie. — Cause non précisée. —* Condamnation de la compagnie à une indemnité pour le retard et à supporter les frais de la réparation.

Observations. — L'attitude de la compagnie était quelque peu contradictoire ; d'une part, elle offrait, pour le retard, une indemnité, d'ailleurs insuffisante ; d'autre part, elle prétendait mettre à la charge du propriétaire du wagon les frais de réparation, alors que l'avarie, dont la cause était précisée, paraissait « due au chauffage d'un essieu ». Sa condamnation était inévitable ; on sait, en effet, qu'aux termes de l'arrêt de la Cour de Cassation du 26 mars 1922, publié le 1er juillet, BT, page 82, le chemin de fer « n'est pas recevable à exciper d'un vice propre inhérent à la construction d'un wagon dont il a accepté l'immatriculation » ; *a fortiori* ne saurait-il échapper à la responsabilité d'une avarie dont la cause est inconnue, et moins encore à la responsabilité de l'avarie paraissant due à l'insuffisance de l'entretien et du graissage qui lui incombait.

315. — *21 février 1923. Arrêt de la Cour de Cassation (ch. civ.). BT, XII /1923.* — *Cie d'Orléans contre Eyrolles, Tombarel.* — *Fût d'huile avarié.* — *Expertise amiable.* — *Réserves ; acceptation non constatée dans le jugement.* — *Forclusion.*

La Cour,

Sur le premier moyen :

Vu l'art. 105 du Code de Commerce ;
Attendu que les prescriptions de l'art. 105 du Code de Commerce peuvent, par exception, cesser d'être applicables, sous la double condition que le destinataire ait fait des réserves au moment de la livraison et que ces réserves aient été acceptées par le transporteur ;
Que cette acceptation, expresse ou implicite, doit être constatée par les juges du fond ;
Attendu que le jugement déclare que Eyrolles, destinataire, et la Cie d'Orléans ont commis amiablement un expert, avant la livraison d'un fût d'huile atteint de coulage, à l'effet de constater l'avarie ;
Attendu que si des réserves ont été faites en temps utile par Eyrolles, le jugement n'établit pas que la compagnie les ait acceptées et que le destinataire se soit trouvé, par suite, dispensé de lui notifier, dans les formes et le délai de l'art. 105, sa protestation motivée ;
Attendu, dans ces circonstances, qu'en rejetant la fin de non-recevoir opposée par la compagnie, le Tribunal de Commerce de Villeneuve-sur-Lot a violé l'article susvisé ;
Et attendu que la cassation doit s'étendre, par voie de conséquence, aux dispositions par lesquelles le jugement attaqué a condamné la compagnie à payer des dommages-intérêts aux expéditeurs appelés en cause par le destinataire ;

Par ces motifs :

Et sans qu'il y ait lieu d'examiner les autres moyens ;
Casse et annule le jugement rendu entre les parties par le Tri-

bunal de Commerce de Villeneuve-sur-Lot, le 9 décembre 1919 ;
renvoie devant le Tribunal de Commerce d'Agen.

Observations. — Décidément les adversaires des compagnies
n'ont pas de chance devant la chambre civile de la Cour de Cassation ; dans l'arrêt du 17 juillet, relatif à une affaire de manquant,
qui est publié plus haut, le destinataire avait bien fait des réserves
et ces réserves avaient bien été acceptées par la compagnie, mais
cette acceptation était, paraît-il, insuffisante à établir la réalité
du manquant... Dans l'arrêt du 21 février ci-dessus, la réalité de
l'avarie ne fait pas doute : cette avarie a été dûment constatée,
avant la livraison, par une expertise amiable à laquelle la compagnie
a participé ; mais, va te faire fiche : voilà que le jugement n'établit
pas que la compagnie ait accepté les réserves, et le demandeur
est forclos, faute de s'être conformé aux prescriptions de l'art. 105
du Code de Commerce...

Cela paraît tout de même un peu fort !

Sans doute, d'après un arrêt du 9 juillet 1918, que nous avons
publié la même année, page 62, pour que l'art. 105 cesse d'être
applicable, il faut que le juge constate, « en même temps que les
réserves, l'acceptation qui en a été faite expressément ou implicitement par le transporteur » ; mais le fait de s'entendre avec le destinataire en vue d'une expertise amiable n'est-il pas une acceptation
implicite des réserves ? Et dès lors, la constatation de ce fait dans
le jugement ne peut-elle équivaloir à la constatation de ladite
acceptation ?

Le bon sens dit oui ; mais la chambre civile scrupuleuse vestale
préposée à la garde du feu sacré de la chicane, estime que le jugement aurait dû constater explicitement l'implicite acceptation, par
la compagnie, des réserves, d'ailleurs explicites, du destinataire...
Dura lex... si lex ! (Lamy.)

316. — 25 *février* 1923. *Jugement du Tribunal de Commerce
de Marseille. BT, 7/1923.* — *Riz en sacs avarié par mouillure.* —
Prétendu bâchage défectueux. — Responsabilité de la compagnie.

Attendu que pour se dégager la Cie PLM n'allègue pas autre
chose que la défectuosité du bâchage, opération qui aurait été
faite par l'expéditeur.

Attendu que la Cie PLM s'est rendue irrecevable à soulever ce
moyen, parce qu'elle en a par son fait empêché la vérification ;

Attendu, en effet, que les 157 sacs ont été offerts à Rouffier
alors que le wagon était déchargé ; que l'on ignore dans ces conditions à quel instant s'est produite la mouillure, si c'est au cours
du transport ou pendant que la marchandise se trouvait à quai ;
qu'il appartenait à la Cie PLM de prendre à l'arrivée toutes mesures
pour qu'aucun dommage ne leur arrivât avant que le destinataire
ne fût mis en demeure de les retirer.

317. — 23 *octobre 1923. Appel Paris. — Incendie de balles de coton. — Conclusions paradoxales d'un expert. — Vice propre et force majeure non établis. — Responsabilité du chemin de fer.*

318. — 12 *avril 1923. Cassation de France. Jal. Droit international 1924/VII. 1033.* — Il y a *faute grave* au sens de l'art. 41, Cl, lorsque les avaries rendant la marchandise de nature périssable impropre à la consommation, proviennent d'un *long retard* sur les causes duquel le chemin de fer a refusé tout renseignement. Et, en pareil cas, l'indemnité devant être d'après l'art. 41 précité pleine et entière, le juge peut, en constatant que la marchandise a été expédiée de Suisse où elle avait été payée en monnaie du pays, condamner la compagnie au paiement d'une indemnité calculée au cours de la monnaie suisse (24 jours de retard inexpliqué).

319. — 13 *avril 1923. Arrêt de la Cour de Cassation (ch. civ.). BT, 6/1923. — Guignan frères contre Cie PLM. — Avaries. — Expéditions soumises au régime de l'arrêté du 31 mars 1915. — Prétendue nullité de réserves non conformes aux prescriptions de l'art. 7 de cet arrêté. — Cassation.*

La Cour,

Attendu que les deux arrêts sont attaqués par les mêmes moyens, joint les pourvois n° 5049 et 5071, à raison de leur connexité ;

Sur le premier moyen :

Attendu que, en juin 1915, octobre et novembre 1916, Guignan frères ont expédié de la gare de Saint-Ouen les Docks à Gaffarena et Mange, à Toulon, pour compte de la marine de l'Etat, divers lots d'accumulateurs électriques renfermés dans des bacs d'ébonite ;

Attendu que des avaries ayant été constatées à l'arrivée, Guignan frères ont, par deux actes séparés, assigné la Cie PLM devant le Tribunal de Commerce de la Seine en réparation du préjudice subi ; que, par deux arrêts du 13 février 1920, la Cour d'Appel de Paris, réformant les deux jugements dont l'un, du 13 octobre 1916, condamnait la compagnie au paiement de dommages-intérêts et l'autre, du 26 octobre 1917, déboutait Guignan frères de leurs demandes, a déclaré les deux demandes irrecevables par ce motif que livraison avait été prise de la marchandise sans qu'eussent été remplies, dans les délais, les formalités prescrites par l'art. 7 de l'arrêté des ministres de la Guerre et des Travaux publics du 31 mars 1915 ;

Attendu, d'après les pourvois, que les arrêts attaqués ont, à tort, fait état de cet arrêté qui serait dépourvu de toute force légale ;

Mais, attendu que, aux termes de l'art. 2 de la loi du 5 août 1914, « pendant la durée de la mobilisation et jusqu'à la cessation des hostilités, le Gouvernement est autorisé à prendre, dans l'intérêt général, toutes les mesures nécessaires pour faciliter ou suspendre les effets des obligations commerciales ou civiles » ; que le décret du 29 octobre 1914, pris en Conseil des ministres en application de cette loi, porte que « les conditions de délai et de responsabilité dans lesquelles sont effectués les transports commerciaux, y compris les transports de colis postaux, autorisés en vertu de l'art. 19 du Règlement sur les transports stratégiques, seront arrêtées par le ministre de la Guerre pour chaque réseau sur la proposition de la Commission du réseau » ; qu'enfin, l'arrêté du 31 mars 1915, qui réglemente la responsabilité des réseaux en matière de transports commerciaux, a été pris en exécution de ce décret par les ministres de la Guerre et des Travaux publics ;

Attendu que, de l'ensemble de ces textes, il résulte que cet arrêté constitue un règlement administratif proprement dit ; qu'il participe ainsi du caractère de la loi ; qu'il a été pris dans la limite des pouvoirs conférés au ministre de la Guerre ; qu'il est, par suite légal ;

Sur le deuxième moyen :

Attendu que le délai de trois jours, prévu par l'art. 7 de l'arrêté du 31 mars 1915, pour la réclamation à adresser au transporteur dans le cas d'avarie, a été fixé dans l'intérêt des transports commerciaux ; que la rapidité, la multiplicité de ces opérations exigent que les causes du dommage allégué soient constatées et les litiges engagés sans retard ; qu'il ait été vain d'établir un délai pour le temps de guerre, si ce délai avait dû être aussitôt suspendu jusqu'à la fin des hostilités ; que, pour ces motifs, les dispositions des art. 2 de la loi du 5 août 1914 et 1º du décret du 10 août 1914 ne sont pas applicables au délai de l'art. 7 précité ;

Sur le troisième moyen envisagé dans sa première branche :

Attendu, d'une part, en ce qui concerne le pourvoi nº 5071, qu'il résulte des qualités de l'arrêt attaqué que la compagnie a conclu en 1ʳᵉ instance, à l'irrecevabilité de la demande pour inobservation des prescriptions de l'art. 7 de l'arrêté du 31 mars 1915 ; qu'en ce qui concerne le pourvoi nº 5049, l'arrêt attaqué, avant de s'expliquer sur cette même exception, déclare que les premiers juges ont statué au fond sans examiner le moyen d'irrecevabilité soulevé par la compagnie ; qu'ainsi, la déchéance prévue par l'art. 7 n'a pas été proposé pour la première fois en appel ;

D'où il suit que, de ce chef, le moyen, fût-il ou non fondé en droit, ce qu'il n'échet pas de rechercher, manque en fait ;

Par ces motifs :

Rejette les deux premiers moyens et le 3ᵉ moyen, dans sa première branche ;

Mais, sur le 3ᵉ moyen, envisagé dans sa seconde branche :

Vu l'art. 7 de l'arrêté ministériel du 31 mars 1915 :

Attendu qu'aux termes de l'art. 1ᵉʳ de cet arrêté, les transports commerciaux doivent être exécutés, suivant les lois, règlements et tarifs existants, sous la réserve des modifications que l'arrêté énumère ; que l'art. 7, loin de les modifier, reproduit, pour le cas d'avarie ou de perte partielle, les dispositions de l'art. 105 du Code de Commerce relatives au mode et au délai de réclamation exigée pour la conservation des droits du destinataire ; qu'il suit de là que les règles applicables, dans ce cas, d'après l'art. 105 qui ne vise que les intérêts privés des parties, sont également applicables d'après l'art. 7 de l'arrêté ;

Attendu, en conséquence, que les dispositions de ce dernier article, relatives au mode et au délai de la réclamation peuvent, par exception, comme celles, identiques et non moins impératives de l'art. 105, cesser de recevoir application, sous la double condition que le destinataire ait fait des réserves au moment de la livraison, et que ces réserves aient été acceptées par le transporteur ;

Attendu que Guignan frères ayant soutenu que la compagnie avait accepté leurs réserves, et que, par suite, la forclusion ne pouvait leur être opposée, les arrêts attaqués, sans s'expliquer sur cette acceptation, ont rejeté leur prétention, par ce motif que, les dispositions de l'art. 7 de l'arrêté du 31 mars 1915 étant d'ordre public, il ne pouvait être suppléé, même par des réserves acceptées, à l'omission des formalités de la réclamation prévue par cet article :

Attendu, qu'en statuant ainsi, les arrêts attaqués ont violé le texte sus-visé ;

Par ces motifs :

Casse et annule les deux arrêts rendus entre les parties par la Cour d'Appel de Paris, le 13 février 1920 ; .
Renvoie devant la Cour d'Appel d'Orléans.

320. — *Audience du 22 mai 1923. Cour d'Appel de Genève. — Wagon-réservoir avarié ; remplacement par le commissionnaire ; action d'icelui en paiement de la valeur du vin perdu et d'une location pour le wagon fourni ; déboutement ; appel. —* 1º Inappl. art. 41, CO ; 2º absence de contrat de location ; 3º transport non soumis à la Convention internationale de Berne ; transport international ; responsabilité des CFF comme derniers transporteurs ; loi suisse applicable ; art. 37, 41, loi du 27 mars 1893 sur les transports par chemins de fer ; absence de faute ; confirmation. M.S.A. contre CFF.

I. Des propositions d'arrangement inacceptées ne sauraient être opposées à celui qui les a faites.

II. L'art. 41, CO, ne peut être invoqué lorsqu'il s'agit d'un contrat de transport réglé par des lois spéciales en excluant l'application et en l'absence d'acte illicite du défenseur.

III. Pour un transport international non soumis à la Convention internationale de Berne, les chemins de fer fédéraux peuvent être recherchés à raison des avaries survenues en cours de route, comme derniers transporteurs.

C'est la loi suisse (loi du 29 mars 1893 sur les transports) qui est applicable.

IV. En cas d'avarie le chemin de fer doit payer le montant intégral de la dépréciation subie par la marchandise (art. 37, *ibid.*). Le paiement d'une indemnité pleine et entière, comprenant des dommages-intérêts, ne peut être réclamée qu'en cas de dol ou de faute grave (art. 41).

321. — 26 *juin* 1923. *Tribunal de Commerce de la Seine* (4ᵉ ch.), 3/1924. — *Wagon-réservoir ; chauffages successifs ; retard. — Faute grave ; art. 41 de la Conv. de Berne.* — Défaut d'entretien ; recours contre le propriétaire non admissible.

322. — 3 *juillet* 1923. *Trib. Comm. Seine. BT*, 2/1924. — *Raisins frais expédiés en GV. — Avaries, refus de laisser vérifier par le destinataire puis par un expert, vente sans formalités de justice. — Responsabilité.* — Le destinataire a le droit de vérifier intérieurement avant de donner décharge et de payer le port. (V. Lamy, 10ᵉ édition, page 52.)

Observations. — Les multiples fautes du chemin de fer ont entraîné sa juste condamnation : La jurisprudence et la doctrine sont unanimes à reconnaître au destinataire le droit de vérifier extérieurement et intérieurement avant d'en donner décharge et d'en payer le port, les colis dont on lui offre livraison soit en gare soit à domicile. *(Manuel pratique, 10ᵉ édition.)*

A fortiori l'Administration en cause ne pouvait-elle s'opposer à la vérification des colis par un expert régulièrement commis par le président du Tribunal de Commerce ?

Enfin le voiturier qui fait vendre la marchandise sans observer les formalités prescrites par l'art. 106 du Code de Commerce, engage en principe, sa responsabilité, pour les conséquences dommageables qui peuvent résulter de cette vente. (*Voir Manuel pratique, 10ᵉ édition*, page 70.) (Lamy.)

323. — 19 *juillet* 1923. *Arrêt de la Cour de Cassation française (ch. civ.). BT*, 9/1923. — *Expédition en port dû. — Avaries. — Action contre le dernier transporteur.* — Responsabilité de celui-ci comme « étant aux droits des voituriers antérieurs ». — Le voiturier chargé de la livraison par le seul fait qu'il réclame au destinataire l'intégralité du prix de transport, se trouve substitué aux droits — aux responsabilités — de tous les voituriers antérieurs ; il est

donc tenu des avaries survenues en cours de route, exactement comme le commissionnaire chargeur. La Chambre des requêtes avait déjà statué dans le même sens, par un *arrêt* du 15 avril 1920, publié à la page 48 du *BT*, mai-juin 1920.

324. — 8 *août* 1923. *Tribunal de Commerce de la Seine. BT.* 12/1923. — *Société « La Grand'Combienne » contre C^le PLM.* — *Wagon-réservoir de vin.* — *Manquant établi par la constatation d'un déficit de poids à l'arrivée.* — *Plombs intacts.* — *Responsabilité.*

325. — 18 *octobre* 1923. *Appel Paris* (5e *ch.*). *BT,* 1/1924. — *Transport international.* — *Scories en sacs, avariées par mouillure.* — *Mise hors de cause de l'expéditeur ; condamnation du dernier transporteur en vertu de l'art. 27 de la Conv. de Berne.*

326. — 31 *octobre* 1923. *Cour de Cassation.* — *Marchandises avariées. Réserves faites par le destinataire et acceptées par la compagnie.* — *Absence.* — *Art. 106 du Code de Commerce.* — *Expertise.*

La Cour,

Sur le moyen unique :

Attendu que Teissonnière et Kreitmann, destinataires de marchandises, dont ils refusèrent de prendre livraison pour cause d'avaries, ont assigné la C^le des Chemins de fer PLM en paiement de l'indemnité fixée par l'expert, commis en vertu de l'art. 106 du Code de Commerce ; à la requête du chef de gare ;

Attendu que l'arrêt attaqué déclare, à bon droit l'action irrecevable ;

Attendu, en effet, que les conditions de forme et de délai prescrites par l'art. 7 de l'arrêté interministériel du 31 mars 1915, impératives comme celles de l'art. 105, § 1, du Code de Commerce doivent être rigoureusement observées qu'elles ne cessent d'être applicables que lorsque le destinataire a fait des réserves au moment de la livraison et que ces réserves ont été acceptées expressément ou tacitement par la compagnie ;

Que l'arrêt attaqué constate qu'il n'y a eu ni réclamations formulées dans les formes et délais prescrits, ni réserves acceptées par la compagnie ;

Attendu, d'autre part, que l'expertise prévue par l'art. 106 du Code de Commerce est une mesure purement conservatoire qui n'a pour objet que la constatation de l'état des marchandises, la recherche des causes de l'avarie et l'évaluation du dommage et n'implique pas l'abandon d'un droit de la partie qui l'a requise ;

Attendu, dès lors, que l'arrêt attaqué n'a point violé les articles visés au moyen ;

Par ces motifs :

Rejette...

327. — *5 novembre 1923. Cassation France. BT, 2/1924. —
Cox Chipping Co. contre Jullien et autres. — Avaries et manquants.
— Commissionnaire chargé d'une réexpédition en cours de route. —
Mandat ; faute ; responsabilité. — Art. 105, C. Comm., inapplicable.*
La Société Cox Shipping Co. avait été exclusivement chargée
de recevoir la marchandise à Paris, PLM, et de la réexpédier de
Paris sur Roubaix ; dans ces conditions elle avait la qualité d'un
simple mandataire avec toutes les obligations et prérogatives que
cette qualité pouvait comporter. L'on ne pouvait mettre *a priori*
les avaries et les manquants à sa charge ; mais elle était responsable
de la faute qu'elle avait commise en prenant livraison à Paris PLM
sans remplir les formalités nécessaires à la conservation des droits
de son mandant ; d'autre part, n'étant pas voiturier elle ne pouvait
invoquer contre le dit mandant l'art. 105 du Code de Commerce
alors que la Cie PLM pouvait lui opposer victorieusement à elle-
même. Et c'est pourquoi la Société Cox Shipping se trouve condamnée sans avoir la possibilité d'exercer un recours utile contre
ceux (la Cie PLM très probablement) à qui auraient pu être imputés,
si elle avait rempli les formalités nécessaires, les manquants et
avaries dont finalement elle supporte la charge. (Lamy.)

328. — *7 novembre 1923. Tribunal de Commerce de la Seine
(2e ch.). 5/1924. — Wagon réservoir de vin. — Retard et avaries. —
Mise hors de cause du propriétaire. — Défaut d'entretien. — Responsabilité du chemin de fer.*

329. — *9 décembre 1923. Trib. Commerce Caen, BT. — Cause
d'avarie inconnue. — La présomption de faute que consacre l'art. 103
C. Comm. ne peut céder que devant la preuve d'un fait positif de
force majeure ou d'un vice propre de la chose, en sorte que le transporteur doit garder à son compte tous les dommages dont la cause
est inconnue. Il ne suffit pas d'invoquer des hypothèses, dont
aucune n'est démontrée, pour être exonéré de ses responsabilités.
Spécialement lorsqu'un wagon de coton a pris feu au cours d'un
transport par chemin de fer, le réseau doit rapporter la preuve
absolue que les causes de l'incendie ne lui sont pas imputables.*

330. — *23 décembre 1923. Tribunal de Commerce de la Seine
(9e ch.). BT, 1/6 1924. — Wagon réservoir gravement avarié en cours
de route. — Longue immobilisation. — Préjudice. — Mise hors de
cause de l'expéditeur. —* Condamnation des chemins de fer à payer
une indemnité de 25.000 fr. On sait que, suivant une jurisprudence
constante et fermement établie, les droits et obligations réciproques
des chemins de fer, d'une part, des locataires et propriétaires des
wagons appartenant à des particuliers, d'autre part, découlant,
en ce qui concerne le transport de ces wagons à charge et à vide,
d'un contrat de transport et tombant par suite sous l'application

de l'art. 103 du Code de Commerce. Il s'ensuit que toute perte ou avarie — et tout retard consécutif à cette perte ou avarie — doivent être mis à la charge du chemin de fer tant que celui ci n'a pas fait la preuve du vice propre ou de la force majeure. (Lamy.)

330 *bis.* — *18 mars 1924. Jugement du Tribunal de Commerce de la Seine (4e ch.). BT, 4/1925. — Société des fonderies et ateliers du Val d'Osne contre Chemins de fer de l'Etat. — Bornes en fonte non emballées. — Avaries. — Absence de vice propre. — Responsabilité du chemin de fer.*

Le Tribunal,

Après en avoir délibéré conformément à la loi :

Attendu que, résistant à la demande, l'administration des chemins de fer de l'Etat soutient dans ses conclusions que les avaries proviendraient uniquement de l'extrême fragilité de la marchandise transportée et du défaut d'emballage, c'est-à-dire d'un vice propre dégageant sa responsabilit ;

Mais attendu que, si la fragilité de l'objet transporté ou le défaut d'emballage ne constituent pas eux-mêmes un vice propre de la chose, ou la faute de l'expéditeur, il convient d'examiner dans l'espèce si la nature de l'objet transporté nécessite un emballage ;

Attendu, que s'il peut être exact que les objets transportés, en l'espèce des bornes en fonte, comportaient une certaine fragilité, il résulte des termes mêmes de l'expertise ordonnée le 3 juin 1923 par M. le juge de paix du canton de Clichy, sur requête de la société demanderesse, que de nombreuses pièces identiques ont été expédiées dans les mêmes conditions et que le pourcentage des avaries n'a jamais dépassé un pour cent malgré des conditions très défavorables de transport ;

Attendu que ce pourcentage d'avaries particulièrement réduit, ainsi que les constatations qui précèdent, non seulement ne font pas ressortir une fragilité imposant un emballage, mais au contraire, établissent la résistance des marchandises transportées.

Attendu, par suite, que l'administration des chemins de fer de l'Etat ne démontre pas que les marchandises litigieuses soient plus fragiles que celles de même nature expédiées, suivant un usage constant, sans emballage ;

Qu'en conséquence, n'établissant pas le vice propre de la chose, elle ne saurait s'exonérer de sa responsabilité de transporteuse et reste garante des objets à elle confiés ;

Que, par suite, elle doit être tenue de réparer le préjudice subi par la Société demanderesse et résultant des avaries dont s'agit ;

Et attendu que, faisant état de la valeur des marchandises avariées et du trouble commercial ressenti par la Société des Fonderies et ateliers du Val d'Osne, le Tribunal trouve dans les faits de la cause, les éléments d'appréciation suffisants pour fixer à la somme de 850 fr. l'importance de ce préjudice ;

Que c'est dès lors à concurrence de cette somme qu'il échet d'accueillir la demande ;

Par ces motifs :

Le Tribunal, jugeant en dernier ressort ;

Condamne l'administration des chemins de fer de l'Etat, par les voies de droit, à payer à la Société des fonderies et ateliers de construction du Val d'Osne la somme de 850 fr. à titre de dommages-intérêts ;

Déclare ladite société mal fondée en le surplus de sa demande, l'en déboute ;

Et condamne l'administration des chemins de fer de l'Etat aux dépens.

Observations. — Jurisprudence constante, qu'il n'est cependant pas inutile de rappeler, puisque certaines administrations de chemins de fer paraissent la perdre de vue. (Lamy.)

331. — 14 *avril* 1924. *Cassation de France. CL,* 3/15/163. — Le C. Comm. 103 déclare nulle toute clause insérée dans une pièce quelconque qui *supprime la responsabilité* du voiturier en cas de perte ou d'avarie, mais il ne prévoit pas celles qui réduisent seulement le montant de l'indemnité en compensation d'une réduction du prix de transport, laquelle demeurera licite et obligatoire pourvu que l'indemnité ne soit pas tellement inférieure à la valeur de l'objet perdu ou avarié que la responsabilité du voiturier soit en réalité supprimée.

332. — 25 *avril* 1924. *Arrêt de la Cour d'Appel de Dakar. BT,* 7/1924. — *Girard contre Gouverneur général.* — *Animaux détruits en cours de route par un incendie.* — *Action de l'expéditeur non dénommé sur la déclaration d'expédition ; recevabilité.* — *Responsabilité du chemin de fer.*

La Cour,

Au fond :

Considérant que le sieur Girard a fait donner assignation à M. le Gouverneur général de l'AOF, pris en sa qualité d'ordonnateur du budget de l'AOF dans les services duquel rentre l'administration du chemin de fer de Thiés à Kayes et au Niger, pour s'entendre condamner à lui payer la somme de 63.250 fr. avec les intérêts de droit ;

Considérant que Girard expose qu'à la date du 21 avril 1923, il expédiait de Coutenabé à Dakar, par le chemin de fer TKN, 16 caisses d'animaux vivants, 9 caisses de dépouilles d'animaux et 1 caisse de matériel de désinfection ; qu'en cours de route, les wagons portant lesdites marchandises ont été incendiés et que la presque totalité des animaux a été détruite ; qu'en conséquence l'administration du chemin de fer doit être déclarée responsable du préjudice subi par lui ;

Considérant que, pour résister à cette demande, l'administration fait valoir deux moyens principaux à savoir que la demande ne serait pas recevable, Girard n'étant ni l'expéditeur, ni le destinataire des marchandises ; en second lieu, qu'aucune faute ni négligence ne peut être reprochée à l'administration ; qu'elle ajoute qu'il n'y eut ni réserves, ni protestations dans les 3 jours de la réception ;

Considérant que, par jugement dont est appel, le tribunal a accueilli cette défense et débouté Girard de sa demande ;

Considérant que pour prétendre que Girard n'est ni expéditeur, ni destinataire des marchandises qui ont péri en cours de transport, le chemin de fer fait état du fait que les marchandises lui ont été remises, non sur une déclaration d'expédition au nom de Girard, mais sur une réquisition de transport émanant de M. le lieutenant gouverneur du Soudan ; que, d'autre part, le destinataire définitif était non Girard mais le Muséum d'Histoire naturelle de Paris ;

Mais considérant qu'il est constant que les animaux dont s'agit ont été remis au chemin de fer par le lieutenant Girard lui-même, pour être transportés de Coutenabé à Dakar ; que s'il n'a pas été établi de déclaration d'expédition à son nom, il lui a été délivré par le chemin de fer un bulletin de transport qu'il produit ;

Considérant que la loi ne stipule pas que la lettre de voiture qui constitue le titre qui constate le contrat de transport doive porter le nom de l'expéditeur ;

Considérant qu'il importe peu que le bulletin de transport produit par Girard et qui, en l'espèce, remplace la lettre de voiture, énonce qu'il est établi sur la réquisition n° 129 de M. le lieutenant gouverneur du Soudan du 9 avril 1923, réquisition de transport dont le chemin de fer verse à un dossier un duplicata et dans laquelle on lit qu'ordre est donné au chemin de fer de charger à Coutenabé pour transporter à Dakar les animaux ci après désignés : cages 16, caisses 9 ; qu'en effet, cette réquisition n'altère pas ce fait que les animaux ont été remis à l'expédition par Girard lui même ; que le lieutenant gouverneur du Soudan a précisé très nettement le caractère et la raison de son intervention dans cette expédition par voie de réquisition ; qu'il expose, dans son télégramme au directeur du chemin de fer n° 1961 C., produit par le chemin de fer lui même, que le budget local supporte les frais de transport des animaux envoyés par Girard « dans l'intérêt de la science » ; qu'ainsi il ne pouvait y avoir, aux yeux de l'administration du chemin de fer, aucune incertitude sur le véritable expéditeur, ce télégramme du Gouverneur au chemin de fer laissant entendre aussi clairement que possible qu'il n'y avait de la part du Gouverneur, dans la délivrance de la réquisition, qu'une contribution financière de l'administration et non une substitution dans la personne du véritable expéditeur ;

Considérant, d'autre part, que Girard est porteur du bulletin de transport qui constate le contrat ; que c'est au porteur du bulletin de transport que les marchandises devaient être remises à destination ; que c'est à Girard qu'à l'arrivée à destination les marchandises sauvées de l'incendie ont été remises ; que c'est donc bien à Girard qui, en droit et en fait, aux yeux de l'administration du chemin de fer, était le véritable destinataire ;

Considérant que c'est une erreur de prétendre que, les animaux étant destinés par Girard au Muséum d'histoire naturelle de Paris, le véritable destinataire était ce dernier ; qu'en effet, le contrat de transport fixait comme lieu de destination non Paris mais Dakar ; que le destinataire était porteur non dénommé du bulletin de transport ; qu'il n'y a pas à rechercher quels furent les accords passés entre le Muséum d'histoire naturelle et Girard s'il y en a eu, ni entre Girard et le Gouverneur du Soudan ; qu'il suffit de constater que Girard était aussi bien le véritable destinataire de fait que le véritable expéditeur des animaux remis par lui au chemin de fer ;

Considérant, d'autre part, que c'est à tort que le chemin de fer prétend que sa responsabilité n'est pas engagée parce qu'aucune faute, négligence ou imprudence n'a été établie contre lui ;

Que le demandeur n'avait pas à faire cette preuve, le voiturier étant, aux termes de l'art. 103 du Code de Commerce, garant de la perte et des avaries autres que celles qui proviennent du vice propre de la chose ou de la force majeure ; que le chemin de fer n'offre point de faire la preuve de faits de cette nature ;

Considérant que c'est encore à tort que le chemin de fer prétend que Girard ne fit, au moment de la réception des marchandises, aucune protestation ;

Qu'il appert, en effet, du dossier que des réserves ont été formulées par Girard sur le livre de sorties et acceptées par le chemin de fer ;

Considérant que pour déterminer le montant du préjudice souffert, Girard produit une lettre du directeur du Muséum qui fixe à 63.250 fr. la valeur des animaux disparus dans l'incendie ; que la Cour accepte cette appréciation ;

Mais considérant qu'aux termes de l'art. 25 du tarif pour les transports à grande vitesse, en cas d'accident survenu à des animaux en cours de transport, la responsabilité du chemin de fer reste limitée à 5.000 fr. par tête si la note remise ne mentionne pas une valeur supérieure ;

Qu'en fait aucune déclaration de valeur supérieure à 5.000 fr. n'a été faite pour aucun des animaux expédiés ; qu'il y a donc lieu de limiter à 5.000 fr. l'indemnité due pour la girafe estimée 30.000 fr.;

Par ces motifs :

Reçoit l'appel en la forme ;

Y faisant droit, infirme le jugement dont est appel, en ce qu'il a déclaré irrecevable l'action en responsabilité dirigée par Girard contre le Gouverneur général de l'AOF ès qualités ;

Dit que cette action est recevable ;

Evoquant et la cause étant en état, condamne le Gouverneur général de l'AOF ès qualités à payer à Girard la somme de 38.250 fr. avec les intérêts de droit ;

Le condamne aux dépens de première instance et d'appel.

Obs. — Aux termes de l'art. 101 du Code de Commerce, lorsqu'une expédition de marchandises est faite par l'entremise d'un commissionnaire, la lettre de voiture forme contrat entre l'expéditeur, le commissionnaire et le voiturier ; l'expéditeur est donc autorisé à s'en prévaloir et peut directement agir contre le voiturier ; *la loi n'exige pas qu'il soit dénommé dans la lettre de voiture et il suffit que sa qualité soit dûment établie.*

333. — *29 avril 1924. Trib. Comm. de la Seine. BT*, XI /1924. — *Wagon d'oranges expédié d'Espagne en France.* — *Avarie de mouille constatée à la frontière.* — Condamnation du réseau sur lequel l'avarie s'est produite.

334. — *1ᵉʳ mai 1924. Cour d'Appel Paris. BT*, 6 /1924. — *Wagon malpropre et en mauvais état.* — *Avarie à la marchandise.* — *Responsabilité partielle de l'expéditeur.* — *Wagon de sucre avarié par de la mouille provenant de la toiture en mauvais état et par la présence de cristaux de sulfate de cuivre sur le plancher, donc malpropre.*

Observations. — Il est exact que la responsabilité de l'expéditeur peut être engagée si, alors que le chargement lui incombe, il commet la faute de placer sa marchndise en contact avec des objets ou des matières susceptibles de l'avarier pendant le transport exécuté dans des conditions normales. Mais, était ce bien le cas ici ? L'avarie a eu pour cause, d'après l'arrêt lui même, la « défectuosité de la toiture du wagon » et le dommage a été seulement « aggravé par la présence de cristaux de sulfate de cuivre, sur lesquels reposaient les sacs de sucre ». Or, il est évident que les sacs de sucre en question n'auraient rien eu à craindre des quelques cristaux de sulfate de cuivre restés dessous, si la toiture du wagon avait été en bon état. Les expéditeurs, qui avaient le droit de supposer qu'il en était bien ainsi, n'avaient donc commis aucune faute en négligeant la présence de quelques inoffensifs cristaux de sulfate de cuivre sous leurs sacs. Juges de première instance et juges d'appel auraient rendu une sentence à la fois plus équitable et plus juste en mettant l'entier dommage à la charge du chemin de fer, seul responsable du mauvais état de la toiture de son wagon. (Lamy.)

334 *bis*. — *Fin 1924. Tribunal d'Empire allemand (Zoll et Sped. Zeit. 15/1 1925). — Avarie provoquée à une marchandise par une autre inexactement désignée.* — Le chemin de fer prétend que dans ce cas il a droit à une surtaxe pour taxation insuffisante puis à une indemnité, ce qui est inexact.

Un envoyeur expédie un wagon déclaré contenir du *carton usagé*, parmi lequel se trouvaient quelques douilles en carton imprégnées de produit chimique pour munitions et quelques cartouches de fusil non brûlées. Pendant le transport éclata un *incendie* qui détruisit une partie du chargement et abîma partiellement le wagon. Le chemin de fer exigea d'abord une amende pour déclaration inexacte et une indemnité pour l'avarie au wagon ; il prétendait que s'il s'était agi d'un envoi de colis isolés, il y aurait eu du dégât autrement plus important à la charge de l'envoyeur. Le Tribunal d'Empire a annulé l'amende, car il n'y a pas eu violation des prescriptions relatives à la déclaration exacte de la marchandise par le fait que malgré un contrôle sérieux, il se soit glissé des douilles et des cartouches. On ne pourrait pas non plus parler de violation des ordonnances concernant la sécurité publique. Par contre est justifiée l'allocation au chemin de fer d'une indemnité pour avarie au wagon ; l'envoyeur sachant qu'il s'agissait de vieux carton ayant servi à des munitions aurait dû le déclarer au chemin de fer ; en s'en abstenant, il est responsable de l'avarie survenue.

335. — *20 mai 1924. Oberlandsger. Hamburg. — Avaries de 42 caisses d'œufs sur le trajet du chemin de fer.* — L'ayant droit a prouvé que l'avarie provenait d'une mauvaise *manutention* du chemin de fer et a condamné ce dernier. On avait pu prouver que les caisses étaient solides et le *chargement (par l'expéditeur)* bien conditionné. Que le déplacement du chargement de 20 à 30 centimètres prouve que la marchandise a subi un *choc extraordinairement fort*. Que par suite l'avarie n'était pas attribuable à la nature de la marchandise, que dès lors le chemin de fer ne pouvait exonérer sa responsabilité.

336. — *6 février 1924. Cassation de France. BT, 4/1924. CI, 3/18. 247. — C^le des wagons-réservoirs contre PLM. — Wagon particulier avarié en cours de route. — Réparation ; chômage.* — Responsabilité du chemin de fer. La compagnie a essayé d'opposer l'art. 129 du tarif 129 PV qui dit que le chemin de fer ne doit pas l'indemnité de chômage des wagons pendant leur réparation, mais

la Cassation n'a pas admis cet argument ; le Tribunal se basant
sur l'art. 103, C. Comm., a estimé que la compagnie est responsable
d'une avarie survenue en cours de transport et par suite responsable du chômage qui est l'inévitable conséquence de la réparation
nécessaire. (Lamy.)

337. — 3 *mars* 1924. *Trib. d'Empire allemand. BTI*, 1925/85,
CI, 31 (1) (2). — La mention « cousu dans du jute » figurant dans
la colonne réservée aux déclarations obligatoires ou facultatives
n'a d'autre sens que celui d'une reconnaissance de l'insuffisance
de *l'emballage*. Les risques découlant de l'emballage défectueux
comprennent également le danger de *vol*.

337 *bis*. 4 *juin* 1924. *Cassation de France. BT*, 8/1924. — C^le
*d'Orléans contre Vidal. — Avarie. — Condamnation de la compagnie
à faire exécuter elle-même la réparation nécessaire : cassation.*

La Cour,

Sur le moyen unique :

Vu l'art. 1142 du Code civil ;
Attendu qu'aucune disposition légale n'autorise les tribunaux
à condamner une partie, en réparation d'un dommage causé par
elle, à exécuter un acte qui lui est imposé, ni par une convention,
ni par la loi, alors qu'elle refuse de l'accomplir ;
Attendu que les meubles expédiés le 20 février 1922, à Vidal,
en gare de Saint-Gervais-Châteauneuf, ayant été avariés en cours
de transport, l'arrêt attaqué rejetant l'offre d'une indemnité faite
par la C^le d'Orléans, l'a condamnée à faire réparer elle-même et
à ses frais par des ouvriers qualifiés, les meubles avariés ;

Par ces motifs :

Casse et annule l'arrêt rendu entre les parties par la Cour
d'Appel de Rion le 7 décembre 1922 ;
Renvoie devant la Cour d'Appel de Lyon.

Observations. — On connaît sur cette question un seul arrêt
(C. Paris, 24 mars 1887 ; *Gazette des Tribunaux*, 24 avril 1887),
dont Carpentier et Maury donnent le commentaire suivant (*Traité
pratique des chemins de fer*, t. II, n° 3692) : Les Tribunaux pour-
raient-ils condamner la compagnie à réparer les marchandises
avariées ? C'est là une obligation de faire qui ne saurait être imposée,
puisqu'elle se résout elle-même en dommages-intérêts ; si les tribunaux condamnaient la compagnie à des réparations, ils devraient
donc en même temps prononcer une condamnation à des dommages-intérêts pour le cas où elle se refuserait à faire les réparations ;
ce mode d'indemniser ne sera donc que bien rarement employé
et les compagnies seront toujours en droit de se refuser à s'y soumettre.

Cette remarque montre que la question, intéressante au point de vue théorique, est d'un intérêt pratique à peu près nul : en règle générale, en effet, la compagnie ne peut avoir qu'avantage à effectuer les réparations elle-même, puisque le juge peut et doit la condamner à payer tous les frais que ces réparations, effectuées par d'autres, pourront occasionner ; d'autre part, l'ayant droit préférera presque toujours faire effectuer des réparations lui-même et sous sa propre surveillance, plutôt que de s'exposer à un truquage de la part des ouvriers, professionnels ou occasionnels, que pourrait y employer la compagnie. (Lamy.)

338. — *5 mars 1924. Tribunal Empire allemand. BTI, 1925/115, CI, 30 (1). — Avarie par mouille. Avarie due à la pénétration de l'eau par une déchirure de la toiture du wagon, provoquée par une violente tempête. —* Exception de *force majeure* inadmissible. Compagnie condamnée.

339. — *21 juillet 1924. Cour de Cassation. BT, XI/1924. — Wagon-réservoir de vin. — Coulage. — Expertise. — Vice propre invoqué mais non prouvé. —* Responsabilité du chemin de fer.

339 bis. — *17 mars 1924. Trib. Comm. Seine. Cl. 3/17/30. — Wagon-citerne. — Commissionnaire de transports. — Voiturier. — Expertise. — Wagon-citerne. — Fuite. — Choc normal. — Incendie. —* Responsabilité de la compagnie.

340. — *13 août 1924. Etude. Cour T. Commerce. —Doit-on admettre un déchet de route pour la casse?* — La jurisprudence a toujours admis cette thèse, et le Tribunal de Commerce de la Seine, en a fait également une juste application dans un jugement qu'il a rendu le 27 juillet 1923, où il avait à fixer la responsabilité d'une compagnie au sujet de la casse de bouteilles expédiées par wagon complet. Le Tribunal a dit notamment :

« Attendu que la compagnie soutient que la fragilité des marchandises litigieuses lui donnait droit à une tolérance de casse ;

« Que la différence entre le montant de la demande et des offres en représente la valeur, qui échapperait ainsi à sa responsabilité ;

« Mais attendu que la casse constitue une avarie de l'objet transporté, et non un déchet de route ;

« Que la fragilité de l'objet ne constitue pas le vice propre de la chose ;

« Attendu qu'il convient de remarquer que la défenderesse a accepté les dites marchandises sans faire aucune réserve au départ ; qu'elle est présumée les avoir reçues en bon état ;

« Attendu d'autre part, que sa responsabilité aurait pu se dégager si elle avait fait la preuve de vides dans l'emballage ;

« Qu'elle n'a pas établi cette preuve ;

« Attendu dès lors que la compagnie ne justifie d'aucun motif de fait ou de droit susceptible de la dégager de l'obligation de livrer en semblable état les marchandises qui lui étaient confiées ; il échet de l'obliger à la réparation du préjudice qui en est résulté pour X... »

Cette manière de voir est donc conforme à la jurisprudence et sauf l'attendu « qui fixe que le chemin de fer a accepté les marchandises sans faire aucune réserve » — attendu que nous ne pouvons admettre —, il convient de se rallier à la thèse qu'il soutient et qui est, d'ailleurs, conforme à celle que nous avons toujours défendue : la casse ne doit pas être un déchet de route.

Auguste CARDON.

341. — 30 *mai* 1924. *Trib. Comm. Lyon.* — La responsabilité d'une compagnie de chemin de fer n'est pas engagée par le fait que des *sarrasins* atteints d'humidité ont été chargés dans un wagon à peu près neuf et presque hermétiquement clos, ce qui a pu activer leur *fermentation.*

342. — 4 *février* 1924. *Oberlandsger, Munich. CI,* 30(1), 31 (1), 3º, *BTI,* 1925/200. — *Une pluie continue pendant la durée du transport ne constitue pas une force majeure. Le chemin de fer répond de l'étanchéité des wagons nécessaires contre la pluie.* — Il n'y a faute à la charge de *l'expéditeur chargeant lui-même,* qu'en tant qu'il accepte un wagon présentant des *vices apparents,* à part cela, il peut supposer que le wagon est en état d'être employé.

343. — 4 *mars* 1924. — *C. Suprême d'Autriche. CI,* 31 (1 et 2), *BTI,* 1925/147. — *Incendie.* — *Le chemin de fer ne répond pas de l'incendie d'une marchandise imparfaitement emballée (enveloppée dans de la paille n'ayant pas subi la préparation réglementaire) et chargée par l'envoyeur dans un wagon découvert.* — Le fait d'atteler ce wagon immédiatement derrière la locomotive constitue bien une faute du chemin de fer, mais la responsabilité de ce dernier ne résulte pas d'une simple probabilité. Elle n'est encourue que s'il est établi que l'incendie provient d'étincelles échappées de cette locomotive.

344. — 2 *avril* 1924. *Trib. d'Appel Munich.* — *Ciment avarié par la mouille.* — *Responsabilité de la compagnie.* — Le chemin de fer prétendait que puisque le ciment doit, d'après les tarifs, être chargé en wagon découvert, il n'était pas responsable alors même que la marchandise a voyagé en wagon couvert. D'autre part, le chargeur aurait dû vérifier l'état du wagon. Le tribunal n'a pas admis cette manière de voir et a condamné le chemin de fer, disant en substance :

« La négligence est aussi coupable qu'on ait donné plus qu'on ne devait (wagon fermé au lieu d'ouvert), quant au manque d'étanchéité, il ne pouvait être aperçu par l'envoyeur ou bien il s'est produit en cours de route. »

350. — *23 octobre 1924. Arrêt de la Cour d'Appel de Paris (5e ch.). BT, 12/1924. — Chemins de fer de l'Etat contre Frey et Cie. — Balles de coton détruites par un incendie. — Conclusions paradoxales d'un expert. — Vice propre et force majeure non établis. — Responsabilité de la compagnie.*

La Cour,

Dans les circonstances de fait exposées au jugement :

Considérant que, sans qu'il soit nécessaire pour la Cour de prendre parti dans la discussion scientifique encore ouverte entre les chimistes sur le point de savoir si, et dans quelles conditions, le coton est ou n'est pas spontanément combustible, ni de s'arrêter au rapport de l'expert qui aboutit à cette conclusion paradoxale que la combustion du coton en balles, qu'il croit possible spontanément, n'est pas à redouter au contact des matières enflammées ou en ignition projetées par les locomotives, il suffit de constater, pour retenir la responsabilité de l'administration des chemins de fer de l'Etat, qu'elle ne rapporte pas la preuve qui lui incombe dès qu'elle entend se soustraire aux obligations qui résultent pour elle du contrat de transport, que l'incendie qui a détruit les balles de coton expédiées du Havre à Dornach par Frey et Cie, doit être attribué en toute certitude au vice propre de la chose ou à la force majeure ;

Adoptant en outre les motifs des premiers juges qui ont fait une exacte appréciation des faits de la cause et des droits des parties ;

Par ces motifs :

En la forme :

Reçoit l'appel ;

Au fond :

Dit qu'il est mal fondé, le rejette ;
Confirme le jugement entrepris ;
Dit qu'il sortira son plein et entier effet ;
Condamne l'administration des chemins de fer de l'Etat à l'amende et aux dépens.

Observations. — Cet arrêt dit, en quelques mots, juste tout ce qu'il faut, mais rien de plus. En matière de perte et d'avarie, la responsabilité du voiturier étant, conformément à l'art. 103 du Code de Commerce, toujours présumée, il lui appartient, s'il espère se dégager, de faire la *preuve* du vice propre ou de la force majeure qu'il invoque. Or, on sait que les conclusions des experts ne lient point les juges mais leur fournissent seulement des éléments d'appréciation (voir notre *Manuel pratique*, p. 105) ; *a fortiori*, lorsque ces conclusions sont *paradoxales*, on ne peut les considérer comme formant preuve et la compagnie doit être condamnée.

351. — 18 *novembre 1924. Jugement du Tribunal de Commerce de la Seine* (5e *ch.*). *BT*, 2/1925. — *Baudin contre chemins de fer de Ceinture. — Balcons en fonte non emballés, brisés. — Absence de vice propre ; responsabilité du chemin de fer. — Laissé pour compte admis.*

Le Tribunal,

Après en avoir délibéré conformément à la loi ;

Statuant sur le tout par le même jugement ;

Attendu qu'il est acquis aux débats qu'à la date du 19 juin 1923, un sieur Sabatier a remis à la gare de la Glacière-Gentilly, située sur le réseau des chemins de fer de Ceinture, et pour être expédié en petite vitesse à l'adresse d'un sieur Abet, en gare de Villefranche-de-Romergue, un lot de 15 balcons ; étant complètement brisé, le sieur Abet refusa d'en prendre livraison ;

Attendu que c'est dans ces circonstances de fait que Baudin, lequel justifie être aux droits du sieur Abet, réclame au syndicat des chemins de fer de Ceinture, dans le dernier état de la procédure, paiement de la somme de 1.867 fr. 65, en réparation du préjudice qu'il a subi en l'espèce ;

Attendu que, résistant à la demande, le syndicat des chemins de fer de Ceinture soutient que le bris des balcons dont s'agit serait dû uniquement à leur vice propre et, en particulier, à leur défaut d'emballage ;

Que, dans ces conditions, il ne saurait être rendu responsable du préjudice dont excipe Baudin, et qu'au contraire, il serait fondé à se porter reconventionnellement demandeur, afin d'obtenir l'enlèvement de la marchandise restée en souffrance en gare de Villefranche-de-Rouergue, contre paiement des différents frais grevant la marchandise, énumérés en ses conclusions reconventionnelles ;

Mais attendu que s'il peut être exact que l'expert, nommé par application des dispositions de l'art. 106 du Code de Commerce, a reconnu que les balcons dont s'agit étaient excessivement fragiles et auraient dû être emballés pour supporter le voyage, il convient de remarquer que le syndicat des chemins de fer de Ceinture a accepté au départ la marchandise sans faire aucune réserve au sujet de l'absence d'emballage, léquel est du reste comforme aux usages du commerce en la matière ;

Qu'il appartient au transporteur qui a chargé lui-même la

marchandise sur le wagon, de prendre toutes les précautions nécessaires pour qu'elle arrive en bon état à destination, alors surtout qu'il n'ignorait pas la fragilité extrême de la dite marchandise ;

Attendu, dès lors, que le syndicat des chemins de fer de Ceinture ne rapporte pas, en l'espèce, la preuve du vice propre, seul capable de la dégager de sa responsabilité et qu'il convient, par suite, de décider que ledit syndicat est responsable des avaries qui ont fait l'objet du litige, en l'obligeant à réparer le préjudice qui en a été la conséquence pour Baudin ;

Attendu que, faisant état de la valeur des marchandises avariées et rendues inutilisables, ainsi que du trouble qui en a été la conséquence directe subi par Baudin, ce tribunal possède les éléments suffisants d'appréciation pour fixer à la somme de 500 fr. l'importance du préjudice dont justifie Baudin et que pouvait prévoir le transporteur ;

Attendu que c'est, par suite, au paiement de cette somme qu'il convient d'obliger le syndicat des chemins de fer de Ceinture, en accueillant la demande à due concurrence et en rejetant, par voie de conséquence, les conclusions reconventionnelles du syndicat des chemins de fer de Ceinture. Baudin ayant été fondé, en l'espèce, à laisser pour compte à la gare destinataire, les marchandises avariées devenues entièrement inutilisables ;

Par ces motifs :

Le Tribunal jugeant en premier ressort :

Condamne le syndicat des chemins de fer de Ceinture, par les voies de droit, à payer à Baudin la somme de 500 fr. à titre de dommages-intérêts ;

Déclare mal fondés, Baudin en le surplus de sa demande, et le syndicat des chemins de fer de Ceinture en ses conclusions reconventionnelles ;

Les en déboute respectivement ;

Et condamne le syndicat des chemins de fer de Ceinture aux dépens.

Observations. — Cette décision, à laquelle les chemins de fer de Ceinture de Paris se sont soumis, a été rendue sur les conclusions du service de contentieux de notre Ligue. Elle est intéressante à un double point de vue : 1º le tribunal a admis très justement l'entière responsabilité du chemin de fer pour un transport de balcons en fonte non emballés, parce que le défaut d'emballage ne suffit pas à constituer un vice propre susceptible d'exonérer *a priori* le transporteur ; 2º conformément aux principes rappelés pages 67 et suivantes de la 10e édition de notre *Manuel pratique*, il a estimé que le destinataire était fondé à laisser la marchandise pour compte à la compagnie, puisque, simple particulier, il n'avait pas l'emploi de balcons en fonte brisés. (Lamy.)

352. — *6 novembre 1924. C. d'Appel Paris, Cl, 2 /55 /40. — Varraz contre Orléans. —* Pour échapper à la présomption de *faute* que fait peser sur lui l'art. 103, C. Comm., le voiturier doit établir d'une façon précise et indubitable le *vice propre* de la chose. *(Caisses raisins.)*

353. — *25 novembre 1924. Jugement du Tribunal de Commerce de la Seine (8e ch.). BT, XI /1925. — Boutemy frères contre : 1º Curti ; 2º chemins de fer italiens ; 3º Cie PLM. — Balles de chanvre avariées par mouillure. — Wagon défectueux. — Défenseurs non solidaires. — Condamnation de chacun d'eux pour la portion des avaries résultant de sa faute.*

Le Tribunal,

Après en avoir délibéré conformément à la loi ;

Attendu qu'il est établi aux débats qu'en exécution d'une commande adressée aux sieurs Carmisse Pezzulo et Figli, non parties au procès, négociant à Frattamaggiore (Italie), par Boutemy frères, filateurs à Lannoy (Nord), il a été expédié, par Carmisse Pezzulo et Figli, 91 balles de chanvre peigné pesant 10.028 kilos. de Frattamaggiore à l'adresse de Curti, transitaire en gare de Modane, désigné par Boutemy frères pour recevoir la marchandise et la réexpédier à Lannoy ;

Attendu que l'expédition de Frattamaggiore à Modane-local a été faite suivant récépissé des chemins de fer italiens ; qu'une avarie de mouille, portant sur 10 balles, fut constatée et signalée également au chef de gare italien de Modane par Curti ;

Attendu que la marchandise, y compris les 10 balles atteintes de mouille, a été réexpédiée de Modane à Lannoy, suivant récépissé nº 3.990 PLM en date du 5 octobre 1923, en petite vitesse, port payé, tarif spécial le plus réduit, gare Lannoy, le récépissé dont s'agit portant la suscription : « 10 balles légèrement mouillées, prière de faire les constatations à l'arrivée pour le compte des chemins de fer italiens » ;

Et attendu qu'à l'arrivée à Lannoy, une avarie de mouille a été constatée sur 28 balles, cela contradictoirement ;

Attendu qu'à raison de cette avarie Boutemy frères demandent :

1º A la Cie PLM ;

2e A Curti ;

3º A l'administration des chemins de fer italiens ;

Solidairement ou l'un à défaut des autres paiements de 1.033 fr. à titre de dommages-intérêts ;

Sur la solidarité :

Attendu que le transport dont s'agit a été l'objet de contrats distincts sur les chemins de fer italiens et sur les chemins de fer PLM ;

Que Curti est assigné comme mandataire ;
Que les causes juridiques sont distinctes ;
Que, par suite, il échet de repousser la solidarité ;

En ce qui touche la C^{le} *PLM :*

Attendu que la C^{le} PLM, reconnaissant la matérialité des faits
établis par une expertise amiable faite à l'arrivée et consentie d'un
commun accord, se borne à alléguer, en ses explications, que le
mauvais état du wagon étant la cause de l'avarie, la C^{le} PLM ne
serait pas responsable, la marchandise voyageant aux conditions
du tarif PV 120, d'après lequel les opérations du chargement
incombent à l'expéditeur ;

Que le représentant de celui-ci à Modane aurait dû procéder
au transbordement de la marchandise, au lieu de la laisser continuer
à voyager dans le wagon italien défectueux ;

Mais attendu que, contrairement aux allégations de la C^{le} PLM
il ressort des documents soumis que les balles ont été déchargées
à Modane pour la vérification de la douane ;

Que le chef de gare en a constaté l'avarie et qu'il a laissé rechar-
ger les balles dans le même wagon ;

Attendu, d'autre part, que si la C^{le} PLM pouvait valablement
reprocher à l'expéditeur de ne pas avoir refusé le wagon en cas de
mauvais état, manifestement apparent, comme bris de toiture et
parois, elle ne peut lui faire le même reproche alors qu'il s'agit
d'un défaut d'étanchéité de la toiture et surtout lorsque cette
toiture paraissait en bon état, selon les propres termes du rapport
qui conclut indirectement à la non étanchéité de la toiture, de ce
fait que les balles supérieures seules étaient mouillées ;

Attendu ,par suite, qu'il échet d'obliger la C^{le} PLM à la réparation du préjudice subi en ce qui concerne 18 balles, mais non 28, en
raison des réserves faites par elle pour 10 balles mouillées au départ ;

Attendu que ce Tribunal trouve les éléments d'appréciation
nécessaires dans l'état fourni par le demandeur et dans les renseignements recueillis, pour fixer à la somme de 649 fr. le montant
du préjudice subi, en accueillant la demande à concurrence de
cette somme à l'égard de cette défenderesse, sans qu'il y ait lieu
de l'obliger solidairement avec les autres assignés ;

En ce qui touche les chemins de fer italiens :

Attendu que les chemins de fer italiens reconnaissent l'avarie
de mouille sur 10 balles ;

Attendu que, pour les motifs déjà exposés ci-dessus et qu'il
est superfétatoire de répéter, les chemins de fer italiens, qui ne
justifient par aucun document que leur responsabilité soit dégagée,
ne sauraient se soustraire au paiement de la part leur incombant
de l'avarie dont s'agit ;

Attendu que ce Tribunal possède les éléments d'appréciation nécessaires pour fixer à la somme de 364 fr. le montant du préjudice subi par Boutemy frères en ce qui concerne 10 balles ;

Que c'est à concurrence de cette somme qu'il échet, en conséquence, d'accueillir la demande à l'égard de cette défenderesse sans qu'il y ait lieu de l'obliger solidairement avec les autres assignés ;

En ce qui touche Curti :

Attendu qu'il est établi aux débats que Curti a fait constater à Modane l'avarie de mouille ;

Attendu qu'il ne saurait être rendu responsable du mauvais état du wagon qui n'était pas apparent comme il a été dit ci-dessus ;

Attendu que, par suite, en l'absence de toute preuve d'une faute de sa part dans l'accomplissement du mandat qui lui était confié, la demande, en ce qui concerne Curti, est mal fondée et doit être rejetée ;

Par ces motifs :

Le Tribunal, jugeant en dernier ressort ;

Condamne la Cie PLM, par les voies de droit, à payer à Boutemy frères la somme de 649 fr. à titre de dommages intérêts ;

La condamne aux dépens de cette partie de l'instance ;

Condamne l'administration des chemins de fer de l'Etat italien, par les voies de droit, à payer à Boutemy frères la somme de 364 fr. à titre de dommages-intérêts ;

La condamne aux dépens de cette partie de l'instance ;

Déclare Boutemy frères mal fondés en le surplus de leur demande ;

Les en déboute ;

Et les condamne, par les voies de droit, au surplus des dépens.

Observations. — Ce jugement a été rendu sur les conclusions du service de contentieux de notre Ligue. Le demandeur ayant conclu à la condamnation solidaire des différentes parties qu'il avait mises en cause, le Tribunal n'a pas admis cette solidarité, sous prétexte que les causes juridiques sur lesquelles se basait l'action étaient différentes. Ce motif est loin d'être déterminant, et le Tribunal en avait un autre qu'il a omis d'indiquer, ce qui est fort regrettable, car sa position eût été juridiquement irréprochable. La doctrine et la jurisprudence admettent, en effet, que la réparation d'un fait dommageable survenu par la faute de plusieurs personnes ne peut être ordonnée pour le tout contre chacune d'elles (ce qui est le caractère même de la solidarité) que lorsqu'il est impossible de déterminer la part des fautes personnelles dans le fait dommageable (Cass. civ. 11 juil. 1892, D. P. 94, I, 561 ; Cass. req. 11 juil. 1892, D. P. 94, I, 513 ; Cass. civ. 15 juil. 1895,

D. P. 96, ɪ, 31 ; Cass. req. 11 janv. 1905, D. P. 1906, ɪ, 87 ; Cass. req. 26 nov. 1907, D. P. 1908, ɪ, 139). Or, les circonstances de la cause permettaient justement d'attribuer la mouille de 10 balles aux chemins de fer italiens et celle des 18 autres balles avariées à la Cⁱᵉ PLM.

Par ailleurs, le Tribunal a évidemment fort justement rete ıu la responsabilité des transporteurs en ce qui concerne les avaries causées directement par le mauvais état de la toiture du wagon ; il aurait toutefois pu s'abstenir de dire que cette responsabilité était d'autant plus grande que la défectuosité n'était pas apparente ; cette circonstance était sans influence sur la responsabilité du chemin de fer, laquelle demeurait entière dans tous les cas.

353 *bis.* — *2 avril 1925. Cour Royale hongroise. CI*, 31 (1), 3° *et* 44, *BTI*, 1927 /106. — Si un wagon, dont le *chargement* incombe à l'expéditeur, a été *réexpédié* sans rompre charge, *l'avarie* survenue par suite de l'état défectueux du wagon est à considérer comme inhérente au mode de chargement ; par conséquent, le chemin de fer ne saurait être rendu responsable de cette avarie.

354. — *25 novembre 1924. Arrêt de la Cour de Cassation (ch. civ.). BT*, 2 /1925. — *Ruffié contre Vaidrier et Richard et Cⁱᵉ du Midi. — Insuffisance de motifs.* — 1° *Vente de son en sacs ; avaries constatées à l'arrivée ; agréage ; vice caché.* — 2° *Frais de magasinage ; exigibilité ; lettre d'avis nécessaire.*

La Cour,

Sur le premier moyen :

Vu l'art. 1641 du Code civil ;

Attendu que Ruffié, négociant à Perpignan, a acheté de Vaidrier et Richard, négociants à Roubaix, du son qui a été livré en gare de Tourcoing, par expéditions séparées des 10 et 22 juillet 1919 ;

Attendu que la marchandise, formant l'objet de la première expédition, paraissant avariée à son arrivée en gare de Perpignan, a été, à la demande de l'acheteur, soumise à une expertise ;

Attendu qu'il résulte de cette expertise, que le contenu de tous les sacs était dans un état de fermentation qui rendait la marchandise inutilisable, et que d'autres sacs présentaient des traces de mouillure ; que l'expert déclare que la fermentation provenait de ce que le son avait été empoché trop humide et trop tassé dans les sacs et que l'avarie susceptible d'être attribuée à la mouillure « devait être mise au compte du chemin de fer » ;

Attendu que se fondant sur les conclusions de cette expertise, Ruffié a fait assigner Vaidrier et Richard et la Cⁱᵉ du Midi devant le Tribunal de Commerce de Perpignan en restitution du prix de la marchandise par lui versé et en paiement de diverses sommes et en allocation de dommages-intérêts ;

Attendu que la marchandise, comprise dans la deuxième expédition, a été également soumise à une expertise : que l'expert déclare que les sacs, dont aucun cette fois ne portait de trace de mouillure, contenaient une marchandise impropre à la consommation, par suite d'une fermentation qui provenait, de la même cause que celle précédemment constatée ;

Attendu que, par exploits des 11 et 12 août 1919, Ruffié a fait assigner Vadrier et Richard et la C^le du Midi devant le même tribunal ; que, par ses conclusions, il a demandé au tribunal de joindre les instances et de juger « qu'à bon droit, il avait refusé de livrer les deux expéditions, la marchandise n'étant ni saine, ni loyale, ni marchande » ;

Attendu que la C^le du Midi a conclu contre Ruffié au paiement de 9.135 fr. pour frais de magasinage ;

Attendu que, par jugement du 26 mars 1920, le Tribunal, homologuant le rapport de l'expert, a fait droit à la demande de Ruffié contre Vaidrier et Richard et rejeté sa demande contre la C^le de chemin de fer ; qu'il a sursis à statuer sur la demande en paiement de l'expertise par lui ordonnée sur ce chef de contestation ;

Attendu que l'arrêt attaqué a infirmé le jugement et rejeté la demande de Ruffié contre Richard et Vaidrier, sous le double prétexte :

1° Que la prise de livraison de la marchandise au départ valait agréage ;

2° Qu'aucune faute n'était imputable aux vendeurs ;

Attendu que la décision à prendre dépendait de la question de savoir si le vice de la marchandise, cause juridique de l'action, était apparent ou caché ; que les constatations et les appréciations de l'arrêt, relatives à cette question, sont insuffisantes et contradictoires, et qu'elles ne permettent pas à la Cour de Cassation d'exercer le contrôle qui lui appartient ; qu'il suit de là que la Cour de Montpellier n'a pas légalement justifié sa décision ;

Sur le deuxième moyen :

Vu les art. 52 et 53 des conditions générales d'application des tarifs généraux PV ;

Attendu qu'aux termes de ces articles, l'envoi d'une lettre d'avis est nécessaire pour faire courir les délais d'enlèvement des marchandises adressées en gare et pour fixer, par suite, les points de départ des frais de magasinage, lesquels ne sont dus qu'autant que l'avis a été envoyé ;

Attendu que l'arrêt attaqué condamne Ruffié à payer à la C^le du Midi la somme globale de 9.181 fr. 25 pour droits de magasinage et frais afférents aux deux expéditions du son par lui acheté de Richard et Vaidrier ; qu'en ce qui concerne les droits perçus à l'occasion de la première expédition, l'arrêt déclare simplement :

« qu'ils ont été établis conformément aux tarifs » ; qu'en ce qui concerne les droits relatifs à la deuxième expédition, l'arrêt ne justifie leur perception par aucun motif ;

Attendu que les juges du fond auraient dû constater l'envoi d'une lettre d'avis à Ruffié, envoi sans lequel les frais de magasinage ne sont pas dus ;

Qu'en statuant comme elle a fait, la Cour de Montpellier n'a pas mis la Cour de Cassation en mesure d'exercer le contrôle qui lui appartient ;

Qu'elle n'a pas légalement justifié sa décision ;

Par ces motifs :

Casse et annule l'arrêt rendu entre les parties par la Cour d'Appel de Montpellier le 29 juillet 1921, tant dans ses dispositions relatives à la demande de la résolution de la vente formée par Ruffié, que dans ses dispositions relatives à la demande en paiement des frais de magasinage et autres formée par la compagnie des chemins de fer contre le même ;

Renvoie devant la Cour d'Appel de Nîmes.

Observations. — En ce qui concerne le premier point, la Cour de Cassation a appliqué purement et simplement à l'espèce l'art. 1641 du Code civil, aux termes duquel :

« Le vendeur est tenu de la garantie à raison des défauts cachés de la chose vendue qui la rendent impropre à l'usage auquel on la destine, ou qui diminuent tellement cet usage, que l'acheteur ne l'aurait pas acquise ou n'en aurait donné qu'un moindre prix s'il les avait connus. »

Or, même en admettant avec la Cour de Montpellier que la réception de la marchandise par la gare de départ valût agréage de la part de l'acheteur — ce qui, du reste, n'est pas certain — cela ne pouvait, en tout cas, couvrir la responsabilité du vendeur en ce qui concerne le vice caché de la marchandise.

Sur le second point, la Cour Suprême fait des tarifs généraux du chemin de fer, une application rigoureuse que nous ne pouvons qu'approuver : lorsque la compagnie réclame des frais de magasinage, il faut qu'elle justifie — et cette justification doit être constatée par le juge du fait — qu'elle a bien envoyé la lettre d'avis nécessaire (dans la généralité des cas) pour que lesdits frais de magasinage deviennent exigibles. (Lamy.)

355. — 23 *janvier 1924. Trib. Appel de Rennes.* (P, 77), *CI*, 41. — *Avaries à un envoi de fromages par suite de la longueur du transport. — Expertise. — Faute grave du chemin de fer.* — Le wagon transporteur a fait en cours de route deux arrêts de plusieurs jours ; le chemin de fer en justifie un par une grève, puis par des

réparations au wagon qui avait reçu un choc, mais elle n'explique pas l'autre.

Le Tribunal n'accepte pas la grève, terminée lors de l'arrivée à la première halte et qui n'est pas un motif suffisant ni la réparation des avaries provenant du choc dont le chemin de fer est responsable ; le wagon était assez étiqueté pour que le chemin de fer puisse se rendre compte qu'il contenait des denrées périssables, que malgré les réclamations du destinataire le chemin de fer ne s'est pas donné la peine de rechercher le wagon. Donc faute grave du chemin de fer et application de l'art. 41 de la CI et non pas seulement du 40. La Cie d'Orléans a été condamnée à tous les frais.

Matériel défectueux.

355 *bis*. — Les compagnies sont tenues dans tous les cas, de fournir des wagons en bon état, aptes à transporter dans des bonnes conditions la marchandise annoncée. Leur responsabilité se trouve engagée si les avaries constatées à l'arrivée résultent de la malpropreté ou du mauvais état du matériel fourni. Ces principes ont été consacrés par de nombreuses décisions, parmi lesquelles nous citerons les suivantes :

Cass. req., 2 juillet 1890 ; civ., 20 mars 1893 (BT, 1893, 11, 90) ; Trib. Comm. Nevers, 7 août 1907 (BT, 1907, 155) ; Castres, 18 octobre 1909 (BT, 1910, 43) ; Vernes, 17 mars 1910 (BT, 1910, 105) ; Marseille, 22 juin 1911 (BT, 1911, 181) ; C. Amiens, 22 novembre 1912 (BT, 1913, 74) ; Orléans, 21 novembre 1913 (BT, 1914, 60) ; Trib. Com. Roubaix, 10 décembre 1913 (BT, 1914, 75) ; Le Mans, 16 décembre 1913 (BT, 1914, 60) ; Marseille, 22 juin 1921 (BT, 1921, 66) ; Grenoble, 22 juin 1921 (BT 1921, 67) ; C. Grenoble, 3 décembre 1921 (BT, 1922, 19). (Lamy, 1924/333.)

356. — *20 juin 1924. Cour d'Appel Paris. BT, 8/1924. — Marchandise détruite en gare par un incendie. — Expertise non probante attribuant l'événement à la combustion spontanée. — Responsabilité.*

Observations. — On sait que d'une manière générale, les juges sont nullement tenus de suivre l'avis des experts, même judiciairement nommés. L'arrêt ci-dessus fournit une nouvelle preuve de l'obligation qui leur incombe, de s'assurer non seulement de la moralité, de la compétence desdits experts, mais encore d'examiner de très près les constatations et les appréciations contenues dans leurs rapports. (Lamy.)

357. — *8 juillet 1924. Arrêt de la Cour de Cassation (ch. req.). BT, 4/1925. — Vairon et Cie contre Delons. — Feuilles de zinc venues par mer, reçues par un transitaire et remises par lui au chemin* *de fer. — Avaries ; refus du destinataire. — Responsabilité du transitaire.*

La Cour,

Sur le moyen unique, pris de la violation et de la fausse application des articles 1991 et 1134, 1147 à 1151 du Code civil et 7 de la loi du 20 avril 1810 :

Attendu que, suivant marché du 29 avril 1920, Delons, négociant à Paris, a vendu à Aerts, Piquart et Cⁱᵉ, négociants à Nancy, 27 tonnes de feuilles de zinc qu'il devait recevoir par mer, au Havre, et qu'il a donné à Vairon et Cⁱᵉ, transitaires, mandat de recevoir la marchandise au Havre et de la réexpédier à Nancy ;

Attendu qu'à leur arrivée, les feuilles de zinc ayant été reconnues oxydées et avariées, les acheteurs, qui avaient payé le prix d'avance, refusèrent la marchandise et assignèrent en dommages-intérêts leur vendeur Delons qui, de son côté, appela en garantie les transitaires Vairon et Cⁱᵉ ; que ceux-ci, tout en contestant, en principe, leur responsabilité, ont soutenu que le mandant était lui-même en faute de n'avoir pas, malgré l'avis qu'ils affirmaient lui avoir donné, vérifié l'état de la marchandise et des emballages, lors de leur débarquement au Havre, et provoqué en conséquence les mesures utiles ; que, tout au moins, il était impossible, en l'absence de précisions sur l'importance de l'avarie, de fixer l'étendue de leur responsabilité ; qu'ils reprochent à l'arrêt attaqué de les avoir condamnés, sans s'expliquer sur ces deux points qui faisaient l'objet de chefs distincts et formels des conclusions ;

Mais attendu qu'il résulte de l'arrêt que Vairon et Cⁱᵉ, mandataires salariés, tenus de veiller à la conservation de la marchandise et de lui donner tous leurs soins, ont, en toute hypothèse, commis une faute grave dans l'exécution du mandat, soit en négligeant, contrairement à leurs prétentions, d'aviser Delons du mauvais état de la marchandise, s'ils l'ont constaté au moment de son débarquement, et de lui ménager un recours tant contre les transporteurs maritimes que contre les expéditeurs, soit, au cas où la marchandise n'aurait pas encore été avariée, de n'avoir pas pris les précautions nécessaires pour préserver les feuilles de zinc de toute oxydation ;

Attendu que ces constatations, qui établissent la responsabilité des mandataires, à l'exclusion de toute faute de la part du mandant, répondent aux conclusions des parties et justifient légalement la décision par laquelle la Cour de Nancy a condamné Vairon et Cⁱᵉ à garantir Delons de toutes les condamnations prononcées contre lui et les a, par là même, substitués après exécution de la décision intervenue, aux droits de leur mandant sur la marchandise avariée ; que, par suite, l'arrêt attaqué n'a violé aucun des textes visés au pourvoi :

Par ces motifs :

Rejette le pourvoi formé contre l'arrêt rendu, le 8 décembre 1922, par la Cour d'Appel de Nancy.

Observations. — Encore un transitaire qui écope, et, ma foi, sans aller jusqu'à dire que c'est bien fait, nous ne les plaindrons que peu : c'est en effet le métier des commissionnaires de savoir prendre vis-à-vis des transporteurs toutes mesures utiles en vue d'assurer la bonne exécution des transports ; il serait tout à fait contraire à l'équité que les conséquences de leurs fautes dussent être supportées par ceux précisément qui leur ont fait confiance. (Lamy.)

358. — 21 *février 1924. Trib. Com. Lyon. — Marchandises avariées. — 1º Art. 106 du Code de Commerce. — Contestation entre expéditeur et destinataire. — Expertise inopérante à défaut des formalités des art. 315 et 429 C. pr. — 2º Vice propre. — Preuve incombant au voiturier. — 3º Marchandise inutilisable. — Laissé pour compte justifié.*

1º Le voiturier et le destinataire peuvent seuls se prévaloir de l'expertise de l'art. 106 du Code de Commerce dans leurs rapports entre eux, celle-ci étant inopérante dans les rapports entre le destinataire et l'expéditeur ; dans ce dernier cas, c'est à l'expertise de droit commun qu'il importe de recourir. (Art. 315 et 429, C. Pr.)

2º Le voiturier est responsable de la perte de marchandises survenue en cours de transport, à moins qu'il n'administre la preuve du cas fortuit ou du vice propre ; en ne le faisant pas, il reste tenu de la bonne exécution du transport envers le destinataire.

3º Le destinataire ne saurait être tenu de prendre livraison d'une denrée alimentaire dont le transbordement par le chemin de fer a été fait sans aucune garantie de bonne exécution.

360. — *4 mars 1925. Kammergericht de Berlin. BTI, 255/1926. — S'agissant de marchandises transportées en wagons découverts, la* présomption inhérente au chargement fait par l'expéditeur comprend aussi l'accroissement du risque d'*incendie* dû au dépassement du gabarit.

361. — *16 septembre 1925. Jugement du Tribunal de Commerce de la Seine (ch. des vacations). BT, 2/1926. — Regnier et Render contre Rousselin ; Rousselin contre chemins de fer de l'Etat. — Tube pour rayons X cassé. — Expertise amiable convenue entre le commissionnaire et le chemin de fer dépourvue de force probante envers l'expéditeur.* (Extrait.)

. . . .

. . . .

Attendu qu'il est acquis aux débats que le 13 août, 1924, Regnier et Render ont confié à Rousselin commissionnaires de transports, une caisse contenant un tube pour rayons X à destination du Dr Duchain au Havre ;

Que Rousselin expédia cette caisse au Havre en grande vitesse avec d'autres colis par le réseau du chemin de fer de l'Etat ; qu'à l'arrivée en gare de ladite ville, le correspondant de Rousselin, un sieur Deschamps, remarquant que le contenu paraissait en mauvais état, fit, d'accord avec l'administration des chemins de fer de l'Etat, ouvrir le colis en présence du Dr Duchain et d'un *tiers choisi à l'amiable par ladite administration et par le sieur Deschamps* ; qu'il fut constaté que le tube qu'il contenait était brisé et inutilisable ; que c'est dans ces circonstances de fait que Régnier et Render sollicitent à l'encontre de Rousselin l'allocation de la somme de 558 fr. valeur dudit tube, à titre de dommages-intérêts et que Rousselin appelle en garantie l'administration des chemins de fer de l'Etat ;

Sur la demande principale :

. . . .

Attendu que pour établir le vice propre, Rousselin invoque le procès-verbal de l'examen auquel il avait été procédé en gare du Havre, procès-verbal qui conclut que la cause dominante du bris serait un emballage défectueux :

Mais attendu que cet examen convenu à l'amiable entre le sieur Deschamps, préposé de Rousselin, et l'Administration des chemins de fer de l'Etat, a été fait hors de la présence de Régnier et Render et sans qu'ils aient été avisés ou appelés à y assister et sans qu'aient été observées les formalités prescrites par l'art. 106 du Code de Commerce ; qu'il ne saurait avoir à l'égard de Regnier et Render force probante pour détruire la présomption de responsabilité édictée par l'art. 103 du Code de Commerce ;

Qu'il échet pour ce tribunal de déclarer que la responsabilité de Rousselin subsiste et qu'il y a lieu de l'obliger à réparer le préjudice subi par Régnier et Render, lequel est justifié s'élever à 558 fr., montant de la demande...

Observations de Lamy :

« L'expertise amiable faite en dehors de l'expéditeur et sans son consentement ne le lie pas. Il est fondé à en contester la valeur.

« Il en avait déjà été jugé ainsi par le Tribunal de Commerce de la Seine, le 7 novembre 1911 (*Bulletin des Transports*, 1912, page 13), et par la Cour d'Appel de Montpellier, le 2 novembre 1905 (*idem*, 1906, page 11).

362. — *2 janvier 1925. Cour d'Appel Paris. BT, 4/1925. Sirey, 1/1926. — Wagon-foudre de vin arrivé vide. — Faute de l'expéditeur. vice propre et choc. —* Responsabilité de l'expéditeur pour un cin-

quième ; du propriétaire et du chemin de fer solidairement pour quatre cinquièmes.

Observations. — L'administration des chemins de fer de l'Etat avait soutenu en première instance qu'elle ne pouvait être responsable de la perte totale du vin contenu dans le wagon-réservoir litigieux, parce que cette perte résultait du vice propre du foudre. Le Tribunal de Commerce de la Seine l'avait suivie dans cette argumentation, impressionné sans doute par la déclaration de l'expert d'après laquelle un choc, même très violent, n'aurait pas provoqué l'accident, si le wagon avait été en bon état. La Cour a fort heureusement remis les choses au point en se basant sur l'idée que la cause initiale du dommage était un accident de route imputable au chemin de fer : si, en effet, la compagnie en s'appuyant sur le rapport de l'expert pouvait soutenir qu'il n'y aurait pas eu de perte au cas où le wagon aurait été en bon état, le propriétaire, avec raison, pouvait prétendre qu'il n'y aurait pas eu non plus de dommage si le chemin de fer ne s'était pas rendu coupable d'un tamponnement trop brusque. C'est dans ces conditions que la Cour a procédé à une répartition de la responsabilité qui semble assez équitable. (Lamy.)

363. — 14 *janvier* 1925. *Cassation de France. BT, 6/1925. — C*ie *PLM contre* 1º *Hyppolite Gachon ;* 2º *Chemin de fer de l'Est. — Wagon particulier avarié au cours d'un transport et désimmatriculé.* — Responsabilité de la compagnie pour la non restitution et pour le retard de ce wagon.

Observations. — La C*ie PLM a tenu, sans doute, une fois de plus, à se distinguer en soutenant une thèse... insoutenable ; puisque l'avarie lui était imputable, elle était incontestablement responsable de l'immobilisation consécutive à cette avarie, et puisqu'il lui était loisible de restituer le wagon à son propriétaire, elle devait endosser également les conséquences de la deuxième faute qu'elle avait commise en s'y refusant. Mais on se demande quelle peut bien être la mentalité des agents du service de contentieux qui vont en cassation pour des affaires comme celle-là, où ne se trouve aucune question de principe et où le rejet du pourvoi apparaît inévitable. (Lamy.)

364. — 26 *janvier* 1925. *Arrêt de la Cour de Cassation (ch. civ.). BT, X/1925. — C*ie *PLM contre Gon. — Colis postal accepté sans réserves. — Avaries attribuées à un défaut d'emballage. — Application des règles ordinaires.*

La Cour,

Vu l'art. 103 du Code de Commerce :

Attendu qu'en faisant la preuve de la force majeure, du vice

propre de la chose ou de la faute de l'expéditeur, le voiturier se
libère de la responsabilité des avaries ; que la réception des colis
par le voiturier sans observation ni réserve ne lui enlève pas le
droit de faire la preuve de sa libération ;

Attendu que cette règle est applicable au transport des colis
postaux, les termes de l'art. 7, § 1er, du décret du 27 juin 1892,
qui détermine les conditions d'envoi de ces colis, n'y apportent
aucune dérogation ;

Attendu dans l'espèce qu'actionnée par Gon à raison de l'avarie
survenue à un objet expédié de Paris en gare d'Avignon par colis
postal, de la valeur déclarée de 500 francs dont il avait refusé
de prendre livraison, la Cie PLM déclinait toute responsabilité en
se prévalant des constatations de l'expert commis qui avait déclaré
que « l'insuffisance de l'emballage était certainement la cause de
cette avarie » ;

Attendu que le jugement attaqué, confirmant la sentence du
juge de paix sans écarter en fait ce moyen de défense, se fonde
pour condamner la compagnie à payer des dommages-intérêts au
destinataire sur cet unique motif qu'elle avait reçu le colis sans
observations et « qu'elle aurait dû s'assurer avant de l'accepter si
l'emballage était fait dans des conditions suffisantes » ;

Qu'en statuant ainsi, le Tribunal civil d'Avignon a violé, par
fausse application, l'article de loi susvisé ;

Par ces motifs :

Casse le jugement rendu le 30 novembre 1910 par le Tribunal
civil d'Avignon.

Observations. — La Cour de Cassation n'a pas vu — ou n'a pas
voulu examiner — la véritable question. Personne ne peut lui
contester l'applicabilité aux colis postaux de la règle suivant laquelle
« la réception des colis par le voiturier sans observation ni réserve
ne lui enlève pas le droit de faire la preuve de sa libération » ;
cela parce que :

1º Aux termes de l'art. 19 de la Convention internationale du
30 novembre 1920 (art. 18 de la Conv. du 26 mai 1906), « la législation intérieure de chacun des pays contractants demeure applicable en tout ce qui n'est pas prévu par les stipulations contenues
dans la présente convention » ; l'art. 103 du Code de Commerce
peut donc être applicable à défaut d'autre texte ;

2º L'art. 16 de la même convention (art. 15 de la Conv. de 1906)
détermine les principes de la responsabilité dans des conditions
identiques à celles de l'art. 103 précité ; il n'est donc même pas
besoin de faire appel à ce dernier. Mais la question était de savoir
si les termes du § V du Règlement d'exécution annexe de la Convention de 1920 (ou de celle de 1906) ne créaient pas une présomption
de son état susceptible d'être opposée au voiturier qui prétendrait

se prévaloir d'un défaut d'emballage. Ces termes sont en effet les suivants :

Pour être admis au transport tout colis doit :

. . . .

2° Etre emballé d'une manière qui réponde à la durée du transport et qui préserve assez efficacement le contenu pour qu'il soit impossible d'y porter atteinte sans laisser une trace apparente de violation, etc.

M. Victor Mittre n'hésite pas à écrire en commentaire sous ce texte (Droit commercial des chemins de fer, n° 1243) : Du moment qu'un transporteur a admis un objet au transport comme colis postal, il est censé avoir reconnu que les conditions requises étaient remplies, au moins dans la mesure où il a pu en avoir connaissance. C'est la logique même, et il eût été infiniment précieux d'avoir enfin sur ce point une opinion catégorique formulée *ex cathedra* par la Cour Suprême. Il est regrettable qu'elle ait préféré prendre la tangente et casser la décision qui lui était déférée, en se fondant, avec raison d'ailleurs, sur ce que cette décision avait condamné la compagnie pour l'unique motif « qu'elle avait reçu le colis sans observations ni réserve et qu'elle aurait dû s'assurer, avant de l'accepter, si l'emballage était fait dans des conditions suffisantes ».

365. — *14 février 1925. Cour d'Appel de Douai. BT. 4/1926. — Wagon de balles de chanvre incendié sur le PLM.* — Réclamation par la Cie du Nord, réseau destinataire, de débours antérieurs ; validité de l'action contre elle.

366. — *24 février 1925. Cour de Cassation. — Chemin de fer. — Transport des marchandises. — Avaries. — Soins compatibles avec le service ou imposés par le tarif. — Bâchage.*

Vu les art. 1332 C. civ. et 103 C. com. ;

Attendu que le voiturier ne répond pas des pertes ou avaries dont la cause est le vice propre de la chose ou un cas fortuit ;

Que si les compagnies de chemins de fer sont tenues de veiller à la conservation de la marchandise dont le transport leur est confié, leur obligation ne s'étend qu'aux soins généraux et ordinaires, compatibles avec les nécessités du service réglementaire, ou à ceux qui leur sont imposés par une disposition du tarif applicable ;

Attendu que la bâche du wagon chargé de foin expédié par Boyer, le 12 mars 1920, d'Iteuil à Bordeaux, a été arrachée par le vent au cours d'une tempête, et que le foin a été totalement avarié ;

Attendu que l'arrêt attaqué, sans contester que le wagon ait été chargé, et, par suite, bâché par l'expéditeur, conformément au tarif spécial par lui requis, ni que l'avarie ait eu pour cause initiale un cas fortuit, a néanmoins condamné la compagnie de chemins de fer de Paris à Orléans à réparer le préjudice, par ce motif qu'elle n'avait pas fait réajuster les bâches, ni fourni de nouvelles bâches pour couvrir le wagon, et qu'en conséquence n'ayant pas fait le nécessaire pour empêcher que l'avarie causée par la tempête s'étendît à la masse du foin, elle devait être présumée en faute.

Mais attendu, d'une part, que la compagnie ne répondait pas du bâchage effectué réglementairement par l'expéditeur, et ne pouvait être tenue soit de la modifier, soit de la remplacer, que, d'autre part, elle n'avait l'obligation de donner à la marchandise que les soins compatibles avec les nécessités du service et imposées par le tarif et que l'arrêt a omis de spécifier que les soins ayant ce caractère auraient été négligés par elle qu'ainsi l'arrêt attaqué n'a pas légalement justifié sa décision, et a violé, par suite, les textes susvisés :

Par ces motifs :

Casse l'arrêt rendu par la Cour d'Appel de Poitiers, le 11 juillet 1923.

367. — *24 juin 1925. Arrêt de la Cour de Cassation (ch. req.) (M. Blondel, président). BT, X/1925. — Armand contre Cie PLM. — Colis postaux de fleurs arrêtés et vendus en cours de route. — Grève; force majeure: Non responsabilité.*

La Cour,

Sur le deuxième moyen de pourvoi pris de la violation des art. 1148, 1184 du Code civil, 103 du Code de Commerce, 7 de la loi du 20 avril 1810 :

Attendu qu'Armand a assigné la Cie PLM devant le juge de paix de Nice pour obtenir paiement de la valeur d'un certain nombre de colis de fleurs expédiés à Paris le 15 février 1920, et qui ne sont pas parvenus à destination ;

Attendu que la compagnie ayant été condamnée à payer la somme de 364 fr., représentant la valeur de 14 colis à 25 francs chacun, y compris les frais d'expédition, le Tribunal civil de Nice, statuant comme juge d'appel, l'a déchargée de cette condamnation ;

Attendu que le jugement déclare que la compagnie a été dans l'impossibilité d'acheminer les colis à destination par suite de la grève des employés de chemin de fer qui a éclaté partiellement le 24 février ; que celle-ci s'est produite indépendamment de la volonté de l'entrepreneur, dans des conditions et dans un caractère tels qu'il ne pouvait ni la prévoir, ni la faire cesser ; que la réduction des trains de marchandises est passée, du 24 au 27 février, de 34 % à 92 % et que la compagnie, qui a dû faire appel à la main-d'œuvre militaire à partir du 26 février, n'a pu fonctionner que par des moyens de fortune et avec un personnel réduit et inexpérimenté ;

Attendu qu'en l'état de ces constatations le jugement attaqué a pu décider, sans violer aucun des textes visés au moyen, que la compagnie avait été empêchée par un événement de force majeure de remplir ses obligations de transporteur ;

Sur le premier moyen pris de la violation de l'art. 7 de la loi du 20 avril 1810 en ce que le jugement entrepris n'a pas répondu aux conclusions d'Armand, qui soutenait que le litige portait, non sur quatre, comme le prétendait la C^le PLM mais sur 14 colis égarés ;

Attendu que la compagnie était dégagée, comme il a été expliqué à l'occasion du second moyen par suite d'un événement de force majeure, d'acheminer à destination les colis postaux expédiés le 25 février, il n'échet de rechercher si la compagnie était responsable de la perte de 4 ou de 14 colis ;

Attendu par suite qu'il est sans intérêt d'examiner le premier moyen du pourvoi ;

Par ces motifs :

Rejette la requête formée contre le jugement du Tribunal de Nice du 19 octobre 1922.

Observations. — La Cour de Cassation qu'on a vue, dans l'arrêt du 26 janvier 1915 publié plus haut, appliquer si volontiers aux colis postaux (en faveur de la C^le PLM) les principes du droit commun, aurait pu s'en inspirer ici un peu plus qu'elle n'a fait. Voici, en effet, les faits qui ont donné lieu à sa décision ci-dessus, tels qu'ils sont exposés, naïvement peut-on dire, par la *Chronique des Transports* (numéro du 25 juillet 1925, page 15) :

Le 24 février 1920 la grève générale des agents de chemins de fer avait éclaté sur tout le réseau des chemins de fer PLM. Un fleuriste de Nice expédie le lendemain, 25 février, à Paris, un certain nombre de colis de fleurs qui ne parvinrent jamais à destination. Ils furent vendus à très bas prix par les soins de la compagnie, en même temps que 17.933 autres colis de fleurs du littoral, à Roanne, Saint-Etienne et Lyon, etc.

Vraiment, si la grève était générale sur tout le réseau le 24 février, on se demande comment la C^le PLM a pu prendre en charge, le lendemain, 17.933 colis... A la vérité, tant d'après la Cour de Cassation que d'après le jugement dont son arrêt reproduit du reste les termes, la grève n'avait éclaté, le 24 février, que partiellement, mais générale ou partielle, elle n'en était pas moins un fait acquis, au moment où les 17.933 colis ont été présentés à la compagnie ; le fait qu'elle s'en était chargée, ne l'obligeait-il donc pas à les mener à bon port et dans le délai réglementaire ? Pouvait-elle se prévaloir comme d'un événement de force majeure, d'une grève qui existait au moment de sa prise en charge ? La force majeure n'est-elle donc plus, quand une compagnie de chemin de fer est en cause, l'événement qu'on n'a pu ni empêcher, ni prévoir ?

Dira-t-on qu'elle ne pouvait refuser les expéditions qui lui étaient offertes ? Oui-dà ! Elle sait bien les refuser quand ça l'arrange et nous la verrons plus loin, dans un jugement du Tribunal de Commerce de la Seine du 27 mai dernier, refuser, sous prétexte d'inondations, les expéditions de petite vitesse, mais acceptant les mêmes expéditions en grande vitesse ! La force majeure a, décidément, sur le chemin de fer, les effets les plus inattendus et même les plus contradictoires : tantôt elle arrête les colis à Roanne, Saint-Etienne ou Lyon, tantôt elle les oblige à accélérer leur vitesse. Contrairement aux opinions généralement reçues, les mêmes causes ne produisent pas toujours les mêmes effets... du moins lorsque les intérêts des compagnies exigent que ces effets soient différents. (Lamy.)

368. — *27 février 1925. Appel Paris. CL, 3/17/54. — Transport de marchandises. — Avaries. — 1º Objets fragiles. — Vice propre. — 2º Emballage défectueux. — Fontes usagées. — Chargement par le chemin de fer.* — Chemin de fer condamné.

369. — *7 mars 1925. Trib. Comm. Romans. — H. contre PLM. — Avaries de cuisinières en fonte. — Absence de vice propre. — Usage du commerce.* — Responsabilité du chemin de fer.

370. — *10 mars 1925. Trib. Comm. Brive. BT, 4/1926. — Retard. — Tarif GV 3-103. —* Transmission à Angoulême, entre gares distinctes. Heures de nuit à comprendre dans le calcul du délai.

371. — *23 mars 1925. Trib. Comm. Lyon. — Avaries. — Expertise concluant au vice propre. — Etat de l'emballage. — Détérioration. — Avarie du contenu causé non par vice propre mais par choc.* — Responsabilité du chemin de fer.

Le jugement, qui déclare que l'avarie d'une marchandise transportée provient d'un choc, écarte par cela même l'allégation du vice propre. Les juges du fond n'étant pas tenus de suivre l'avis des experts, il y a lieu de dire que le transporteur est responsable de l'avarie, bien que l'expert l'impute au vice propre, lorsqu'il résulte des documents de la cause que la caisse contenant l'objet à transporter à subi un choc d'une certaine violence et que sans ce choc, l'avarie ne se serait pas produite.

372. — *18 mai 1925. Arrêt de la Cour de Cassation (ch. req.). BT, 8/1925. — Transport international. — Incendie ; perte. — Prétendue combustion spontanée et transport en wagon découvert. —* Art. 31 de la Conv. de Berne inapplicable.

Observations. — Ainsi qu'il est indiqué page 436 de la 10e édition du *Manuel pratique* Lamy, pour que le chemin de fer puisse bénéficier de la présomption d'irresponsabilité établie par le paragraphe final de l'art. 31 de la Convention de Berne, il faut qu'il prouve : 1° que la marchandise présente l'un au moins des cas de *vice propre* prévus aux paragraphes précédents ; 2° que, en égard aux circonstances de fait, l'avarie a pu résulter de ce vice propre. La cour de Cassation a sainement appliqué ces principes. (Lamy.) (V. cet arrêt avec d'autres observations dans le *BTI*, 1926/191, Comp. art. 31, *CI*.

373. — *29 mai 1925. Trib. Comm. Rennes. BT, 9/1925. — Poêles et grilles en fonte, avariés. — Expertise. — Prétendu vice propre.* — Responsabilité de la compagnie (v. Emballage).

374. — *26 mai 1925. Trib. Comm. Seine. BT, XI/1925. — Commissionnaire de transport chargé d'une expédition pour l'étranger. — Avaries constatées à l'arrivée. — Responsabilité.*

Observations. — Dura lex : aux termes de l'art. 98 du Code de Commerce, le commissionnaire qui se charge d'un transport est « garant des avaries ou pertes de marchandises et effets, s'il n'y a stipulation contraire dans la lettre de voiture, ou force majeure » et aux termes de l'art. 99, « il est garant des faits du commissionnaire intermédiaire auquel il adresse les marchandises ». (Lamy.)

374 *bis.* — *2 novembre 1925. Oberlandsger. Naumbourg. BTI, 1927/213. R. Transp. allem. 86. — La démolition partielle ou totale d'un fût en bois de chêne, chargé convenablement, ne saurait être assimilée à un coulage extraordinaire.* — Chemin de fer condamné.

375. — *29 mai 1925. Jugement du Tribunal de Commerce de Rennes. BT, 9/1925. — Pinson-Daguenaud contre : 1° chemins de fer de l'Etat ; 2° Deville. — Poêles et grilles en fonte avariés. — Expertise ; prétendu vice propre. — Responsabilité de la compagnie.*

Le Tribunal,

Après en avoir délibéré conformément à la loi,

Attendu que le 13 octobre 1924, Deville et C^{le}, fondeurs à Charleville, expédiaient à Pinson-Daguenaud divers poêles à socles et grilles à charbon ; que ces marchandises arrivèrent en gare de Rennes le 22 octobre 1924 et furent refusées à leur arrivée par Pinson-Daguenaud pour cause d'avaries ;

Attendu que l'administration des chemins de fer de l'Etat fit procéder à l'expertise prévue par l'art. 106 du Code de Commerce et que, par ordonnance du 5 novembre 1924, M. Perret fut nommé expert, avec mission de vérifier les colis, de constater les avaries s'il en existait, de dire à quelles causes elles devaient être attribuées, enfin d'évaluer le dommage causé ;

Attendu que M. Perret procéda le 12 novembre 1924 à la mission qui lui avait été confiée et dressa, de ses opérations, un rapport qu'il déposa au greffe du Tribunal, qu'il y constata que 5 couvercles de poêles et une partie des grilles étaient avariées ; qu'il a conclu que ces avaries étaient dues à la fragilité propre des objets livrés et à leur manque de protection, sans qu'aucune faute lourde puisse être relevée à la charge de la compagnie ; qu'enfin il a évalué les dommages à la somme de 149 fr. plus les frais de transport afférents aux marchandises détériorées ;

Attendu que l'expert constate que les avaries ont pour cause la chute en cours de route, par suite de la trépidation de colis placés à une certaine hauteur dans le wagon, sur les pièces de fonte avariées ; que d'autre part il déclare qu'un emballage des pièces livrées coûterait fort cher et grèverait le prix de revient de façon considérable ;

Attendu qu'il convient de remarquer que l'expert n'exonère pas la compagnie de toute faute, mais seulement de la faute lourde ; qu'il ne recherche pas, ni s'il est dans l'usage d'emballer les pièces de la nature de celles qui ont été livrées, ni s'il y a vice propre de la chose transportée ;

Attendu que l'usage du commerce pour le transport des fontes est d'expédier sans emballage les pièces de la nature de celles qui ont été transportées, ainsi qu'il résulte d'une attestation formelle du Syndicat général des fondeurs en fer ainsi que d'attestations émanant des plus importantes fonderies de France ;

Attendu dès lors qu'en se plaçant seulement au point de vue commercial, les expéditeurs doivent, dans l'intérêt général du commerce et de l'industrie, remettre leurs marchandises aux chemins de fer dans des conditions d'emballage simplement conformes aux usages actuels du commerce ;

Attendu qu'aux termes de l'art. 43 des tarifs généraux PV les compagnies ne sont pas tenues d'accepter non emballées les marchandises que le commerce est dans l'usage d'emballer ;

Attendu que l'usage dans le commerce n'étant pas d'emballer les pièces en fonte qui ont été avariées, les compagnies sont tenues de les accepter telles quelles et de les transporter en bon état ;

Attendu que la compagnie devait prendre soin de la marchandise eu égard à son conditionnement ; que le transport des fontes moulées ne demande pas plus de soin et ne présente pas plus de risques que celui de la plupart des marchandises qu'il est d'usage d'expédier par le chemin de fer ; que les objets en fonte moulée subissent au cours de leur fabrication, des magasinages, des camionnages, des manipulations, des manutentions, qui leur font courir au moins autant de risques qu'en cours de transport quand celui-ci est fait dans des conditions normales ; que l'obligation de la compagnie est compensée par les tarifs en vigueur ; que ces tarifs constituent l'étude la plus approfondie sur la matière, car toutes les marchandises, y compris les produits métallurgiques, y sont détaillés très minutieusement et qu'on y remarque une classification très étudiée de tous les objets ou matières susceptibles d'être transportés, avec une échelle de prix correspondant évidemment aux soins nécessaires pour le transport suivant le mode d'expédition adopté ; que cette échelle de prix n'aurait aucun sens si la responsabilité des compagnies n'était pas en cause ;

Attendu que l'application de l'art. 43 des tarifs généraux PV est conforme au droit commun, notamment aux art. 1784 du Code civil et 103 du Code de Commerce, aux termes desquels le chemin de fer est responsable des avaries à moins qu'il apporte la preuve précise et déterminée du vice propre ;

Attendu que ni la fragilité de l'objet transporté ni le défaut d'emballage ne sont considérés par la jurisprudence comme constituant par eux mêmes un vice propre de la chose ou une faute de l'expéditeur, lorsqu'il s'agit d'objets qu'il n'est pas d'usage d'emballer ;

Attendu qu'il n'est pas dans l'usage d'emballer les marchandises qui ont fait l'objet du transport ; que la compagnie était tenue de les accepter non emballées; que la nature de l'objet transporté ne nécessitant pas un emballage, on ne peut voir dans la fragilité de cet objet un vice exonérant le transporteur de toute responsabilité ;

Attendu qu'il n'est pas dans la nature de la fonte de se briser sans choc extérieur ; que d'ailleurs l'expert, dans son rapport, dit que les avaries proviennent de la chute de colis placés à une certaine hauteur dans le wagon sur les pièces en fonte avariées ; que la compagnie eût dû faire le nécessaire pour empêcher la chute de ces colis et qu'elle ne peut invoquer le vice propre ;

Attendu qu'il résulte d'un arrêt de la Cour de Cassation du 27 décembre 1919 que ni la fragilité de l'objet transporté ni le défaut d'emballage ne constituent par eux mêmes un vice propre de la chose ou une faute de l'expéditeur ; qu'il y a lieu de rechercher dans chaque espèce si la nature de l'objet transporté nécessite un emballage spécial ;

Attendu qu'il y a lieu de dire dans ces conditions que Deville et Cie n'ont fait que se conformer aux usages du commerce ; qu'aucune faute ne leur est imputable ; de débouter Pinson Daguenaud de sa demande en ce qui les concerne ;

Attendu que la responsabilité des avaries incombe entièrement à l'administration des chemins de fer de l'Etat ; qu'il y a lieu de la condamner à payer à Pinson Daguenaud la somme de 170 fr. 45 avec l'intérêt de droit, ainsi que 50 fr. de dommages et intérêts et en tous les dépens y compris ceux de la mise en cause de Deville et Cie et toutes perceptions fiscales ;

Attendu qu'il y a lieu d'ordonner, vu la solvabilité notoire de Pinson Daguenaud constatée par le Tribunal, l'exécution provisoire du jugement nonobstant opposition ou appel et sans caution ;

Par ces motifs :

Le Tribunal, après en avoir délibéré, statuant contradictoirement et en dernier ressort ;

Déboute Pinson Daguenaud de toutes ses demandes, fins et conclusions vis à vis de Deville et Cie ; dit qu'il n'est pas d'usage d'emballer les pièces en fonte de la nature de celles qui ont été avariées ; dit que la fragilité de l'objet transporté pas plus que son défaut d'emballage ne constituent par eux mêmes un vice propre de la chose ; dit que, le transporteur n'apportant pas la preuve précise et déterminée du vice propre de la chose transportée, doit être déclaré responsable des avaries subies en cours de route ;

Déboute l'administration des chemins de fer de l'Etat de toutes ses demandes, fins et conclusions ; la condamne à payer à Pinson-Daguenaud, pour réparation des avaries, la somme de 170 fr. 45 avec intérêts de droit ; la condamne en outre, à 50 fr. de dommages-intérêts et en tous les dépens, qui comprendront les frais de mise en cause de Deville et Cie, les frais d'expertise et toutes perceptions fiscales ;

Ordonne l'exécution provisoire du jugement nonobstant opposition ou appel et sans caution.

375 *bis*. — 31 *juillet 1925. Jugement du Tribunal de Commerce de Montpellier. BT*, 9 /1925. — *Contestin contre :* 1º *Leclercq ;* 2º *Cie PLM. — Wagon de « poussière de laine » incendié. — Mise en cause de l'expéditeur. — Expertise ; prétendue combustion spontanée. — Responsabilité de la compagnie.*

Le Tribunal,

Attendu que, par exploit en date du 18 décembre 1924, le sieur Joseph Contestin avait assigné la Cie PLM et, par exploit du 24 décembre 1924, le sieur Leclerc, expéditeur de la marchandise, pour les entendre condamner à les voir reconnaître responsables, conjointement et solidairement, de l'incendie et de la perte d'un wagon de déchets de laine qui prit feu sur gare de Montpellier dans la nuit du 14 au 15 octobre 1924, et à lui payer tous dommages qui pourraient être relevés contre eux ;

Attendu qu'à la vue de cet exploit, le sieur Leclercq avait assigné en garantie la Cie PLM pour la voir condamner à le relever et garantir de toutes les condamnations qui pourraient être prononcées contre lui ;

Attendu que la Cie PLM, par conclusions d'audience, a formulé une demande reconventionnelle, tendant à lui faire rembourser le montant d'un wagon incendié et à lui donner des réserves sur les conséquences de l'incendie ;

Attendu qu'à la suite d'un contrat intervenu entre le sieur Contestin et le sieur Leclercq, ce dernier a expédié, le 6 octobre 1924, en gare de Montpellier, à l'adresse de M. Contestin, de la gare de Bois-Colombes, 64 balles de poussières de laine pesant ensemble 3.800 kilos d'une valeur de 570 francs ;

Que le wagon arriva le 12 octobre en gare de Montpellier et prit feu dans la nuit du 14 au 15 sans que l'on ait pu déterminer d'une façon précise les causes de l'incendie ;

Attendu qu'en conformité des prescriptions de l'art. 116 du Code de Commerce, M. le professeur Fonzès-Diacon, de la Faculté de pharmacie, a été désigné comme expert par ordonnance du Président du siège afin de déterminer les causes de l'incendie ;

Attendu que c'est dans ces conditions de fait que l'affaire se présente à l'examen du Tribunal et qu'il convient tout d'abord d'examiner la demande de Contestin contre le sieur Leclercq, expéditeur ;

Attendu que le sieur Contestin reproche à Leclercq d'avoir expédié une marchandise inflammable sans avertir la Cie PLM et de ne pas avoir mis les mentions nécessaires sur la déclaration d'expédition ; que cette marchandise lui avait été vendue par Leclercq comme déchets de laine et qu'elle contenait de nombreux déchets de coton qui la rendaient encore plus inflammable ;

Que, d'autre part, les déchets de laine étaient excessivement graisseux, ce qui pouvait rendre assez facile la combustion spontanée de cette marchandise ;

Mais attendu que le sieur Leclercq avait vendu la marchandise sur wagon en gare de Bois-Colombes ; qu'il était expéditeur, mais qu'après le chargement, en faisant la déclaration d'expédition, il n'était que le mandataire de Contestin ;

Qu'il ressort des instructions formelles de Contestin que la marchandise devait être déclarée « poussière de laine, engrais », instructions données à Leclercq par Contestin au moment de la conclusion du marché ; que Leclercq n'a donc fait que suivre les indications précises de Contestin à ce sujet ;

Que, d'autre part, il ressort de la correspondance que Contestin savait que cette marchandise était très chargée en graisse et qu'il avait accepté que les déchets de coton pouvaient entrer dans les ballots de laine pour une proportion de 20 % ;

Que de plus Leclercq avait indiqué à Contestin que cette marchandise présentait des risques d'incendie très grands et qu'il ne pouvait la garder chez lui et était obligé de l'expédier au fur et à mesure de sa fabrication ; qu'il est donc évident que Contestin connaissait absolument et exactement la marchandise qui devait être expédiée ainsi que tous les risques qu'il courait en se la faisant adresser ;

Que le rapport de l'expert n'indique pas que les déchets de coton entraient pour une quantité supérieure à 20 % dans les ballots de laine ;

Qu'aucune faute ne pouvant être relevée à l'encontre de Leclercq et la marchandise, à n'en pas douter, voyageant aux risques et périls du destinataire, Contestin, il convient de mettre hors de cause sans dépens le sieur Leclercq, qui a exécuté très exactement les conditions de son contrat avec Contestin ;

Attendu que, dans ces conditions, la demande en garantie de Leclercq envers la Cie PLM n'ayant aucun objet, il échet de débouter Leclercq de sa demande en laissant les dépens de cet appel à sa charge ;

Attendu qu'il convient maintenant d'examiner la demande du sieur Contestin contre la Cie PLM ;

Attendu que le sieur Contestin prétend que la marchandise étant sur une gare de la Cie PLM au moment où les matières se sont enflammées, c'est à elle de faire la preuve du vice propre et d'indiquer nettement que la cause de l'incendie est due à une combustion spontanée des ballots de laine ;

Attendu que pour faire cette preuve la Cie PLM s'appuie exclusivement sur le rapport de l'expert Fonzès-Diacon, nommé expert en vertu de l'art. 106 du Code de Commerce par le Président du siège ;

Attendu que l'expert conclut que l'incendie du wagon renfermant les poussières de laine expédiées par Leclercq et Contestin est dû à l'oxydation de la forte proportion de matières grasses qui imprégnaient ces déchets et que l'humidité peut avoir grandement facilité l'échauffement de cette marchandise en provoquant sa fermentation ;

Attendu que le rapport de l'export indique aussi que la cause de l'incendie ne peut provenir d'une cause externe et que, se basant sur des expériences sur la combustion spontanée des fibres végétales (coton) il conclut que le coton peut s'enflammer à la suite de l'oxydation de l'huile siccative provenant des graines écrasées du cotonnier ; que l'échauffement du coton brut peut résulter aussi d'un échauffement dû à l'humidité lorsque les fibres sont mal nettoyées, mal séchées et contiennent des parties végétales diverses ;

Attendu que cette conclusion scientifique sur l'inflammation spontanée des cotons a été repoussée par de nombreux arrêts de Justice (Cour d'Appel de Paris, 5e ch., 20 juin et 22 octobre 1924, Cour de Rouen, 28 mai 1924), qui n'ont pas voulu en faire la base d'une preuve que l'incendie du coton était dû au vice propre de la chose ;

Attendu que le Tribunal ne saurait homologuer un rapport

d'expert basé sur une théorie scientifique aussi controversée :

Attendu d'ailleurs que cette conclusion est basée sur l'inflammation du coton brut et que l'expert n'indique pas que la quantité de coton contenue dans les ballots de laine fût assez importante pour provoquer son inflammation ; que, s'il y a quelques fibres de coton dans les déchets de laine, il n'est pas certain qu'il y en ait assez pour provoquer une inflammation spontanée des ballots de laine ;

Attendu, d'autre part, que l'expert indique que l'échauffement a été produit par l'humidité ; que cette humidité devait provenir du temps excessivement pluvieux pendant lequel le wagon a voyagé et qu'il n'exonère ainsi la C^le PLM d'aucune faute en prétendant que le wagon dans lequel était contenu les ballots de laine était construit depuis un petit nombre d'années et qu'il ne devait pas avoir en conséquence de fissure sur son toit comme le prétendait Leclercq qui assistait à l'expertise ;

Attendu, en supposant un instant que la forte humidité des déchets de laine pouvait provoquer l'incendie, il ne s'ensuit pas nécessairement qu'aucune faute ne peut être relevée contre la C^le PLM ;

Qu'en effet l'expert ne peut arriver à indiquer nettement qu'il n'y a pas de fissure sur le wagon ; que, de plus, les wagons fermés ont des fenêtres qui sont closes par les expéditeurs au départ, et qui doivent rester fermées afin d'empêcher que la pluie ne rentre dans le wagon ; que la C^le PLM n'a pas fait preuve qu'un de ses employés n'a pas ouvert imprudemment une de ces fenêtres et permis ainsi à la pluie d'entrer dans le wagon, apportant une humidité supplémentaire à ces déchets de laine qui devenaient donc, selon la théorie admise par l'expert, par suite de la fermentation, particulièrement inflammables ;

Attendu que, dans ces conditions, sans repousser la possibilité d'une inflammation spontanée du coton ou d'autres déchets fortement graisseux ou huileux, le Tribunal ne saurait s'associer aux conclusions trop affirmatives de l'expert ; qu'il ne lui paraît pas aussi improbable qu'à l'expert que l'incendie n'a pas été provoqué par un fait extérieur, par l'imprudence d'un employé fumant à proximité du wagon, ou par des escarbilles incandescentes provenant d'une machine qui manœuvrait sur une voie latérale du wagon, ou par la faute d'un employé qui a ouvert le wagon à toutes les intempéries, ou enfin par la faute de la compagnie, qui a fourni un wagon présentant des fissures qui laissaient entrer la pluie ;

Attendu que la compagnie n'ayant pas fait la preuve, qui lui incombe en vertu de l'art. 103 du Code de Commerce, que l'incendie d'un wagon de laine provenait d'un vice propre de la marchandise, il convient de retenir sa responsabilité et de lui faire supporter toutes les conséquences de l'incendie du wagon qu'elle avait sous sa garde ;

Attendu que la compagnie ne saurait dégager sa responsabilité en indiquant que le wagon a été mis à la disposition de Contestin le 12, et qu'il aurait dû le retirer dans la journée du 13 octobre ou du 14 ;

Attendu en effet que les compagnies de transports perçoivent des frais de magasinage très élevés à l'expiration des délais de transport, quand la marchandise n'est pas retirée, pour se dédommager des risques qu'elles courent en conservant par devers elles la marchandise qui devrait être livrée ;

Que la perception de ces frais doit avoir comme contre-partie la continuation de la responsabilité découlant d'un contrat de transport qui, d'ailleurs, ne prend fin qu'au moment de la livraison de la marchandise ;

Attendu que la Cte PLM prétend que l'expéditeur aurait dû déclarer comme matières inflammables des déchets de laine ;

Mais attendu que la laine, même fortement graisseuse, ne peut être considérée comme un marchandise inflammable, en conséquence d'ailleurs des considérations ci-dessus développées à l'encontre du rapport de l'expert ; que si la prétention de la compagnie était admise, il s'ensuivrait bientôt que les expéditeurs devraient déclarer inflammables tous les bois et particulièrement ceux très employés dans l'ébénisterie de luxe ; qu'il suffit d'émettre une telle hypothèse pour en reconnaître l'exagération ;

Attendu que l'expéditeur et le destinataire ayant rempli toutes leurs obligations envers la compagnie transporteuse en désignant nettement et sans ambiguité, sur la déclaration d'expédition, la marchandise qu'ils faisaient transporter, aucune faute ne peut être relevée contre eux ;

Attendu que la Cte PLM, ne pouvant faire la preuve du vice propre de la marchandise, ni relever aucune faute contre l'expéditeur ou le destinataire, doit être retenue responsable de l'incendie du wagon, dont elle aura à payer le montant, et en supporter toutes les conséquences ;

Attendu que Contestin demande le remboursement du montant de la marchandise soit 570 fr. ; qu'il convient de les lui accorder avec intérêts de droit ;

Attendu que Contestin demande aussi des dommages très élevés ;

Mais attendu que le Tribunal a les éléments d'appréciation suffisants pour dire et juger que le remboursement du montant de la marchandise dédommage entièrement Contestin des pertes qu'il a subies ;

Qu'il convient donc de repousser toutes ses autres fins et conclusions ;

Attendu que la demande reconventionnelle de la Cte PLM qui succombe n'a pas besoin d'être examinée et doit être repoussée ;

Attendu que toute partie qui succombe doit être condamnée aux dépens ;

Par ces motifs :

Le Tribunal, jugeant publiquement, contradictoirement, en premier ressort :

Met hors de cause le sieur Leclercq tout en laissant à sa charge les frais de son appel en garantie contre la Cie PLM ;

Repoussant les conclusions de l'expert Fonzès-Diacon :

Dit et juge que la Cie PLM n'a pas fait la preuve, selon les prescriptions de l'art. 103 du Code de Commerce, que l'incendie dont s'agit a été provoqué par un vice propre de la chose ;

Condamne la Cie PLM à payer à Contestin la somme de 570 fr., montant de la marchandise incendiée avec intérêts de droit et ce pour tout dommage ;

Repousse en conséquence les demandes reconventionnelles de la Cie PLM ;

La condamne à tous les dépens dans lesquels seront compris les frais d'expertise ainsi que tous droits, doubles droits, amendes d'enregistrement auxquels le présent jugement pourrait donner lieu.

376. — 16 *juin* 1925. *Trib. Comm. Cambrai. BT, 8/1925.* — *Métiers à tisser avariés. — Prétendu chargement défectueux. — Expertise fantaisiste.* — Responsabilité du chemin de fer.

Observations. — Voilà un expert qui peut se vanter d'avoir été propreemnt exécuté ? Il voulait défendre la compagnie. Le Tribunal ne l'a pas guillotiné : il l'a découpé en petits morceaux et a montré point par point, le néant de ses allégations. Si tous les tribunaux examinaient aussi attentivement les rapports qui leur sont présentés, ils s'apercevraient bien vite que les experts, soi-disant compétents, que les juges de paix et présidents de tribunaux de commerce nomment trop facilement à l'instigation des compagnies, ne sont souvent que des compères tout dévoués à celles-ci. (Lamy.)

376 bis. — 3 *août* 1925. *Trib. Comm. Lyon.* — *Marchandises avariées. — I. Absence des formalités de l'art. 105. C. Comm. Expertise de l'art. 106. C. Comm. Requête présentée par le chemin de fer. Preuve de réserves faites et acceptées. Demande recevable. II. Renseignements insuffisants donnés par l'expert. Expertise nouvelle ordonnée.*

I. Les formalités prescrites par l'art. 105 peuvent être suppléées par des réserves faites au moment de la livraison et acceptées par le voiturier. Lorsque le transporteur a pris l'initiative de la procédure prévue par l'art. 106 ce ne peut être que parce que le destinataire a fait une réclamation motivée et que ledit transporteur l'a acceptée sous réserve de tous ses droits.

II. Lorsque l'expertise particulière prévue par l'art. 106 ne fournit pas des renseignements suffisants, le Tribunal peut ordonner, en la forme ordinaire, une nouvelle expertise.

377. — 16 *octobre* 1925. (*Sirey,* I 1926.) — *Transport d'objets en fonte. — Emballage. — Usages.* — On ne saurait se fonder sur un usage de commerce pour décider d'une façon absolue que telle ou telle marchandise peut être expédiée sans emballage ; l'usage invoqué ne saurait prévaloir contre le fait contesté que l'avarie résulte de la fragilité particulière de l'objet transporté. Il échet dans chaque espèce, de rechercher si la nature de la marchandise nécessitait un emballage.

Spécialement constitue un vice propre, le défaut d'emballage de motifs de balcon en fonte, si ces objets sont d'une fragilité telle qu'ils n'étaient pas en état de voyager par fer en cet état sans risque d'avaries par suite de chocs normaux susceptibles de se produire en cours de route.

379. — 16 *octobre* 1925. *Arrêt de la Cour d'Appel de Paris* (5e *ch.*). *BT,* 12 /1925. — *Etablissement Guilliet et fils contre C*ie *PLM. — Raboteuses non emballées avariées.*—*Expertise fantaisiste. — Vice propre non établi. — Responsabilité du chemin de fer.*

La Cour,

Considérant qu'il ne résulte pas du rapport de l'expert que l'expéditeur ait remis au transporteur des marchandises avariées ou des marchandises présentant des vices propres qui auraient occasionné les avaries constatées ;

Que l'expert signale, il est vrai, que si les machines avaient été expédiées sous cadre les avaries ne se seraient pas produites ;

Mais qu'on ne peut en déduire que le transport était impossible sans l'emballage préconisé par l'expert ;

Qu'il n'est pas justifié que la nature des machines confiées par Guilliet fils et Cie à la Cie PLM nécessitait un emballage ;

Que la fragilité d'une marchandise ne constitue pas un vice propre ;

Qu'aucune faute ne pouvant être retenue contre l'expéditeur, la présomption de responsabilité résultant des dispositions de l'art. 103 du Code de Commerce doit être appliquée ;

Considérant que le chiffre des dommages et intérêts accordés n'a pas été discuté ;

Que les motifs qui font admettre la demande de Guilliet et fils suffisent pour faire rejeter la demande reconventionnelle ;

Par ces motifs :

Et adoptant ceux contraires ou surabondants des premiers juges ;

Dit la Cie PLM mal fondée en son appel et dans ses conclusions ;

L'en déboute ;
Confirme le jugement entrepris,
Condamne ladite compagnie à l'amende et aux dépens d'appel.

380. — *21 octobre 1925. Trib. Comm. de la Seine. BT, 4/1926.
— Spanagel contre chemin de fer de l'Etat. — Jardinière et cuisinière en fonte brisées. — Absence d'emballage ; prétendu vice-propre.
— Expertise non probante. —* Responsabilité du chemin de fer.

Observations. — Une fois de plus, le Tribunal a rejeté les conclusions d'une expertise sur lesquelles se basait l'administration des chemins de fer de l'Etat.

381. — *22 octobre 1925. Trib. Comm. Lyon. BT, 4/1926. —
Société « Aux Professionnels réunis » contre : 1º de Longeville ; 2º C^le
PLM. — Droit d'action de l'expéditeur et du destinataire. —* La
livraison au destinataire ne prive pas l'expéditeur de son droit
à la réparation du préjudice qu'il a personnellement subi.

Observations. — Le *Bulletin de Transport* a publié le 1er octobre
1924, page 120, un jugement du Tribunal de Commerce de Montpellier, du 18 juillet précédent, duquel il résulte que la livraison
au destinataire, même effectuée sans *réserves*, ne prive pas l'expéditeur du droit de réclamer réparation du préjudice que l'exécution
du contrat de transport a pu lui causer. Voir, à ce sujet, Lamy :
Manuel pratique, pages 452 et 453.

382. — *29 octobre 1925. Arrêt de la Cour d'Appel de Paris
(5e ch.). BT, 5/1926. — Société du journal Cycle et Automobile
contre C^le du Nord. — Avaries. — Art. 105 du Code de Commerce.
— Réclamation du camionneur mandataire du destinataire. — Validité.*

La Cour,

Considérant que le 1er octobre 1920, l'agence Lecat a expédié
de Feignies au journal *Cycle et Automobile*, en gare de La Chapelle,
50 ballots de papier à imprimer ; que ces ballots ont été livrés le
8 octobre par la gare destinataire à Duval, camionneur des Papeteries Prioux, chargé par le journal *Cycle et Automobile* de recevoir
les marchandises en entrepôt ; que, par lettre recommandée du
9 octobre 1920, Duval, agissant pour le compte de son client, les
Papeteries Prioux, a signalé les avaries de la marchandise au chef
de gare de La Chapelle et notifié des réserves dans les formes et
délais prescrits par l'art. 105 C. Com. ;

Considérant que la C^le du Nord n'a fait aucune difficulté pour
livrer la marchandise adressée au journal *Cycle et Automobile* à
Duval, camionneur des Papeteries Prioux ; qu'elle est mal venue
à contester aujourd'hui à ce camionneur une qualité qu'elle lui a
reconnue à cette époque ; qu'elle ne saurait faire rejeter la demande

sous prétexte que les réserves n'auraient pas été faites par le destinataire, mais par un tiers étranger au contrat de transport ; que les circonstances de fait ne permettent pas de douter que Duval n'ait formulé des réserves comme mandataire du destinataire ;

Considérant qu'il résulte du rapport de l'expert, commis par ordonnance du 30 décembre 1920, qu'il est impossible de savoir si les avaries par lui constatées se sont produites avant ou après la remise des marchandises par l'expéditeur à la Cie du Nord ; que celle-ci n'a fait aucune réserve en recevant les 50 ballots de papier le 1er octobre 1920 de l'agent Lecat ; qu'elle ne justifie d'aucun fait permettant d'écarter la présomption de responsabilité du transporteur de l'art. 103, C. Com. ; qu'il convient d'admettre le chiffre de 10.219 fr. 10 indiqué par l'expert comme représentant le montant du préjudice subi par le destinataire ;

Par ces motifs ;

Infirme le jugement entrepris ;

Et, statuant à nouveau, condamne la Cie des chemins de fer du Nord à payer au journal *Cycle et Automobile* la somme de 10.219 fr. 10, montant des causes sus-énoncées ;

Ordonne la restitution de l'amende ;

Condamne ladite compagnie aux dépens de première instance et d'appel.

Observations. — Sans doute, ni Duval, camionneur, ni les Papeteries Prioux n'avaient de mandat écrit du journal *Cycle et Automobile*, destinataire indiqué sur la lettre de voiture ; mais le contrat de mandat n'est astreint à aucune forme particulière (C. civ., art. 1985) et, comme le dit fort bien la Cour, la Cie du Nord, n'ayant fait aucune difficulté pour remettre à Duval, camionneur des Papeteries Prioux, la marchandise adressée au journal *Cycle et Automobile*, ne pouvait ensuite rejeter la demande sous prétexte que les réserves ou protestations de Duval et des Papeteries Prioux émanaient des tiers étrangers au contrat de transport : ils agissaient comme mandataires du destinataire pour le compte de qui ils avaient pris livraison. (Lamy.)

383. — *3 novembre 1925. Cour de Cassation. P. 1926 ou BT, 4/1926. — Chemin de fer. — Balles de coton. — Combustion spontanée. — Vice propre. — Absence de preuve. — Absence de bâchage. — Responsabilité des transporteurs.*

La Cour,

Sur le moyen du pourvoi, pris de la violation de l'art. 103, du Code de Commerce, du tarif spécial intérieur PV, n° 20, du règlement ministériel du 12 décembre 1897 sur le transport des matières inflammables, 1315 du Code civil, pour renversement du fardeau de la preuve ; 7 de la loi du 20 avril 1810 :

Attendu que la Société des Filatures de Pavilly s'est fait expédier à elle même, le 30 mars 1920, un lot de 17 balles de coton, sur wagon découvert, dont le chargement a été effectué par l'expéditeur, mais sans bâchage ;

Attendu qu'une partie de la marchandise ayant été détruite par un incendie en cours de route, la Société des Filatures de Pavilly a assigné l'Administration des chemins de fer de l'Etat en paiement de la valeur des balles avariées ;

Attendu que, pour échapper à la responsabilité de l'art. 103 du Code de commerce, le réseau, après avoir soutenu que les balles de coton avaient pu, en raison de leur nature s'enflammer spontanément, a prétendu, comme l'allègue encore le pourvoi, que le bâchage des colis, voyageant en wagon découvert étant prescrit par les règlements à cause de l'inflammabilité de la matière, il appartenoit à l'expéditeur, en faute de n'y avoir pas procédé, d'établir que le défaut de bâchage n'aurait en rien contribué au sinistre.

Mais attendu qu'il résulte des déclarations de l'arrêt attaqué que la combustion spontanée, par vice propre de la marchandise, n'est ni justifiée, ni prouvée ;

Que les diverses hypothèses envisagées par l'expert ne peuvent être retenues et ne font pas connaître, avec certitude, le fait qui a déterminé le sinistre ;

Que, dès lors, il ne se rencontre pas, dans l'espèce, une relation de cause à effet entre ce fait et l'absence de bâchage ;

Attendu que ces contestations et déclarations souveraines, justifient légalement l'arrêt attaqué qui a condamné le réseau de l'Etat à réparer le préjudice causé par l'incendie, sans qu'il y ait lieu de s'arrêter aux critiques dirigées par le pourvoi contre d'autres motifs qui sont surabondants ;

Par ces motifs,

Rejette la requête formée contre l'arrêt de la Cour d'Appel Rouen du 28 mai 1924.

Observations. — L'arrêt de la Cour d'Appel de Rouen que maintient la décision ci-dessus s'exprime ainsi en ce qui concerne le rapport de l'expert ;

Dans le rapport de l'expert Le Roy, on constate que, en dehors de la combustion spontanée qu'il retient comme possible, et non comme certaine, il indique que l'incendie a pu être allumé par malveillance, ou par imprudence, ou par des flammèches s'étant échappées de la locomotive, ou par inflammation des boîtes d'essieu ou encore par des étincelles jaillissant d'un choc de silex ou de fer, ou enfin par des flammèches de cigarettes provenant d'un train de voyageurs ayant croisé le train de marchandises ; que toutes ces hypothèses, qui ne reposent sur aucune base sérieuse, ne peuvent constituer que des arguments de plaidoirie et n'ont pas la force probante nécessaire pour pouvoir être retenues par la Cour ; qu'on ne peut s'arrêter aux hypothèses émises par l'expert quant à la combustion spontanée du coton, alors que l'incendie a pu provenir d'autres causes, et qu'en tout cas l'opinion de l'expert est réfutée par des avis contraires dont la valeur est au moins égale à celle de l'expert ; qu'il en résulte que le réseau n'a pas fait la preuve qui lui incombait pour pouvoir s'exonérer de la responsabilité lui incombant en vertu de l'art. 103 du Code de Commerce ; qu'il est sans intérêt par suite d'examiner le moyen tiré du défaut de bâchage puisqu'il n'existe pas de relation de cause à effet entre le sinistre et le défaut de bâchage ; que la responsabilité du réseau demeure donc entière.

Or, si nous sommes bien informés, cet expert Le Roy (ou Leroy) serait le même dont la Cour d'Appel de Paris, dans un arrêt du 23 octobre 1924 que nous avons publié la même année, page 144, dit qu'il n'y avait pas lieu de s'arrêter à son rapport parce qu'il aboutissait « à cette conclusion paradoxale que la combustion de coton en balles, qu'il croit possible spontanément, n'est pas à redouter au contact de matières enflammées ou en ignition projetées par les locomotives ! »

Puisse la double leçon qu'il a reçue à Paris et à Rouen l'inciter à se montrer plus circonspect à l'avenir, si toutefois l'on fait encore appel à ses lumières... (Lamy.)

384. — *4 novembre 1925. Montpellier. (Sirey) 2/1926. — Avaries non contradictoires et dûment constatées. — Non responsabilité. — Dommages-intérêts. — Objets d'art.* — Une compagnie de chemin de fer ne peut être recherchée pour les avaries contradictoirement constatées et quand il est certain qu'elles ont été causées au cours du transport, mais non point pour celles dont l'existence n'a été révélée que postérieurement, sans avoir été l'objet d'une constatation contradictoire, et lorsque la marchandise était déjà depuis quelques jours au domicile du destinataire. Les dommages-intérêts qui peuvent être prévus lors du contrat de transport ne peuvent s'étendre à des objets de nature artistique ou particulièrement précieux.

385. — *26 novembre 1925. Jugement du Tribunal de Commerce de la Seine. (4e ch.). BT, 7/1925. — Société française d'Incandescence par le gaz (système Auer) contre Cie d'Orléans. — Réchauds en fonte non emballés. — Avaries. — Absence de vice propre. — Usages du commerce observés. — Responsabilité de la compagnie.*

Le Tribunal,

Après en avoir délibéré conformément à la loi ;

Statuant par un seul jugement tant sur la demande principale et la demande additionnelle que sur les conclusions reconventionnelles ;

Attendu qu'il est acquis aux débats qu'aux dates des 28 mars et 13 mai 1924 la Société d'incandescence par le gaz, qui sera dénommée ci-après brièvement Société d'incandescence, a expédié en petite vitesse, sous les nos 13.789 et 14.731, de Paris-Yvry à la Société du gaz de Rochefort, en gare de Rochefort, deux lots comprenant chacun 25 réchauds à gaz en fonte ;

Attendu qu'à l'arrivée des deux expéditions, des avaries furent constatées ;

Qu'il a été procédé à l'expertise prévue à l'art. 106 du Code de Commerce et que, des conclusions de l'expert commis, il résulte que l'accident n'est pas imputable à une mauvaise fabrication et ne provient pas non plus d'un vice de construction de l'appareil ;

Attendu que si la Cie d'Orléans entend imputer la cause de l'avarie au défaut d'emballage, il ressort des débats et des documents soumis qu'il est d'usage constant d'expédier les réchauds à gaz en fonte brute sans être emballés, en protégeant simplement la rampe par une planchette en bois ;

Attendu que la Cie d'Orléans ne démontre pas que les réchauds faisant l'objet des deux expéditions susvisées soient plus fragiles que les réchauds semblables expédiés en vrac usuellement ;

Qu'il s'ensuit que la Cie d'Orléans, en ne délivrant pas les réchauds dans l'état où elle les avait reçus, doit être tenue responsable des avaries survenues et doit être obligée de réparer le préjudice subi en l'espèce par la Société d'incandescence ;

Attendu que ce préjudice découle pour cette dernière de ce qu'elle a été obligée de remplacer un certain nombre de réchauds et de pièces brisées, ce dont elle justifie ;

Et attendu que, tenant compte du prix de ces marchandises, ce Tribunal possède les éléments d'appréciation pour fixer à la somme de 571 fr. 20 l'importance de ce préjudice ;

Que c'est au paiement de la dite somme qu'il convient d'obliger la Cie d'Orléans en faisant droit à la demande et en rejetant, par voie de conséquence, les conclusions reconventionnelles de la Cie d'Orléans, les frais d'expertise réclamés devant être à la charge de la partie qui succombe ;

Par ces motifs :

Le Tribunal, jugeant en dernier ressort :

Condamne la Cie d'Orléans, par les voies de droit, à payer à la Société française d'incandescence par le gaz, la somme de 571 fr. 20 à titre de dommages-intérêts ;

Déclare la Cie d'Orléans mal fondée en ses conclusions reconventionnelles, l'en déboute ;

Et la condamne, par les voies de droit, aux dépens.

Observations. — Très bonne décision, rendue sur les conclusions du service de contentieux de notre Ligue et qui a sainement appliqué les principes exposés page 185 et suivantes de la 10e édition de notre *Manuel pratique* ; on doit particulièrement approuver l'excellente rédaction des passages relatifs à l'usage du commerce, passages qui semblent répondre à l'arrêt de la Cour d'Appel de Paris dont extrait est donné page 186 du *Manuel pratique* précité :

« En vain, disait cet arrêt, le demandeur allègue l'usage du commerce d'après lequel les poêles seraient habituellement expédiés *sans emballage* comme l'était l'expédition litigieuse ; cet usage ne saurait prévaloir contre le fait constaté ; la cause de l'avarie résulte de la fragilité toute particulière des poêles dont s'agit et cette fragilité nécessitait « en l'espèce » une protection quelconque, quand bien même elle ne saurait être requise pour le transport des poêles en général.

Aussi le Tribunal de Commerce de la Seine a-t-il bien soin de dire :

« La Cie d'Orléans *ne démontre pas* que les réchauds faisant l'objet des deux expéditions susvisées soient *plus fragiles que* les réchauds semblables *expédiés en vrac usuellement.* »

On ne saurait évidemment mieux dire et une constatation comme celle-là suffisait à justifier la condamnation de la compagnie, qui, du reste a payé sans discuter davantage. (Lamy.)

386. — 16 *octobre 1925. Cour d'Appel de Paris. — Chemins de fer. — Transport des marchandises. — Avaries. — Objets en fonte. — Emballage. — Usages.*

La Société anonyme des Fonderies et Ateliers de Construction de Val d'Osne a interjeté appel du jugement du Tribunal de Commerce de la Seine, rendu le 29 août 1922 au profit de la Compagnie des chemins de fer du Nord, et rapporté Gaz. Pal. 1922. 2.713.

Arrêt :

La Cour,

Considérant qu'on ne saurait se fonder sur un usage du commerce pour décider d'une façon absolue que telle ou telle marchandise peut être expédiée sans emballage ; que l'usage invoqué ne saurait prévaloir contre le fait constaté que l'avarie résulte de la fragilité particulière de l'objet transporté ; qu'il échet, dans chaque espèce, de rechercher si la nature de la marchandise nécessitait un emballage ; qu'il résulte du rapport de l'expert que les avaries survenues aux deux motifs de balustrade de balcon expédiées par la Société demanderesse sont dues à un manque d'emballage des marchandises, celles-ci étant d'une fragilité telle qu'elles n'étaient pas en état de voyager par fer, dépourvues d'emballage sans risque d'avaries par suite des chocs normaux susceptibles de se produire en cours de route.

Considérant que ces conclusions précises et motivées dans un rapport qui témoigne de recherches très consciencieuses dispensent de recourir à une nouvelle expertise et permettent de retenir que les avaries ont été occasionnées par une faute de l'expéditeur.

Par ces motifs et adoptant ceux des premiers juges ;

Dit la Société des Fonderies et Ateliers du Val d'Osne mal fondée en son appel et dans ses conclusions à toutes fins qu'elles comportent, l'en déboute ;

Confirme le jugement entrepris ;

Condamne la dite Société à l'amende et aux dépens d'appel.

388. — *Avaries par chocs normaux.* — Les compagnies de chemins de fer ont abusé — et elles continuent — de la terminologie des « chocs normaux » qu'elles ont introduite récemment dans le contentieux de l'exploitation commerciale. Le choc normal accuserait la faute de l'expéditeur qui n'aurait pas suffisamment garanti la marchandise contre les risques du transport ou le vice propre de l'objet transporté incapable, dans son conditionnement de supporter les chocs d'un transport normalement effectué.

Il n'est pas difficile de faire tomber cette argumentation captieuse. Pour se libérer, le chemin de fer doit faire la preuve d'un cas fortuit ou de force majeure, du vice propre de la chose ou d'une faute de l'expéditeur. Il ne se libère pas en établissant qu'il n'a pas commis de faute. L'obligation qu'il a de restituer la valeur de la chose qui lui a été confiée en cas de perte ou d'avarie (art. 1784, C. civ.) ne résulte pas de sa faute réelle ou présumée, mais bien de l'engagement qu'il a pris de conserver et de restituer cette chose. Qu'elle ait été avariée ou qu'elle ait péri à la suite d'un choc — normal ou anormal — ou d'une autre chose, il n'importe. Dès lors, qu'elle n'est pas représentée dans l'état où elle a été remise lors de la prise en charge, la responsabilité du chemin de fer est engagée et il en doit le prix ou des dommages-intérêts compensateurs.

C'est de ces principes que la Cour de Cassation a fait application dans une espèce où la chose avariée était une *tourie* d'essence. Cette tourie avait été cassée à la suite d'un choc et, pour se libérer, la compagnie invoquait la fragilité et son mauvais conditionnement constitutifs, d'après elle, du vice propre. Son pourvoi fut rejeté par les motifs suivants :

« En ce qui concerne le vice propre : attendu qu'il résulte tant des motifs que du dispositif du jugement que l'avarie subie par la tourie a été le résultant d'un choc reçu soit à la gare, soit au cours du transport de la gare au domicile du destinataire, ce qui exclut l'avarie alléguée par vice propre (Cas. req. 24 mars 1913, Cie d'Orléans contre Barbaran. »

389. — *11 décembre 1925. Jugement du Tribunal de Commerce de Chambéry. BT, 1/2 1926. — Curtand et Jeandin contre Cie PLM. — Avaries dues au mauvais état du wagon.*

Attendu que, les parties sont d'accord sur les causes du dommage : défectuosité de la toiture du wagon et ouverture des vasistas, et qu'elles reconnaissaient également que cette ouverture a été demandée par l'expéditeur.

Attendu que le chemin de fer se prétend irresponsable de la *mouille* résultant de la défectuosité de la toiture du wagon, celui-ci ayant été accepté sans protestation ni réserve par l'expéditeur qui a fait le chargement. Attendu que cette prétention de la Cie PLM ne peut être retenue par le Tribunal, qu'il est de jurisprudence constante que l'expéditeur doit se borner à charger la marchandise, c'est à-dire à la déposer sur wagon ; qu'il n'a pas à se faire juge de l'état du matériel qui lui est fourni et qu'il est du devoir du chemin de fer de fournir le matériel nécessaire pour assurer convenablement le transport.

390. — 18 *décembre* 1925. *Cour d'Appel Paris. BT*, 4/1926 *et* P. 1926/497. — *Transport international. objets en fonte avariés.* — *Art.* 9, 30, 31 *eg* 32 *de la Convention de Berne.* — *Absence de réserves au départ.* — Responsabilité du chemin de fer.

La Cour,

Considérant qu'il résulte de la lettre de voiture que, le 3 juin 1922, M. Verrayet a expédié par chemin de fer, aux conditions de la Convention de Berne, de la gare de Courtrai (Belgique), 4 cuisinières et un feu colonne, à M. Allard, en gare de Billy-Montigny (France).

Considérant qu'au départ les marchandises ont été reçues sans observations au sujet de l'emballage ; que le chef de gare de Courtrai n'a pas cru devoir demander à l'expéditeur la reconnaissance d'un manque absolu d'emballage ou d'un conditionnement défectueux comme l'autorisait à le faire par l'art. 9 de la Convention.

Considérant que la Cie du Nord, dernier transporteur, est responsable des avaries, sauf recours qu'elle croit devoir exercer, conformément à l'art. 3 ou tel autre de la Convention de Berne ; que l'art. 52 de ladite Convention défend d'introduire le recours en garantie dans l'instance relative à la demande principale en indemnité ;

Considérant que l'ayant droit à la marchandise à l'arrivée, Allard, n'a pas d'action résultant du contrat de transport contre l'expéditeur ; qu'il ne peut s'adresser qu'au dernier transporteur :

Considérant qu'il résulte de l'expertise à laquelle il a été procédé que 3 cuisinières ont été avariées ; que le montant des avaries constatées s'élève pour deux objets à 100 fr. et pour le troisième une somme à fixer sur mémoire :

Considérant qu'Allard ne justifie pas d'un trouble générateur de dommages-intérêts, mais qu'il est fondé à faire restituer par la Cie du Nord les sommes qu'il dût payer pour frais de magasinage, d'expertise et autres, soit au total la somme de 537 fr. 60 ;

Par ces motifs,

Joint les causes,

Infirme le jugement entrepris et, statuant à nouveau :

Condamne la Cie du Nord à payer à Allard-Caucheteux, la somme de 100 fr. plus la somme à fixer sur état, et la somme de 537 fr. 60 montant des causes sus-énoncées ;

Dit Allard-Caucheteux mal fondé en sa demande, dans son appel et dans ses conclusions contre Verrayet, l'en déboute ;

Le dit mal fondé pour le surplus de son appel et de ses conclusions contre la Cie du Nord, l'en déboute ;

Condamne la Cie du Nord aux dépens de première instance et d'appel de la demande dirigée contre elle.

Observations. — L'art. 9 de la Convention de Berne accorde au chemin de fer le droit d'exiger, le cas échéant, que l'expéditeur reconnaisse l'état défectueux ou l'absence de l'*emballage* (lorsque celui-ci est nécessaire) et l'expéditeur devient alors « responsable des conséquences des défauts ainsi constatés ». Or, le chemin de fer n'avait pas usé de ce droit ; dès lors, bien qu'une expertise attribuât les avaries à une faute de l'expéditeur consistant dans l'absence d'emballage, la Cour a mis ledit expéditeur hors de cause et déclaré le chemin de fer responsable du dommage envers le destinataire. (Lamy.)

391. — 24 *février 1925. Cour de Cassation (ch. civile). — Chemins de fer Paris-Orléans contre Royer. — Transports par fer. — Avaries. — Cas fortuit. — Bâchage. — Soins compatibles avec le service ou imposé par le tarif applicable.* — Le voiturier ne répond pas des pertes ou avaries dont la cause est le vice propre de la chose ou un cas fortuit. Si les compagnies sont tenues de veiller à la conservation de la marchandise transportée, leur obligation ne s'étend qu'aux soins généraux et ordinaires compatibles avec les nécessités du service réglementaire, ou à ceux qui leur sont imposés par une disposition du tarif applicable. Elles ne répondent pas du bâchage lorsqu'il a été effectué par l'expéditeur au tarif par lui requis et ne peuvent être tenues, soit de le modifier, soit de le remplacer. La compagnie ne saurait donc être déclarée responsable de l'avarie, si l'avarie due à une tempête qui a arraché la bâche a eu, ainsi pour cause initiale un cas fortuit. (Gaz. Pal., 23 avril 1925.)

392. — 3 *juin 1925. Cour d'Appel de Rennes. BTI, 1/1926. — Denrées périssables. — Retard et avarie consécutive. — Preuve du retard. — Vente sans formalités.* — Non recevabilité.

393. — 24 *décembre 1925. Trib. Com. Montpellier. — Commis-*

sionnaire de transport-voiturier. — Responsabilité. — Avaries. — Chemin de fer. — Art. 103 C. Com.

Aux termes de l'art. 103, C. Com., le voiturier, garant de la perte et des avaries aux marchandises qui lui sont confiées ne peut s'exonérer de cette responsabilité qu'en faisant la preuve, soit du cas fortuit ou de force majeure, soit du vice propre de la chose.

La compagnie des chemins de fer doit être déclarée responsable de l'avarie constatée à l'arrivée (en l'espèce pour une expédition de fraises en cageots), alors qu'elle ne justifie d'aucun fait permettant d'écarter la responsabilité du transporteur, et qu'il résulte au contraire de la mention inscrite sans aucune réserve sur le récépissé du destinataire par le facteur-chef de la gare d'arrivée, que la responsabilité de l'avarie a été reconnue par les proposés de la compagnie et accepté par eux.

394. — *21 juillet 1925. Jugement du Tribunal de Commerce de Rennes. BT, 3/1926. — Louessard contre: 1° Chemins de fer de l'Etat; 2° Panneton. — Bicyclettes arrivées rouillées et en retard. — Expertise concluant à la faute de l'expéditeur mais non probante. — Responsabilité de la compagnie. — (Extrait.)*

. . . .

Attendu que le 16 janvier 1925, Panneton expédiait à la gare de Morteau six vélos et trois harasses et que ces vélos arrivaient en gare de Rennes, seulement le 7 février, avec 7 jours de retard ; qu'avisé le 9 février de leur arrivée, Louessard se rendit à la gare et s'aperçut que les machines étaient rouillées et refusa d'en prendre livraison pour deux motifs : « retard et machines rouillées » ;

. . . .

Attendu que l'expert déclare que les parties nickelées n'avaient pas été graissées ; que c'est une simple affirmation de sa part ; qu'elle n'est pas absolument établie ; que Panneton produit des documents desquels il résulte que les rayons sont toujours graissés pour le montage, mais qu'en admettant le défaut de graissage, rien ne prouve qu'il soit la seule cause de la rouille qui existait sur les vélos à leur arrivée et au moment de l'expertise ;

Attendu qu'il est à remarquer que les bicyclettes expédiées le 16 janvier sont arrivées à Rennes le 7 février, c'est-à-dire après un délai de 22 jours ; que Louessard ne les a vues que deux jours après et qu'enfin l'expertise n'a eu lieu que le 26 février, c'est-à-dire 40 jours après le départ de Morteau ; qu'il ne faut pas un si long délai pour que la rouille se produise, alors qu'elle peut survenir à la suite d'un simple séjour d'une nuit à la pluie et qu'on ne peut, dès lors, proclamer que la rouille existait certainement au départ de Morteau.

. . . .

Attendu que le seul responsable paraît être le transporteur

qui n'a pas pris suffisamment soin d'une marchandise fragile, qu'il n'a tenue d'ailleurs à la disposition du destinataire qu'avec 7 jours de retard ; que la rouille ayant bien pu se produire quelques jours seulement avant l'arrivée des vélos, à Rennes, il est possible que, s'ils étaient arrivés en temps voulu, ils n'auraient pas été avariés ;

Attendu qu'il échet, dès lors, de dire bien fondé le refus de livraison formulé par Louessard et de condamner l'administration des chemins de fer de l'Etat à lui payer de justes dommages-intérêts pour le préjudice qu'elle lui a causé par ce fait qu'il n'a pu utiliser les machines à lui adressées...

395. — *26 septembre 1925. Arrêt du Reichsgericht allemand. CI, art. 31, al. (1) et (2), BTI, 350/1926.* Le chemin de fer ne peut invoquer la présomption inhérente au chargement fait par l'expéditeur en tant qu'il a lui-même accru le risque d'avarie par sa faute. *Incendie d'une tapissière placée sur wagon trop haut. — Wagon non approprié.*

396. — *24 novembre 1925. Jugement du Tribunal de Commerce de la Seine (4ᵉ ch.). BT, 8/1926. — Les fils d'Edmond Lévy contre Cⁱᵉ du Nord. — Transport international. — Conv. Berne, art. 7 et 31 (§ 3). — Avaries imputées à un chargement défectueux. — Bon état du chargement présumé. — Responsabilité du chemin de fer.*

Le Tribunal,

Après en avoir délibéré conformément à la loi ;

Attendu que, le 17 octobre 1924, les demandeurs se sont expédié en petite vitesse, de Senlis en gare de Burgistein Watteniwil (Suisse), un wagon n° 174.454 chargé de 8.030 kilos de paille de blé ;

Attendu que les avaries ayant été constatées à l'arrivée, les demandeurs requièrent l'allocation d'une somme de 661 fr. 20, tant en réparation du préjudice causé qu'en remboursement du trop perçu par la compagnie ;

Attendu que, pour résister à la demande, la compagnie soutient qu'elle serait fondée à opposer à l'art. 31, paragraphe 3, de la Convention de Berne ;

Que s'agissant d'un transport en wagon découvert, il y aurait présomption en faveur du chemin de fer, les avaries dont s'agit étant le résultat d'un chargement défectueux ;

Attendu qu'aux termes de l'art. 7 de la Convention de Berne, la vérification des colis au départ a lieu conformément aux lois et règlements du territoire où elle a lieu ;

Attendu qu'en l'espèce le lieu de départ était en France et que les règlements prévoient que les compagnies ont le droit absolu de vérifier l'état des chargements et qu'elles sont par suite présumées les avoir reçus en bon état ;

Attendu qu'en cas d'avaries par la pluie constatées à l'arrivée, les compagnies peuvent dégager leur responsabilité en faisant la preuve que ces défectuosités existaient au départ ;

Attendu que la compagnie n'apporte pas cette preuve ;

Attendu qu'il résulte des débats et des documents soumis que le chargement dont s'agit avait été opéré dans de bonnes conditions et conformément aux usages du commerce ; que les avaries, objet du litige, ont été occasionnées par deux transbordements dont la paille expédiée a été l'objet, transbordements faits dans des conditions défectueuses et notamment par un temps pluvieux ;

Que c'est donc bien la négligence et le manque de précaution de la compagnie qui a été la cause des avaries constatées ;

Attendu, enfin, qu'il résulte de ce qui vient d'être exposé que c'est à bon droit que les demandeurs, avant de prendre livraison, ont réclamé l'accomplissement des formalités nécessaires à la sauvegarde de leurs droits ;

Que l'accomplissement des dites formalités a occasionné des frais de magasinage perçus à la livraison et qu'il échet de laisser à la charge de ladite compagnie ;

Et attendu que, tenant compte du montant desdits frais, de l'importance de la dépréciation subie par la marchandise expédiée, du trouble commercial éprouvé par les demandeurs, le Tribunal trouve dans les faits de la cause les éléments d'appréciation suffisants pour fixer à la somme de 500 fr. l'importance du préjudice dont justifient les fils d'Edmond Lévy ; que c'est dès lors à concurrence de cette somme qu'il échet d'accueillir la demande toutes causes confondues ;

Par ces motifs :

Le Tribunal jugeant en dernier ressort ;

Condamne la Cie du Nord, par les voies de droit, à payer aux fils d'Edmond Lévy la somme de 500 fr. à titre de dommages-intérêts toutes causes confondues.

Observations. — Le jugement ci-dessus, auquel la compagnie en cause a acquiescé, a été rendu sur les conclusions prises et développées par le service de contentieux de notre Ligue.

Le Tribunal a fait une heureuse application de l'art. 7 de la Convention de Berne aux termes duquel :

« Les lois et règlements de chaque Etat règleront également ce qui concerne le droit et l'obligation de constater et de contrôler le poids de la marchandise ou le nombre des colis.

L'expédition provenait de France, où, en vertu d'une jurisprudence constante, le chemin de fer a le droit et le devoir de vérifier les expéditions qui lui sont remises. Lorsqu'il les accepte sans aucune réserve, elles sont présumées en bon état, conformes aux énonciations de la lettre de voiture. Voir ce qui est dit à ce sujet aux pages 88 et suivantes de la 10ᵉ édition du *Manuel pratique des Transports.*

Le Tribunal aurait pu motiver encore plus fortement sa décision en rappelant les règles posées par l'art. 9 de la même Convention de Berne, comme l'a fait la Cour d'Appel de Paris, dans l'arrêt du 18 décembre 1925, que nous avons publié le 1ᵉʳ avril dernier, page 51. (Lamy.)

397. — *16 juillet 1925. Arrêt de la Cour de Cassation (ch. civ.). BT, 7/1926. — Cⁱᵉ des produits résineux contre Cⁱᵉ du Midi. — (Extrait.) — 1ᵒ Incendie dans une gare ; application rétroactive de la loi du 7 novembre 1922. — 2ᵒ Magasinage gratuit ; responsabilité. — 3ᵒ Insuffisance de motifs.*

La Cour,

. . . .

Sur le deuxième moyen :

Attendu que, le 30 juin 1919, un incendie a éclaté dans la gare maritime de Bordeaux-Brienne, dont la Cⁱᵉ du Midi est concessionnaire ; qu'alimenté par de nombreux fûts de produits résineux qui se trouvaient dans la gare, le feu gagna la voie publique où il détruisit d'autres fûts de produits résineux qui y étaient déposés hors de la gare de la Cⁱᵉ du Midi ;

Attendu, qu'en rejetant, par le motif qu'elle ne prouvait pas la faute de la Cⁱᵉ du Midi, la demande en dommages intérêts formée par la Cⁱᵉ des produits résineux, l'arrêt attaqué a fait une exacte application de l'art. 1384 du Code civil complété par la loi interprétative du 7 novembre 1922 ;

Sur le troisième moyen :

Attendu que ce moyen manque en fait ;
Rejette les deuxième et troisième moyens ;

Mais sur le premier moyen :

Vu l'art. 103 du Code de Commerce ;
Attendu que le voiturier est garant de la perte des objets à transporter, hors les cas de force majeure, ainsi que des avaries autres que celles qui proviennent du vice propre de la chose ou de la force majeure ; que toute clause contraire insérée dans toute lettre de voiture, tarif ou autre pièce quelconque est nulle ;

Attendu que, par exploit du 21 octobre 1919, la Cⁱᵉ des produits résineux a assigné la Cⁱᵉ du Midi en réparation du préjudice que lui a causé un incendie survenu le 30 juin 1919 dans la gare maritime de Bordeaux-Brienne et qui a détruit 2212 fûts de produits résineux qui s'y trouvaient à la suite d'expéditions à elle faites de diverses gares du réseau du Midi, aux conditions du tarif spécial PV nᵒ 29 Midi ;

Attendu que, pour rejeter la demande en ce qui concerne 1711 de ces fûts, qui, au moment de l'incendie, étaient dans la gare en magasinage gratuit, l'arrêt attaqué, confirmant le jugement, déclare tant dans ses motifs propres que par adoption des motifs du jugement, que les conditions dans lesquelles fonctionne en gare de Bordeaux Brienne le magasinage gratuit excluent l'application des règles du contrat de transport invoquées par la compagnie demanderesse ; qu'elles établissent que le transport a cessé quand le magasinage commence et qu'en attendant l'enlèvement de la marchandise, le transporteur en devient simple dépositaire ; qu'en effet, on ne peut admettre qu'il y ait continuation du contrat de transport quand la marchandise a été livrée, l'enlèvement seul en étant différé, quand le prix du transport a été payé et qu'un « bulletin de dépôt » a été délivré au destinataire ; qu'en ce cas, un contrat de dépôt a bien été substitué au contrat de transport ; que la Cie du Midi est dès lors en droit d'invoquer la disposition de l'art. 4 du chapitre II du tarif spécial PV n° 29 Midi, qui la dégage de toute responsabilité pour les déchets et avaries de marchandises pendant la durée du magasinage gratuit ;

Mais attendu que le tarif spécial PV 29 Midi stipule une taxe forfaitaire et indivisible comprenant à la fois le transport et le magasinage dans la gare de Bordeaux-Brienne pendant 20 jours ; que la gratuité du magasinage, par suite de sa confusion avec le prix du transport, ne constitue qu'une simple réduction de prix ; que la Compagnie ne saurait établir de distinction entre ce magasinage et le magasinage rétribué qui engage sa responsabilité ; que les diverses modalités auxquelles il lui plaît de subordonner l'obtention du magasinage gratuit ne peuvent altérer les conditions du contrat de transport pour les transformer en contrat de dépôt, ni la décharger des obligations que le tarif lui impose ; que l'arrêt attaqué reconnaît d'ailleurs que la livraison effective de la marchandise n'avait pas eu lieu ; qu'ainsi le contrat de transport n'avait pas reçu sa complète exécution ; d'où il suit qu'en déchargeant la Cie du Midi de la responsabilité qui lui incombait, l'arrêt attaqué a violé le texte susvisé ;

. . . .

Sur le cinquième moyen :

Vu l'art. 7 de la loi du 20 avril 1810,

Attendu que la Cie des produits résineux, ayant conclu, devant la Cour d'Appel à ce que la Cie du Midi fût condamnée à lui payer la somme de 42.692 fr. 91, représentant la valeur de 123 fûts qui avaient été détruits par l'incendie dans l'intérieur de la gare où ils étaient en magasinage payant, l'arrêt attaqué a rejeté ses conclusions de ce chef sans donner aucun motif ;

Qu'il a ainsi violé l'article ci-dessus visé ;

Par ces motifs,

Casse et annule, mais seulement,

1° en ce qu'il a statué au regard des 1711 fûts qui se trouvaient dans la gare de Bordeaux-Brienne en magasinage gratuit et au regard des 123 fûts qui s'y trouvaient en magasinage payant ;

2° En ce qu'il a déclaré non recevable la demande relative aux 288 fûts qui n'avaient pas été placés en magasinage ;

L'arrêt rendu entre les parties par la Cour d'Appel de Bordeaux le 27 février 1922 ;

Renvoie devant la Cour d'Appel d'Agen.

Observations. — Nous avons fait connaître à nos adhérents, le 1er janvier 1923, sous la rubrique « Assurances », dans quelles conditions est intervenue une loi, du 7 novembre 1922, ajoutant au premier alinéa de l'art. 1384 du Code civil, une disposition ainsi conçue :

« Toutefois, celui qui détient à un titre quelconque tout ou partie de l'immeuble dans lequel un incendie a pris naissance ne sera responsable vis à vis des tiers de dommages causés par cet incendie que s'il est prouvé qu'il doit être attriubé à sa faute ou à la faute des personnes dont il est responsable.

Nous avons fait remarquer, à ce propos, que cette loi avait trouvé le plus puissant appui auprès des compagnies de chemins de fer, auxquelles on assurait ainsi « sans en avoir l'air, un nouveau moyen d'échapper à la responsabilité des fautes et négligences de leur personnel ».

L'événement a même dépassé leurs espérances, puisque l'arrêt ci-dessus applique ladite loi, du 7 novembre 1922, aux conséquences d'un incendie survenu dans la gare de Bordeaux-Brienne le 30 juin 1919 : c'est que cette loi est, paraît-il, « interprétative » et que, dès lors, elle a effet rétroactif !...

O tempora ! O mores... judiciales ! Que pensent de tout ceci les « suprêmes défenseurs des lois » dont parlait l'article de tête de notre numéro du 1er juin 1923 ? Ils sont capables de s'imaginer que la loi du 7 novembre 1922 a été voulue, par certains tout au moins, pour favoriser les compagnies d'assurances et pour permettre à la C^{le} du chemin de fer du Midi d'échapper à une partie de la responsabilité de l'incendie survenu dans sa gare de Bordeaux-Brienne le 30 juin 1919.

Pour le surplus la Cour de Cassation confirme la doctrine et la jurisprudence antérieures, notamment en ce qui concerne le principe que le magasinage, même lorsqu'il est gratuit en vertu du tarif appliqué à la marchandise, ne transforme pas le contrat de transport en contrat de dépôt et laisse subsister contre le chemin de fer la responsabilité qu'il encourt en tant que voiturier (V. notre *Manuel pratique*, 10e édition, pp. 64, 83-84 et 170-171). (Lamy.)

398. — *9 juillet 1925. — Aix. — Convention de Berne. — Avarie.
— Chargement défectueux.*

La Convention de Berne spécifie que dès qu'une perte partielle
ou une avarie est découverte, procès-verbal doit être donné, indiquant si possible la cause de l'avarie. Le chargement ayant été
effectué par l'expéditeur, si l'avarie provient d'un chargement
défectueux, la compagnie n'en est pas responsable.

Il y a chargement défectueux par le fait de charger des fûts
en roule et non en canon. D'après la Convention de Berne toute
action est éteinte contre la compagnie, par le fait du paiement
du prix et de la réception de la marchandise, à moins qu'une
réclamation pour retard ne se produise dans les 14 jours, non
compris celui de la réception.

398 *bis. — 26 janvier 1926. Cour de Cassation. — Expédition
par PV. — Livraison en gare. — Avaries. — Article 10 de l'arrêté
ministériel du 12 juin 1866. — Indications nécessaires. — Omission.
— Cassation.*

L'art. 10 de l'arrêté ministériel du 12 juin 1865 n'impose aux
compagnies de chemins de fer d'autre obligation que celle de mettre
les marchandises expédiées en PV adressées en gare, à la disposition
des destinataires dans le jour qui suit leur arrivée, dont il ne pres-
crivait pas de le prévenir. Il y a retard imputable à une compagnie
que si, à l'expiration des délais réglementaires, les marchandises
n'ont pu être délivrées au destinataire sur sa réquisition nécessaire
pour mettre la compagnie en demeure de faire la remise.

Manque de base légale et doit être cassé l'arrêt qui condamne
une compagnie à des dommages intérêts, sous le prétexte qu'elle
ne conteste ni l'existence d'une avarie, ni la durée du transport
à laquelle cette avarie est imputable, sans constater, d'une part,
que la livraison des marchandises ait été réclamée après l'expiration
des délais de transport, et, d'autre part, que la compagnie n'était
pas à ce moment en mesure de faire la remise.

399. — *25 juin 1925. Arrêt de la Cour d'Appel de Paris (5e ch.).
BT, 8/1925. — Cie du Midi contre : 1o Cals, 2o Cie du Nord, 3o Cie
des wagons-réservoirs. — Wagon-réservoir de vin immobilisé par un
chauffage d'essieu. — Responsabilité du chemin de fer. — Baisse
de cours non établie. — Calcul de l'indemnité.*

La Cour,

Considérant que le wagon contenant le vin destiné à Cals a
été arrêté à Eguzon pour réparation ; qu'à l'arrivée à Bercy, le
11 novembre 1920, le capot a été déplombé ;

Que ce dernier fait rendait une expertise utile ;

Que la Cie du Midi est responsable du préjudice résultant du
retard de 20 jours dans la livraison, occasionné par la durée des
réparations et de l'expertise ;

Qu'il résulte de cette expertise que c'est par suite du chauffage d'un essieu du wagon que la marchandise a séjourné en gare d'Eguzon ;

Que la Cie du Midi n'établissant pas que cet arrêt ait été motivé par un vice propre du wagon, il convient de retenir que le chauffage a été occasionné par un défaut de surveillance, et que la compagnie ne peut échapper à la responsabilité résultant de sa faute en s'appuyant sur les dispositions de l'art. 6 du tarif commun PV 129 ;

Considérant que les frais de location supplémentaire du wagon se sont élevés à 809 fr. 55 ;

Que cette somme doit être remboursée à Cals ;

Mais que ce dernier ne justifie pas que le retard de quelques jours dans la livraison du vin qu'il attendait lui ait causé un dommage provenant d'une baisse dans le prix du vin ;

Considérant que l'action en garantie de la Cie du Midi contre la Cie du Nord ne repose pas sur le contrat de transport dont se prévaut Cals, mais sur le contrat d'immatriculation du wagon ;

Que la prescription de l'art. 108 du Code de Commerce n'est pas applicable ;

Mais que, si l'action est recevable, elle est mal fondée ;

Qu'en effet la Cie du Midi n'établit pas que la Cie du Nord ait commis une faute dans la transmission des pièces demandées au propriétaire du wagon pour faire la réparation nécessaire ;

Qu'au surplus, la Cie du Midi serait mal fondée à vouloir se faire indemniser par le propriétaire d'un dommage occasionné par la négligence d'un de ses employés ;

Considérant que la Cie du Midi doit supporter les dépens de l'appel éventuel de la Cie du Nord, provoqué par son propre appel éventuel ;

Par ces motifs :

Et adoptant ceux des premiers juges, sauf en ce qui concerne le montant des dommages et intérêts et la recevabilité du recours en garantie ;

Confirme le jugement entrepris, mais en réduisant à 809 fr. 55 le montant de la condamnation prononcée contre la Cie du Midi au profit de Cals ;

En ce qui concerne la Cie du Nord et la Cie des wagons-réservoirs:

Infirme le jugement ; décharge les intéressés des condamnations prononcées contre eux ;

Et, statuant à nouveau,

Dit la Cie du Midi recevable en son recours en garantie contre la Cie du Nord, mais la dit mal fondée, et l'en déboute ;

Dit n'avoir lieu de statuer sur l'appel éventuel de la Cie du Nord contre la Cie des wagons-réservoirs ;

Ordonne la restitution de l'amende ;

Condamne la C^le^ du Midi aux dépens de l'appel de l'instance principale contre Cals, et aux dépens de première instance et d'appels éventuels des instances en garantie de la C^le^ du Midi contre la C^le^ du Nord, et de la C^le^ du Nord contre la C^le^ des wagons-réservoirs.

Observations. — Voir à la suite de l'arrêt ci après.

399 *bis*. — 25 *juin* 1925. *Arrêt de la Cour d'Appel de Paris* (5e *ch.*). *BT*, 8/1925. — *C^le^ du Midi contre Courtois et Chevalier.* — *Wagon réservoir de vin. retard, manquant et avarie.* — *Baisse de cours et trouble commercial.* — *Calcul de l'indemnité.*

La Cour,

Considérant que le wagon de vin a été livré aux destinataires avec un retard de 225 jours;

Que la C^le^ du Midi ne saurait échapper à la responsabilité qui lui incombe, sous prétexte que la lettre recommandée qu'elle a reçue n'établirait pas que la marchandise ait été réclamée, comme elle devait l'être, après l'expiration des délais de transport ;

Que la livraison aurait dû être faite au plus tard le 4 avril 1920 ;

Que la lettre recommandée du 10 avril suivant constitue une mise en demeure suffisante ;

Que le Tribunal ayant accordé une indemnité totale de 18.920 fr., l'appel et l'appel incident obligent à reprendre chaque chef de la demande ;

Que le manquant de 5 hectos 79 ne peut être écarté comme représentant un creux de route toléré, alors que les traces de faussets relevées par l'expert et la durée anormale du retard permettent d'admettre d'autres causes de réduction du volume de la marchandise ;

Que le préjudice résultant de ce chef doit être admis pour 781 fr. 65 ;

Que le vin expédié représentait une valeur de 21.600 fr ; que l'expert a fixé à 20 % le préjudice résultant de l'avarie qu'il a constatée ;

Que, par suite, il est dû aux destinataires une indemnité de 4.320 fr. ;

Que, lors du contrat, le montant du préjudice que l'on pouvait prévoir n'aurait pas été inférieur à 20 % du prix de la marchandise, si un retard de 6 mois dans la livraison avait pu être prévu ;

Que, de ce chef, et sans tenir autrement compte des changements de cours du prix du vin, il est dû une indemnité de 4.320 fr. ;

Que l'allocation de 2.000 fr. de dommages-intérêts pour trouble commercial est également justifiée par la durée du retard ;

Que les destinataires n'avaient pas de frais de location à payer aux termes de leur contrat d'achat avec Ribaute, mais que ce der-

nier ne pouvait pas prévoir que le transport subirait un retard
de 225 jours ; qu'il est fondé à réclamer à Courtois et Chevalier la
réparation du préjudice qu'il subit de ce chef, et que les circonstances de la cause permettent de fixer à 4.000 fr. ;

Qu'il échet d'obliger la Cie du Midi à réparer vis à vis des intéressés ce dernier chef de préjudice ;

Par ces motifs ;

Et adoptant ceux non contraires du Tribunal,
Confirme le jugement entrepris, mais en réduisant à 15.421 fr. 65
le montant des dommages-intérêts ;

Dit les parties respectivement mal fondées dans le surplus de
leurs conclusions ;

Les en déboute ;

Ordonne la restitution de l'amende ;

Condamne la Cie du Midi aux dépens de l'appel, et Courtois
et Chevalier aux dépens de l'appel incident.

Observations. — Dans le premier arrêt publié plus haut, la
Cour d'Appel de Paris constate que le demandeur « ne justifie pas
que le retard de quelques jours dans la livraison du vin qu'il
attendait lui ait causé un dommage provenant d'une baisse dans
le prix des vins » ; elle lui refuse, en conséquence, tous dommages-
intérêts de ce chef. Dans le second arrêt sans chiffrer le préjudice
afférent aux changements survenus, pendant le retard, dans les
cours du prix du vin, elle estime ce préjudice compris dans les
4.320 fr. alloués pour le préjudice résultant de l'avarie due au
retard. D'une manière générale la Cour d'Appel manifeste une
tendance à prendre en considération les dommages résultant des
fluctuations des cours, hausse ou baisse, lorsqu'il s'agit d'un dommage important, mais non pour des retards de quelques jours
seulement. (Lamy.)

400. — *26 janvier 1926. Cour de Cassation (ch. civ.). BT, 4/1926.*
— Cie PLM contre Gibellino frères. — Retard. — Lettre d'avis non
obligatoire. — Réclamation du destinataire nécessaire pour établir
l'existence du retard.

401. — *29 janvier 1926. Cour civile de Genève. Semaine judiciaire*
Genève, 11/V/26. CI, 30, 31. — Société Coopérative de Consom-
mation contre CFF. — Transport pra lettre de voiture internationale.
— Sucre avarié. — Action en dommages intérêts contre le dernier
transporteur. — Application des art. 30 et suivants de la Conv. inter-
nationale du 14 octobre 1890. — Déboutement. — Appel. — Absence
de faute dans le chargement. — Responsabilité du chemin de fer
dernier transporteur. — 100 sacs sucre de Belgique, chargement par
l'envoyeur ; c'est donc au destinataire à prouver que le chargement
était normal. — Il a prouvé qu'il a été fait normalement ; marchan-

dise chargée à l'état sec, tresses de pailles placées contre les portières afin d'empêcher la pluie de pénétrer. Les sacs étaient calés et serrés et ne pouvaient se déplacer. Or, la marchandise est arrivée sens dessus dessous. Les CFF prétendaient que le wagon était arrivé *plombé* donc que la marchandise avait été mal chargée.

Les CFF sont donc responsables suivant art. 30, *CI*, car la *mouille* n'a pu se produire que pendant le transport ; or les sacs étaient en désordre à l'arrivée donc transport anormal.

Réd. — Quant au plomb : La lettre de voiture mentionne entre autres frais à la gare Givet 2 fr. pour plombs, ce qui prouvait que le wagon a été déplombé et replombé par le chemin de fer qui a donc sciemment altéré la vérité en mettant le dérangement des marchandises sur le compte de l'envoyeur. C'est sur le vu d'un rapport de l'expert M. Ch. Ackermann que les CFF ont été condamnés en appel au paiement de l'avarie et à tous les dépens de première instance et d'appel.

(Réd. — C'est le peuple suisse qui en dernier ressort a dû payer ces frais provoqués par les bureaux CFF.)

402. — *2 février* 1926. *Trib. Comm. Calais. BT*, 4/1926. — *Glace fendue. — Prétendue défectuosité de l'emballage. — Expertise tardive et non probante.* — Responsabilité du chemin de fer.

403. — *25 février* 1926. *Appel Paris (5ᵉ ch.) BT*, 4/1926 *et P.* 1926/500. — *Brossette et fils contre Chemin de fer de l'Etat. — Tôles avariées par mouillure. — Expertise non probante ; simples hypothèses. — Vice propre non établi.* — Responsabilité du chemin de fer.

La Cour,

Considérant que le 9 juin 1922, Brossette et fils ont expédié de Paris à Tisserand, à Besse-sur-Braye, diverses marchandises en tôle et zinc ; que le transporteur a formulé des réserves parce que 3 feuilles de tôle étaient mouillées ; que le destinataire a refusé de recevoir les marchandises qui étaient avariées ; que l'expert commis a constaté que les avaries avaient été occasionnées par un acide mordant qui s'était infiltré entre les feuilles de zinc ; qu'il indique que ces avaries ont dû se produire avant la mise en wagon et entre le magasin de Brossete et la gare ; mais que cette simple hypothèse, pas plus que les réserves faites par les chemins de fer de l'Etat au départ, ne permettent de décharger le transporteur de la responsabilité qui lui incombe ;

Considérant que l'expert fixe à 310 fr. le montant du préjudice résultant des avaries ; que Brossette et fils ne justifient ni de frais de camionnage, ni de dommage éprouvé par le destinataire ni de trouble commercial, mais qu'ils ont droit, en sus de la somme de 310 fr. au remboursement des frais de transport et autres qu'ils ont dû payer ou qu'ils devaient payer à l'administration des chemins de fer de l'Etat à l'occasion du transport à l'aller et au retour des marchandises dont s'agit ;

Par ces motifs,

Infirme le jugement entrepris et, statuant à nouveau ;

Condamne l'Administration des chemins de fer de l'Etat à payer à Brossette et fils la somme de 310 fr. montant des causes sus-énoncées, et à leur rembourser les sommes qu'ils ont payées à l'occasion du transport et du litige des marchandises dont s'agit ;

Condamne l'Administration des chemins de fer de l'Etat aux dépens de première instance et d'appel.

Observations. — Le Tribunal de Commerce de la Seine (19 janvier 1923) avait peut-être fait un peu de confiance dans les conclusions de l'expert :

Attendu, disait-il, qu'il *résulte* des pièces produites, et notamment d'une expertise faite par application de l'art. 106 du Code de Commerce, que l'accident survenu aux matériaux ayant fait l'objet du transport *est dû* à des causes tout à fait indépendantes de l'administration des chemins de fer de l'Etat, à savoir :

Que le chargement a eu lieu par temps humide et que l'oxydation qui a été constatée à l'arrivée *provient* d'une cause chimique naturelle ;

Qu'ainsi l'administration défenderesse, justifiant que les avaries *sont dues* à un vice propre de la chose, elle ne peut être responsable des conséquences de ces avaries...

Mais l'expert n'aurait pas dû perdre de vue que son rapport est destiné à éclairer le Tribunal, et non à l'induire en erreur, et que, par suite si l'examen des faits l'amène à émettre certaines hypothèses, elles doivent être présentées de telle façon qu'on ne puisse le prendre pour des réalités dûment établies. La Cour d'Appel a heureusement remis les choses au point en rappelant que le voiturier ne peut dégager sa responsabilité qu'en administrant la preuve formelle de la cause d'exonération qu'il invoque de vice propre, force majeure ou faute de l'expéditeur. (Lamy.)

404. — 15 *mars* 1926. *Arrêt de la Cour de Cassation (ch. civ.).* BT, 5/1926. — *Her contre C*ie *du Midi.* — *Poteries émaillées.* — *Avaries.* — *Bénéfice d'un déchet de route indûment accordé à la compagnie.* — *Cassation.*

La Cour,

Sur le moyen unique ;

Vu l'art. 103 du Code de Commerce ;

Attendu qu'en faisant la preuve de la force majeure, du vice propre de la chose, ou de la faute de l'expéditeur, le voiturier se libère de la responsabilité des avaries ;

Attendu que des avaries étant survenues en cours de transport à diverses expéditions de poteries communes faites en 1918 et 1919, de Vallauris à Martres-Tolosane, à l'adresse de Her, celui-ci a assigné la Cie du Midi en paiement de la somme de 709 fr. 40, montant du préjudice subi ;

Attendu que l'arrêt attaqué a condamné la compagnie à lui payer la somme de 484 fr. 95 seulement, par ce motif que Her consentait sans doute à réduire de 10 %, « pour casse normale », le chiffre de sa demande, mais qu'il paraissait plus rationnel et plus équitable de faire droit aux conclusions de la compagnie, qui soutenait qu'à raison de la fragilité de la marchandise, l'indemnité devait subir une réduction de 2 % calculée, non sur le préjudice, mais sur la valeur totale de la marchandise transportée ;

Attendu cependant que la fragilité de l'objet transporté ne constitue pas par elle-même un vice propre de la chose, et qu'ainsi la responsabilité de la compagnie ne pouvait être atténuée par ce seul motif ;

D'où il suit qu'en statuant comme il l'a fait, l'arrêt attaqué n'a pas légalement justifié sa décision, et a violé, par voie de conséquence, le texte susvisé ;

Par ces motifs,

Casse et annule l'arrêt rendu entre les parties par la Cour d'Appel de Toulouse le 4 février 1921 ; renvoie devant la Cour d'Appel de Pau.

Observations. — Nous avons publié dans notre numéro de mars-avril 1921, page 29, l'arrêt de la Cour d'Appel de Toulouse que vient de casser la décision ci-dessus de la Cour Suprême. Ainsi que nous l'avons fait remarquer dans nos observations sous ledit arrêt, la « casse », est une avarie, non « un déchet », et les compagnies n'en sont exonérées que par la *preuve* que le dommage a été dû au vice propre de l'objet ou à la force majeure. Dès lors, le juge du fait ne saurait sans illégalité accorder au voiturier le bénéfice d'une tolérance quelconque, *à titre de casse normale*, sous l'unique prétexte qu'il s'agit d'une marchandise fragile : la fragilité de l'objet transporté, ainsi que l'a jugé mainte fois la Cour de Cassation, « ne constitue pas par elle-même un vice propre de la chose » et ne peut, par conséquent, suffire à supprimer ou même seulement à atténuer la responsabilité du transporteur (lequel, du reste, précisément à cause de sa responsabilité plus grande, demande, pour les objets fragiles, un prix de transport plus élevé que pour les autres marchandises). (Lamy.)

405. — 12 *janvier 1926. Cour de Cassation du Royaume d'Italie.*

Comp. CI, art. 44, BTI, 203/1926. — Le destinataire qui ne veut pas encourir la déchéance du droit d'action contre le chemin de fer, prévue à l'art. 44 (1), CI, doit requérir la *vérification* de la marchandise non seulement lorsque le dommage apparaît à première vue, mais encore lorsque l'ensemble des circonstances est de nature à faire naître chez un bon père de famille la quasi-certitude que la marchandise transportée a subi des avaries sérieuses.

406. — *26 février 1926. Cour d'Appel de Douai. — Chemin de fer. — Frais de transport et de magasinage. — Etat défectueux de la marchandise. — Avarie et retard. — Expertise. — Marchandise malsaine au départ. — Frais d'expertise, de transport et de magasinage. — Condamnation de l'expéditeur.*

La Cour,

Attendu que la Cie du Nord a assigné Carof à comparaître devant le Tribunal d'Avesnes pour s'entendre condamner à 3.503 fr. 55, plus intérêts judiciaires, pour frais de magasinage de 10.000 kilos d'oignons expédiés par lui le 8 octobre 1920, en gare de Maubeuge ;

Attendu que Carof a de son côté assigné Bracq en paiement de 2.200 fr. pour prix de ces 10.000 kilos d'oignons ;

Attendu que, vu la connexité, il y a lieu de joindre les deux instances, ce que le Tribunal a omis de faire avant de statuer par un seul et même jugement ;

Par ces motifs :

Vu la connexité joint les causes dont s'agit pour être statué par un seul et même arrêt ;

Au fond :

Attendu que l'appelant prétend que la marchandise expédiée était saine et absolument sèche ; qu'il offre subsidiairement de le prouver par une enquête ;

Attendu que l'appelant ajoute que Bracq était le destinataire de cette marchandise et que les risques étaient à sa charge, conformément à l'art. 102 du Code de Commerce ; que le vendeur, l'expéditeur ne pouvait être responsable ni des avaries ni du retard d'une marchandise qui aurait dû être vérifiée au départ ; que la demande de la Cie du Nord contre lui n'est pas fondée ; que si une condamnation pouvait intervenir contre lui, Bracq serait tenu de l'en garantir en principal, intérêts et frais ;

Attendu qu'il résulte de l'expertise à laquelle la Cie du Nord a fait procéder, conformément à l'art. 106 du Code de Commerce, que la marchandise avait été en majeure partie expédiée malsaine ;

Attendu qu'en matière commerciale tous les modes de preuves étant admis par l'art. 109 du Code de Commerce, les premiers juges ont à bon droit fondé leur décision sur cette expertise ;

Attendu que la marchandise ayant été expédiée par Carof à Carof, Bracq ne devait en prendre livraison qu'en gare de Maubeuge, lieu où il devait vérifier l'état des oignons transportés ;

Que la marchandise voyageait donc aux risques et périls de Carof qui en demeurait propriétaire jusqu'à la prise de livraison ;

Attendu qu'en conséquence l'appelant doit à la Cie du Nord la somme qu'elle lui réclame pour frais de magasinage et qu'il est mal fondé dans sa demande en garantie contre Bracq, adoptant au surplus les motifs des premiers juges.

Par ces motifs :

Dit qu'il n'y a lieu d'ordonner l'enquête sollicitée ; confirme le jugement frappé d'appel ; condamne l'appelant à l'amende et aux dépens.

407. — 12 *février* 1926. *Tribunal de Commerce de Honfleur.* BT, 8/1926. — *Wagon malpropre imprégné de pétrole.* — *Sacs de blé chargés par l'expéditeur, avariés.* — Responsabilité du chemin de fer.

408. — 25 *juin* 1926. *Cour d'Appel de Paris* (5e *ch.*). *BT,* 1/8, 26 (97). — *Vin ; coulage.* — *Acceptation sans réserve au départ ; preuve ultérieure du vice propre.* — *Expertise.* — Obligation et responabilité de l'expéditeur.

409. — 10 *mars* 1926. *Cassation de France. BT,* X/1926. — *Denrées périssables.* — *Retard et avaries consécutives.* — *Preuves du retard non faites régulièrement.* — Non responsabilité. (Confirmation du jugement de la Cour de Rennes, BT, I/1926.)

Marchandise adressée « livrable en gare » ; le destinataire ne l'a pas réclamée à l'expiration des délais, si bien qu'il est forclos ; il est vrai que cela se passait avant l'arrêté ministériel du 9 août 1923 enjoignant aux compagnies d'*aviser.* Cela ne se passerait plus comme cela actuellement. (Red.)

410. — 1er *juin* 1926. *Jugement du Tribunal de Commerce de la Seine* (5e *ch.*). — *Société anonyme Gignoux frères et Barbezat contre chemins de fer de l'Etat.* — *Bonbonne brisée.* — *Expertise fantaisite (Tombeck) concluant au vice propre et à l'irresponsabilité des transporteurs.* — *Condamnation du chemin de fer.*

Le Tribunal,

Après en avoir délibéré conformément à la loi,

Attendu qu'il est acquis aux débats, que le 28 juin 1925, la Société anonyme Gignoux frères et Barbezat a expédié, de Decines, aux Etablissements Paisseaux, à Bécon-les-Bruyères, en petite vitesse, sous le n° 1539, 6 bonbonnes de collodion sans alcool d'un poids de 271 kilos ;

Qu'à l'arrivée une des bonbonnes ayant été livrée complètement brisée aux destinataires, ceux-ci ont refusé d'en prendre livraison ;

Attendu que la Société demanderesse, imputant la responsabilité des avaries à l'administration des chemins de fer de l'Etat, réclame à celle-ci paiement d'une somme de 1.293 fr. avec intérêts de droit, et requiert le Tribunal de dire et juger que l'avis de l'expert doit être écarté pour incompétence ;

Attendu qu'à la suite du refus des destinataires de prendre livraison de la marchandise litigieuse, l'expertise prévue par l'art. 106 du Code de Commerce a été provoquée par cette administration ;

Attendu que des termes de cette expertise, il ressort que la perte de la marchandise serait imputable à un choc auquel la bonbonne n'aurait pu résister par suite de sa fragilité ;

Mais attendu que s'il peut être exact qu'une bonbonne de verre est de par sa nature même fragile, et que l'épaisseur du verre ne peut être uniforme par suite de la fabrication même de ce récipient, il convient de remarquer que, quelle que soit sa solidité, elle ne saurait résister à un choc violent ;

Que s'il est vrai que les bonbonnes présentent un certain caractère de fragilité, ce caractère ne constitue pas en l'espèce le vice propre de la chose qui pourrait exonérer l'administration des chemins de fer de l'Etat de sa responsabilité de transporteur, alors surtout que l'emballage, ainsi que le déclare l'expert, était dans un panier avec un dôme d'osier, cet emballage placé lui-même dans un deuxième panier ;

Attendu, dès lors, que l'administration des chemins de fer de l'Etat demeure responsable du préjudice subi par les demandeurs ;

Attendu que le Tribunal, tenant compte de la perte totale du collodion expédié, de sa valeur, ainsi que de la perte de l'emballage, du trouble commercial ressenti par la Société demanderesse, trouve dans les faits de la cause les éléments d'appréciation suffisants pour fixer à la somme de 1.250 fr. l'importance du préjudice dont justifie la Société demanderesse, ce toutefois à titre de dommages-intérêts ;

Attendu que c'est, par suite, au paiement de cette somme qu'il convient d'obliger l'administration des chemins de fer de l'Etat, en accueillant la demande à dûe concurrence, sans qu'il y ait lieu de répondre autrement sur le surplus de la demande concernant l'incompétence de l'expert ;

Par ces motifs :

Le Tribunal, jugeant en dernier ressort,

Condamne l'administration des chemins de fer de l'Etat, par les voies de droit, à payer à la Société anonyme Gignoux frères et Barbezat la somme de 1.250 fr. à titre de dommages-intérêts ;

Déclare la Société Gignoux frères et Barbezat mal fondée en le surplus de sa demande, l'en déboute ;

Et condamne l'administration des chemins de fer de l'Etat aux dépens.

Observations. — Dans l'affaire qui fait l'objet du jugement ci-dessus, les chemins de fer de l'Etat opposaient aux réclamations de l'intéressé une fin de non recevoir absolue, en se basant sur le rapport de l'expert Tombeck qui les mettaient hors de cause.

Cet illustre expert, qui est docteur ès-sciences et chimiste distingué, assure-t-on, estimait, en effet — d'après son rapport —, que le bris de la bonbonne avait été dû au vice propre, ladite bonbonne étant mal faite puisqu'elle présentait une épaisseur de 3 à 4 mm. à la hauteur du goulot et de 1 mm. 25, seulement au ventre.

Sans doute n'a-t-il jamais regardé le verre des ballons dans lesquels il fait ses expériences, ni même une simple carafe ou une vulgaire bouteille : il aurait su qu'il en est toujours à peu près ainsi.

Voici, du reste, l'opinion de quelques personnes qui, pour n'être pas docteurs ès sciences ni chimistes distingués, n'en ont pas moins quelque compétence en matière de verrerie ; à la communication qui leur a été faite du rapport de M. Tombeck, ces personnes ont répondu comme suit :

La *Chambre syndicale de la céramique :*

« Les différences d'épaisseur de verre n'auraient quelque importance que si les bonbonnes étaient employées pour contenir des liquides d'une température élevée, auquel cas la dilatation se ferait différemment sentir aux divers endroits du verre ; mais le transport de ce genre de liquide ne s'effectue pas habituellement sous cette forme.

« Dans la pratique, on estime qu'une bonbonne qui a été envoyée, soit dans un panier d'osier, soit dans un panier en métal, a dû recevoir des chocs d'une certaine violence, car elle est introduite à force dans cet emballage et présente de ce fait assez de résistance pour pouvoir voyager. »

Les *Verreries de Saint-Romain-le-Puy :*

« La différence d'épaisseur de 4 à 5 mm au fond ou au col et de 2 mm. 25 au ventre n'a aucune importance. Les bonbonnes sont, en effet, fabriquées à la main et il est absolument impossible d'obtenir une répartition égale de la matière.

« Les verreries de Saint-Romain précisent, d'ailleurs, que certaines maisons, pour avoir plus de sécurité, logent ces bonbonnes dans un double panier, *ce qui est précisément le cas* de la bonbonne litigieuse. »

La *Verrerie du Souchon-Neuvesel :*

« L'expert est d'une ignorance complète du verre et du métier. » *(Attrape, mon vieux !)*

Les Etablissement Verminck (société anonyme au capital de 47 millions de francs) :

« La bonbonne semblable à celle transportée n'a pu être brisée que par suite d'un fort choc, car l'épaisseur du verre était suffisante. »

Enfin le *Comité central des maîtres de verreries de France:*

« La résistance d'un récipient en verre ne se proportionne pas à l'épaisseur de celui-ci...

« Il est impossible de souffler une tourie en donnant au verre une épaisseur régulière et uniforme en tous ses points. »

Avec cela, n'est-ce pas, l'affaire pouvait être considérée comme jugée. Le Tribunal, dont les membres regardent droit devant eux au lieu de loucher tout le temps du côté des compagnies, ont fait du rapport de M. Tombeck le cas qu'il méritait et celui-ci a reçu un camouflet de plus. (Lamy.)

411. — *19 avril 1926. Arrêt de la Cour de Cassation (ch. req.). BT, 7/1926. — Sèbe contre Thomachot. — Eau-de-vie sentant le moisi. — Expertise de l'art. 106 du Code de Commerce, pratiquée à l'arrivée, opposable à l'expéditeur et valable à titre de renseignement.*

La Cour,

Sur le moyen pris de la violation des art. 106 et 417 du Code de Commerce et 7 de la loi du 20 avril 1810 ;

Attendu que le 24 novembre 1920, Sèbe, distillateur à Agde, a vendu à Thomachot, distillateur à Brisse-les-Mâcon, 15 fûts d'eau-de-vie de marc, livrables à Agde et payables comptant et que le prix de cette marchandise s'élevant à 24.053 fr. fut payé au vendeur ; que le 8 décembre 1920, avant qu'elle fût arrivée à destination, Sèbe vendit à Thomachot 15 autres fûts d'eau-de-vie pour la somme de 24.291 fr. 50 ;

Attendu que, prétendant que l'eau-de-vie de certains fûts de la première livraison avait un goût de moisi, Thomachot refusa d'accepter les 15 premiers fûts et informa le vendeur qu'il affectait à la seconde livraison la somme qu'il avait versée pour la première, en lui offrant, en outre, la somme de 238 fr. 50 ;

Attendu que Sèbe assigna Thomachot devant le Tribunal de Commerce d'Agde en paiement de sa seconde facture (24.291 fr. 50) et en dommages-intérêts ; que, de son côté, Thomachot obtint du président du Tribunal de Commerce de Mâcon, par application de l'art. 106 du Code de Commerce, une ordonnance aux fins d'expertise de la marchandise litigieuse, que la C^{le} P.-L.-M. faisait vendre ultérieurement pour la somme de 5.106 fr. ;

Attendu que l'arrêt attaqué constate que Sèbe a reçu signification de cette ordonnance et que, par deux fois, il a été régulièrement sommé d'assister à l'expertise ; qu'il résulte de cette expertise que l'eau-de-vie de 8 fûts sur 15 sentait le moisi ; que ce vice, qui la rendait impropre à la consommation, ne pouvait provenir que de la distillation de marc pourri ou du mauvais état des fûts prêtés par le vendeur ;

Attendu que, faisant état tant de cette expertise que des autres documents versés aux débats, l'arrêt attaqué a débouté Sèbe de sa demande et déclaré valables et suffisantes les offres faites par Thomachot ;

Attendu que le pourvoi soutient que l'expertise faite dans les conditions édictées par l'art. 106 précité n'était pas opposable au vendeur ;

Mais attendu que si cette expertise, régulière en la forme, ne régit en principe que les rapports entre le destinataire ou l'expéditeur, d'une part, et le transporteur, non encore déchargé, d'autre part, les juges peuvent y puiser des renseignements qui, corroborés par d'autres éléments de la cause, sont de nature à justifier légalement leur décision ; que, par suite, l'arrêt attaqué, qui est motivé, n'a pas violé les textes visés au moyen ;

Par ces motifs,

Rejette le pourvoi formé contre l'arrêt rendu par la Cour d'Appel de Montpellier le 9 avril 1924.

Observations. — Au sujet de l'expertise de l'art. 106 du Code de Commerce, un arrêt de la chambre des requêtes du 2 août 1911, que nous avons publié la même année, page 144, s'exprimait ainsi :

« Une autorité légale est acquise à cette expertise *à l'égard de tous* et *notamment* dans le litige entre le destinataire et le transporteur...

L'arrêt ci-dessus de la même chambre est loin d'attribuer à l'expertise de l'art. 106 une valeur légale aussi importante : il constate d'abord que cette expertise « ne régit en principe que les rapports entre le destinataire ou l'expéditeur, d'une part, et le transporteur, *non encore déchargé*, d'autre part », et s'il admet que, toutefois, les juges peuvent y puiser des renseignements qui, « *corroborés par d'autres éléments de la cause*, sont de nature à justifier légalement leur décision », ce n'est là, en somme, qu'une règle applicable, en matière commerciale, à tous les cas et à tous les moyens d'investigation, renseignements, témoignages, présomptions mêmes, qui peuvent servir au juge à former sa conviction. (Lamy.)

412. — 18 *mai* 1926. *Arrêt de la Cour de Cassation (ch. civ.).* *BT,* X /1926. — *C^le d'Orléans et autres contre Loyer.* — *Incendie.* — *Dommages aux propriétés voisines.* — *Faute du sinistré originaire non établie.* — *Non responsabilité.*

La Cour,

Sur le moyen unique :

Attendu que, le 28 janvier 1917, à Massy-Palaiseau, un incendie s'est déclaré dans une fabrique de mélinite exploitée par Loyer, pour les besoins de la défense nationale ;

Que plusieurs explosions de la mélinite que renfermait l'usine se sont produites successivement au cours de l'incendie ;

Que, se fondant sur l'art. 1384, alinéa 1er, du Code civil, la Cie d'Orléans, le syndicat des chemins de fer de Grande-Ceinture et les consorts Mélétrac, dont les établissements ont été endommagés par les explosions, ont assigné Loyer en réparation du préjudice qu'ils ont respectivement subi ;

Attendu que pour confirmer le jugement qui a rejeté les demandes, l'arrêt attaqué, après avoir constaté que les explosions qui ont produit les dégâts ont été causées par l'incendie, déclare que n'étant pas établi que l'incendie qui a causé les explosions doit être attribué à la faute de Loyer ou de ses préposés, Loyer est exonéré de toute responsabilité ;

Attendu qu'en statuant ainsi, l'arrêt attaqué, loin d'avoir violé l'art. 1384, alinéa 1er, du Code civil, complété par la loi interprétative du 7 mars 1922, en a fait une exacte application ;

Par ces motifs :

Rejette le pourvoi formé contre un arrêt de la Cour d'Appel de Paris du 19 mars 1923.

Observations. — Juste retour des choses d'ici-bas ! Les compagnies s'étaient réjouies de voir la loi du 7 novembre 1922 ajouter au premier alinéa de l'art. 1384 du Code civil, la disposition suivante:

« Toutefois, celui qui détient à un titre quelconque tout ou partie de l'immeuble dans lequel un incendie a pris naissance ne sera responsable, vis-à-vis des tiers, des dommages causés par cet incendie, que s'il est prouvé qu'il doit être attribué à sa faute ou à la faute des personnes dont il est responsable. »

Elles espéraient trouver là un nouveau moyen d'échapper à la responsabilité des fautes et négligences de leur personnel, et, en se reportant à l'arrêt de la Cour de Cassation du 16 juillet 1925, que nous avons publié le 1er juillet dernier, page, 86, on verra que la Cie du Midi a pu, grâce à ladite loi (qui est, paraît-il, interprétative) échapper en partie aux conséquences de l'incendie survenu dans la gare de Bordeaux-Brienne le 30 juin 1919.

Dans l'arrêt ci-dessus, c'est la situation inverse qui se rencontre ; grâce à la loi de 1922, le propriétaire de la fabrique de mélinite de Massy-Palaiseau ne sera pas responsable du dommage que son incendie du 28 janvier 1917 a causé aux établissements de la Cie d'Orléans et du Syndicat des chemins de fer de Ceinture.

Il n'en reste pas moins que la loi de 1922, « interprétative » de l'article 1384 du Code civil profitera surtout (à l'instar de nombre de lois dites «sociales ») à la grande industrie : il est rare, en effet, qu'un incendie se communique d'un appartement ou d'un petit établissement, à de grandes installations voisines ; mais le contraire est fréquent et, en présence de la nouvelle rédaction de l'art. 1384 du Code civil, l'assurance devient indispensable pour tous les voisins des établissements dangereux à ce point de vue : soieries, ébénisteries, fabriques d'alcool, d'explosifs, etc... Comment pourraient ils, le cas échéant, prouver la faute de leur voisin ? Les causes des incendies ne sont presque jamais déterminées et, lorsqu'il en est ainsi, tandis que celui chez qui l'incendie avait éclaté était autrefois responsable, il peut désormais tirer sa révérence aux pauvres gens qu'il a ruinés. (Lamy.)

414. — *8 juillet 1926. Jugement du Tribunal de Commerce de la Seine (ch. des vacations. BT, XI/1926. — Blein contre C*ie *du Midi. — Poteries brisées ; responsabilité du chemin de fer. — Demande reconventionnelle sans fondement.*

Le Tribunal,

Après en avoir délibéré conformément à la loi,

Statuant sur le tout par un seul jugement ;

Attendu qu'il est acquis aux débats que, le 10 octobre 1924, Blein s'est fait expédier en petite vitesse, sous le n° 5938, de Digpin, à son adresse en gare de Hagetmau, un wagon de poteries du poids de 8.550 kilos ;

Qu'à l'arrivée un bris ayant été constaté, Blein a pris livraison des marchandises sous réserves ;

Attendu que c'est dans ces circonstances de fait que, d'une part, Blein demande à la Cie du Midi paiement d'une somme de 205 fr. 85 à titre de dommages intérêts ; que, d'autre part, la Cie du Midi en faisant offre de 105 fr. 85 plus un franc, demande en ses conclusions reconventionnelles le paiement d'une somme de 1.600 fr. à titre de dommages-intérêts ;

Sur la demande principale :

Attendu que la Cie du Midi ne conteste pas sa responsabilité ;

Qu'il échet, dès lors, pour le Tribunal, de statuer seulement sur l'importance du préjudice dont justifie Blein ;

Attendu que, faisant état tant du poids des poteries brisées, de leur valeur telle qu'elle résulte des pièces versées aux débats et non contestées par la compagnie, que du trouble commercial éprouvé par Blein, ce Tribunal trouve dans les faits de la cause des éléments suffisants d'appréciation pour fixer à la somme de 205 fr. 85, le montant du préjudice dont justifie Blein ;

Qu'il échet dès lors d'obliger la Cie du Midi à payer à Blein la somme de 205 fr. 85 à titre de dommages-intérêts en accueillant la demande et en déclarant les offres insuffisantes ;

Sur les conclusions reconventionnelles de la Cie du Midi :

Attendu qu'il échet d'observer que la Cie du Midi fonde sa demande en dommages-intérêts sur le préjudice que Blein lui aurait causé tant par sa réclamation dont le Tribunal est présentement saisi, que par des réclamations antérieures relatives à d'autres litiges ;

Mais attendu que le fait par la Cie du Midi de ne pas contester sa responsabilité en la présente instance est la reconnaissance même du bien fondé de l'action de Blein ;

Que, dès lors, ladite compagnie ne saurait sérieusement fonder une demande en dommages-intérêts sur le prétendu préjudice que lui aurait causé la présente instance ;

Attendu qu'il n'est pas justifié par la Cie du Midi d'autres litiges à l'occasion desquels Blein l'aurait appelée en justice dans des conditions vexatoires ;

Que ce grief ne constitue qu'une simple allégation à l'appui de laquelle il n'est apporté aucune preuve d'aucune sorte ;

Qu'il échet dès lors de déclarer la Cie du Midi mal fondée en ses conclusions reconventionnelles et de l'en débouter.

Par ces motifs,

Le Tribunal, jugeant en dernier ressort,

Déclare les offres insuffisantes,

Condamne la Cie du Midi, par les voies de droit, à payer à Blein la somme de 205 fr. 85 à titre de dommages-intérêts ;

Déclare la Cie du Midi mal fondée en ses conclusions reconventionnelles.

415. — 6 *juillet* 1926. *Cour d'Appel de Douai. — Chemin de fer. — Bâchage. — Défectuosités. — Avaries. — Transport international. — Passage à la frontière. — Nouveau bâchage. — Compagnie responsable.*

La Cour,

Attendu que le 24 février 1920 et suivant lettre de voiture internationale, Francesco Tarantio a expédié en petite vitesse au tarif le plus réduit de Casoria (Italie) à l'adresse de E. Guillemaud et Cie en gare de Fives-Lilles, *via* Vintimille, 29 balles d'*étoupe* qui ont été chargées sur un wagon, qui a été recouvert d'une bâche portant le n° 50 fournie par l'expéditeur qui a opéré le chargement ; qu'à l'arrivée à destination le 27 mars 1920, il a été constaté que le wagon italien qui transportait ces marchandises, n'avait pour les protéger qu'une bâche déchirée, portant le n° 50, qui ne recouvrait que le cinquième de la totalité du chargement ;

Attendu qu'il a été procédé à une expertise amiable dont la compagnie de chemin de fer a payé les frais, soit 305 fr. ; dont elle réclame reconventionnellement le montant ;

Attendu que les intimés ont assigné la compagnie des chemins de fer du Nord au paiement de 10.002 fr. 45 en réparation des avaries constatées par cette expertise ;

Attendu que la compagnie appelante invoque la Convention de Berne et notamment l'art. 31, § 8 et 11, et le tarif intérieur italien n° 507 ; qu'elle soutient que le chargement, dont le bâchage constitue une des opérations, étant aux soins de l'expéditeur, elle n'en répondait pas et ne pouvait être tenue ni de le modifier, ni de le remplacer ; que l'avarie de mouille ayant pu provenir d'une défectuosité du bâchage, il y a présomption légale d'irresponsabilité du chemin de fer ; qu'au surplus, il résulte de l'expertise que l'avarie de mouille s'est produite en raison de ce que la bâche s'est arrachée en route sous l'influence du vent, accident qui n'a pu se produire que par suite de l'usage d'une bâche déjà en mauvais état au départ ;

Attendu que ce sont là des allégations sans preuve ; que l'expert s'est borné à constater que la bâche était déchirée à l'arrivée sans qu'il résulte de son rapport qu'elle était en mauvais état au départ ; qu'il est vraisemblable au contraire qu'elle était à ce moment en bon état puisqu'elle a été acceptée sans réserves par la compagnie de chemins de fer italienne ;

Attendu que la compagnie de chemin de fer a fait procéder aux opérations de douane à Vintimille conformément à l'art. 10, § 3, de la Convention de Berne ;

Attendu que pour permettre l'examen par la douane il a été indispensable que la compagnie découvrit les marchandises et qu'après la visite, elle procédât à un nouveau bâchage ;

Attendu que la compagnie, s'étant ainsi substituée à l'expéditeur pour procéder à la frontière aux opérations d'enlèvement et de remise de la bâche, ne peut se prévaloir de la présomption édictée par l'art. 31, § 3, de la Convention de Berne ;

Qu'elle ne justifie d'aucun motif de fait ou de droit susceptible de l'exonérer de la garantie des avaries de la marchandise transportée ;

Par ces motifs ;

Confirme le jugement dont est appel ; condamne la compagnie appelante à l'amende et aux dépens d'appel...

416. — *22 novembre 1926. Cassation de France. BT, I /1927. — Wagon particulier. — Immobilisation par suite d'avaries. — Transports d'aller et de retour. — Contrats distincts. — Calcul des délais.*

— Voyage du wagon foudre à l'aller plein Béziers-Dijon où il est arrivé avant les délais légaux. Après vidage, le wagon est retenu à Dijon pour réparation d'avaries puis il a été renvoyé à Béziers. C'est la Cie des Chemins de fer du Midi qui a exécuté les réparations. Le propriétaire du wagon (à Béziers) a actionné la compagnie en réparation du dommage causé par l'immobilisation prolongée du wagon ; la compagnie avait repoussé la réclamation prétendant que le retard n'excédait pas les délais d'aller et retour.

La Cassation a cassé l'arrêt du Tribunal (Cour de Montpellier, 9 octobre 1924) qui n'a pas tenu compte qu'il s'était agi de deux transports distincts ; elle a renvoyé devant la Cour de Nîmes.

417. — *2 juillet 1926. Arrêt de la Cour d'Appel de Paris (5e ch.). BT, 1/1927. — Société Kullmann et Thieullent frères contre Chemins de fer de l'Etat. — Balles de coton détruites par un incendie en cours de route. — Propriétaire, expéditeur réel, non dénommé au contrat. — Recevabilité de son action.*

La Cour,

Considérant que le 3 février 1922, MM. Thieullent frères ont remis aux chemins de fer de l'Etat 50 balles de coton pour être expédiées à la Société générale des Tramways de Mulhouse ; que cette marchandise a été détruite en cours de route par incendie ;

Considérant qu'il résulte des explications fournies que Thieullent frères avaient vendu le coton livrable sur wagon au Havre à la Société Kullmann ; que celle-ci a donné ordre au vendeur d'expédier à la Société des Tramways de Mulhouse ;

Considérant que la Société Kullmann ne figure pas sur la lettre de voiture, mais qu'il est établi que le coton qui a disparu était la propriété de cette société au moment de l'incendie ; qu'il avait été expédié sur ordre de la Société Kullmann à un destinataire qu'elle avait indiqué ; que, seule, la Société Kullmann peut se plaindre du dommage causé par la perte de la marchandise ; que, par suite, elle est qualifiée pour demander au transporteur la réparation du dommage subi, bien que ce transporteur ait ignoré, au moment du contrat de transport, que Thieullent frères agissaient comme mandataires de la Société Kullmann et que le nom de la Société Kullmann ne figure pas sur la lettre de voiture ; que ni l'expéditeur ni le destinataire apparents ne pourraient agir pour obtenir réparation d'un préjudice qu'ils n'ont pas subi ;

Considérant que le transporteur ne justifie d'aucune cause d'exonération ;

Considérant que le prix de la marchandise disparue était, suivant facture produite, de 54.257 fr. ; qu'en tenant compte du manque à gagner, une indemnité de 60.000 fr. représentera le dommage qui pouvait être prévu lors du contrat ;

Considérant que la Société Kullmann ne produit aucun moyen à l'appui de sa demande contre Thieullent ; que les dépens de l'appel éventuel provoqué par l'appel principal doivent être supportés par les chemins de fer de l'Etat ;

Par ces motifs :

Infirme le jugement et, statuant à nouveau :

Condamne les chemins de fer de l'Etat à payer à la Société Kullmann et C¹ᵉ la somme de 60.000 fr. de dommages-intérêts, montant des causes sus-énoncées ;

Condamne les chemins de fer de l'Etat aux dépens.

Observations. — Jurisprudence constante : l'expéditeur réel, même non dénommé dans la lettre de voiture, peut toujours agir contre le voiturier, pourvu que sa qualité soit suffisamment établie (Cass. civ. 1ᵉʳ décembre 1896 et req. 22 juin 1903 ; *Bulletin des Transports*, 1903, p. 1359).

418. — *19 janvier 1926. Paris. — Chemin de fer. — Transports internationaux. — Convention de Berne. — Art. 31. — Chargement par l'expéditeur. — Auromobile. — Calage défectueux. — Avaries. — Non responsabilité.*

Suivant l'art. 31 de la Convention de Berne, lorsqu'aucune faute n'est relevée contre le chemin de fer, celui-ci se trouve dégagé de toute responsabilité, s'il est établi que l'avarie est présumée avoir pour cause le chargement défectueux exécuté par l'expéditeur.

Cette règle s'applique aux détériorations subies par une automobile, par suite d'un calage défectueux effectué par l'expéditeur.

419. — *27 novembre 1926. Cour Appel Paris. BT, 2/1927. — Guéraud contre P.-L.-M. — Wagon particulier. — Rupture d'une plaque de garde. — Retard. — Responsabilité de la compagnie. — Tarif 29-129. — Recours en garantie par la compagnie, non admis (nou fondé).* — Quand une avarie se produit en cours de route que la compagnie peut faire réparer sans avoir besoin de pièces de rechange, et c'est le cas pour les plaques de garde, elle est responsable des avaries et du retard du wagon et de son inutilisation.

420. — *25 janvier 1926. Cour d'Appel de Besançon. — Usages commerciaux. — Valeur légale. — Interprétation des contrats. — Obligations du vendeur. — Clause wagon gare départ. — Emballage de la marchandise. — Machine à coudre. — Parties en fonte. — Emballage conforme à l'usage. — Avaries. — Vice propre. — Emballage insuffisant. — Emballage spécial non requis.*

La Cour,

En la forme,

Reçoit les appels formés par Lecomte contre la C¹ᵉ P.-L.-M et Ribeyrote par actes des 4 et 11 août 1925, et par Ribeyrote contre la C¹ᵉ P.-L.-M par acte du 12 décembre dernier, ces appels paraissant réguliers et n'étant l'objet d'aucune fin précise de non-recevoir ;

Ordonne, à raison de leur étroite connexité la jonction des deux instances :

Au fond :

En ce qui concerne Lecomte :

Attendu qu'il résulte des documents produits aux débats que le 2 juillet 1924, Lecomte a expédié de la gare Lyon-Saint-Clair à Ribeyrote, destinataire, en gare de Lure, une machine à coudre « Oméga », qu'il lui avait vendue et qui avait été emballée par ses soins ; que cette machine était stipulée livrable sur wagon gare départ et voyageait aux risques et périls du destinataire pour les cas de manquant, avaries ou retard imputables aux transporteurs ; que cette machine étant arrivée à Lure en état d'avarie, l'acheteur refusa d'en prendre livraison ; qu'un expert nommé conformément aux dispositions de l'art. 106, C. Comm., constata qu'un pied de fonte, ainsi que l'entretoise supportant la pédale, de même métal, étaient cassés ; que l'emballage consistait en paille et toile enveloppant la table et le mécanisme ainsi qu'en un cadre de bois blanc sur lequel étaient fixés les pieds ; ces derniers n'étant protégés sur les côtés en aucune façon, et par conséquent ajoute l'expert, hors d'état de supporter les chocs normaux des manutentions des colis et de leur transport ;

Mais attendu que Lecomte justifie que ce mode d'emballage est employé en général dans les transports de machines à coudre ; qu'il produit à cet effet deux certificats, dont la sincérité n'est pas contestée, signés l'un des Présidents de la Chambre syndicale des Fabricants et Négociants en Machines à coudre de Paris, l'autre du Secrétaire de la Section lyonnaise du Syndicat du Commerce de la Machine à coudre de France ; qu'il s'agit là d'un usage commercial pratiqué depuis longtemps et accepté par toutes les compagnies de transport ;

Attendu que l'autorité des usages commerciaux et la force obligatoire qui en dérive sont basés sur la volonté tacite des parties ; que lorsqu'il s'agit d'interpréter une convention commerciale, l'usage a une autorité absolue, à défaut d'une loi positive ou de conventions contraires, clairement exprimées ; que les tribunaux ont à cet égard, un pouvoir discrétionnaire ;

Attendu qu'en expédiant à Ribeyrote la machine à coudre emballée selon l'usage du commerce, Lecomte a accompli vis-à-vis de son acheteur tous ses engagements ; qu'aux termes du contrat qui le liait à Ribeyrote, sa responsabilité cessait au moment de la livraison sur wagon en gare de Lyon-Saint-Clair ;

Attendu, au surplus, que la Cour estime, en fait, contrairement à l'opinion de l'expert, que l'emballage de la machine était suffisant puisque les compagnies de transport en acceptent de semblables habituellement et sans réserves : qu'il a fallu une manutention particulièrement brutale et un mépris des plus élémentaires précautions, pour que ce soit produit en cours de route, le bris d'éléments essentiellement robustes de la machine expédiée, que les actions dont Lecomte est l'objet ne sont donc pas fondées et doivent être rejetées.

En ce qui concerne la Cie P.-L.-M :

Attendu qu'il est incontestable que les fractures constatées ont eut lieu pendant le transport ; que la compagnie ne peut se prévaloir du défaut ou de l'insuffisance de l'emballage pour dégager sa responsabilité, alors qu'un autre emballage n'est pas requis aux termes du tarif sous l'empire duquel la machine a voyagé ; que la prétendue fragilité de la marchandise confiée à ses soins et par elle accepté, ne constitue pas un vice propre susceptible d'exonérer le transporteur aux termes de l'art. 103, C. Com. ; que l'action de Ribeyrote contre la Cie P.-L.-M est donc recevable et fondée.

Attendu que la responsabilité de la compagnie comporte pour elle l'obligation de supporter seule les frais de toute nature qui sont la conséquence de l'avarie de la machine ;

En ce qui concerne Ribeyrote :

Attendu que son refus de prendre livraison de la machine avariée est justifié ; que la minimité des frais de réparation, que la compagnie manifestait d'ailleurs l'intention de ne pas rembourser, ne pouvait l'obliger à signer le récépissé, eût dégagé celle-ci de tout recours ultérieur du destinataire ; qu'ainsi les condamnations prononcées contre Ribeyrote ne sont pas justifiées ; que d'autre part, la demande de dommages-intérêts formée par Ribeyrote en réparation du préjudice qu'il a subi pour non-livraison, doit être accueillie dans la mesure ci-après déterminée correspondant au dommage :

Quant aux dépens :

Attendu qu'ils doivent être supportés par la partie qui succombe ;

Par ces motifs,

Réformant :

Déclare la Cie P.-L.-M seule responsable de l'accident survenu au cours du transport à la machine litigieuse ;

Dit qu'en raison du temps qui s'est écoulé entre l'arrivée de la machine à Lure et le jour du présent arrêt, une prise de livraison n'est plus possible aux conditions du contrat originaire ;

Condamne, en conséquence, ladite compagnie à tenir compte à Ribeyrote du prix de ladite machine, soit 498 fr. 25 et à supporter les frais d'expédition et tous les autres frais généralement quelconques qui ont été causés ou occasionnés par l'avarie dont elle a été l'objet, notamment ceux de référé et les droits de magasinage, et les entiers dépens des deux instances jointes ;

La condamne en outre à verser à Ribeyrote la somme de 500 fr. avec intérêts de droit, pour l'indemniser du préjudice qu'il a subi pour la non livraison de la machine à coudre litigieuse ;

Décharge Lecomte de toutes les condamnations prononcées contre lui par le jugement entrepris ;

Au moyen de quoi il est suffisamment pourvu aux conclusions réciproques dont le surplus est au besoin rejeté.

421. — 13 *décembre 1926. Cassation de France. BT,* 3/1927. — *Porcs morts en cours de route. — Tarif à limitation de valeur. — Limitation forfaitaire correspondante de la responsabilité. —* Cet arrêt est vivement critiqué par Lamy qui le trouve incohérent. La Cour a admis que le fait pour l'envoyeur de demander l'application d'un tarif réduit pour marchandises ne valant pas plus de 300 fr. par bête, l'obligeait à accepter la limitation de responsabilité.

422. — 6 *novembre 1926. Arrêt de la Cour d'Appel de Paris* (5e *ch.). BT,* 3/1927. — *C*ie *P.-L.-M* contre : 1o *Société des alcools dénaturés ;* 2o *Bataille et Lavaux. — Incendie. — Fûts d'alcool ; coulage. — Vice propre allégué mais non prouvé. — Responsabilité présumée et condamnation du chemin de fer.*

(Extrait.)

Considérant que le transporteur est garant des avaries autres que celles qui proviennent du vice propre de la chose, du fait d'un tiers ou de la force majeure ;

Qu'en admettant qu'il puisse être fait état de l'expertise que le Tribunal a écartée, il résulte du rapport de l'expert Kling dont s'agit que l'incendie de l'alcool doit être attribué aux deux causes concomittantes suivantes : le coulage intensif d'un ou de plusieurs fûts d'alcool et l'inflammation des vapeurs d'alcool ainsi répandues par intervention d'une cause extérieure indéterminée, mais qu'on ne saurait selon toute vraisemblance attribuer à un phénomène spontané ;

Considérant que le coulage d'un ou plusieurs fûts aurait eu pour cause une insuffisance du creux de route, mais que cette imprudence, s'il y a eu imprudence, n'est pas certaine ; qu'elle ne résulte pas d'une constatation matérielle mais d'un raisonnement dont les conclusions ne peuvent être considérées que comme hypothèses ;

Qu'il échet encore de retenir que l'expert estime que l'inflammation des vapeurs d'alcool ne pourrait être attribuée à un phénomène spontané, selon toute vraisemblance, et que cette inflammation aurait été occasionnée par une cause extérieure indéterminée ;

Considérant que l'opinion ainsi formulée ne peut être retenue que comme hypothèse ; que la cause extérieure qui aurait occasionné l'incendie restant indéterminée, on ne peut dire que le transporteur a apporté la preuve que la perte et l'avarie de la marchandise proviennent du vice propre de la marchandise ou du fait d'un tiers...

423. — 1er *mai* 1926. *Arrêt de la Cour d'Appel de Paris* (5e *ch.*). *BT*, 3/1927. — *Delondre contre :* 1º *Curti ;* 2e *C*ie *P.-L.-M.* — *Creusets avariés.* — *Défaut d'emballage.* — *Calage insuffisant ; preuve non faite de tamponnements violents, etc...* — *Non responsabilité de la compagnie.*

La Cour,

Considérant que, pour apprécier les droits du destinataire vis-à-vis de l'expéditeur et du transporteur, il n'est pas interdit de faire état du rapport de l'expert choisi à l'amiable par le transporteur et le destinataire, pour examiner l'état de la marchandise, rechercher les causes et avaries et faire connaître son avis au sujet des responsabilités ;

Qu'on ne saurait se fonder sur un usage pour décider d'une façon absolue que telle ou telle marchandise peut être expédiée avec un emballage déterminé ; que l'usage invoqué ne saurait prévaloir contre le fait constaté que l'avarie résulte d'un défaut d'emballage ; qu'il échet, dans chaque espèce, de rechercher si l'emballage de la marchandise a été suffisant ;

Considérant que, dans son rapport, déposé le 14 octobre 1920, l'expert attribue la cause de l'avarie à une insuffisance de calage et à un défaut d'emballage ; qu'il constate que les creusets avariés, d'un poids de 320 kilos, avaient une forme qui tendait à les faire basculer et qu'ils n'étaient maintenus que par des cales insuffisantes ; que, s'ils avaient été logés dans de solides cadres en bois, ils auraient pu supporter le voyage ; que l'expert ajoute que, si aucun tamponnement, même léger, n'avait existé, aucune casse ne serait produite ; que cette phrase signifie que n'ayant pas relevé de traces d'un tamponnement anormal, de nature à engager la responsabilité du transporteur, il a suffi d'une secousse légère, mais inévitable, pendant un voyage, pour occasionner les chutes qui ont provoqué les avaries des creusets ;

Considérant que la responsabilité de l'expéditeur ainsi déterminée entraîne l'exonération du transporteur ;

Considérant que Curti indique que le wagon contenant les creusets serait arrivé à destination avec quelques jours de retard et qu'il aurait subi des tamponnements violents, mais que les allégations concernant ce dernier chef ne reposent sur aucun fait précis ; qu'un nouvel examen des marchandises arrivées à Modane, au mois d'octobre 1920, est impossible ; que, d'ailleurs, les constatations de l'expert sont suffisantes pour permettre d'établir la responsabilité ; que les dépens de l'appel éventuel de Curti, provoqué par l'appel principal de Delondre et C^le, doivent être supportés par ces derniers ;

Par ces motifs :

Dit Delondre et C^le et Curti mal fondés en leurs appels et dans leurs conclusions d'appel ; les en déboute.

Observations. — Cet arrêt est à citer comme un petit chef-d'œuvre de... mettons « astigmatisme » : c'est un curieux mélange de principes qui sont justes et d'autres qui ne le sont qu'en apparence ou même d'aucune façon.

« Il n'est pas interdit de faire état du rapport, etc... ». Oui, mais à titre de renseignement seulement et à condition, par conséquent, de n'en pas faire la base unique de la désision.

« On ne saurait se fonder sur un usage, etc. » Erreur, car il résulte de l'art. 43 des Tarifs généraux PV que les compagnies sont obligées d'accepter sans emballage les marchandises que le commerce est dans l'usage d'expédier sans les emballer, et, d'autre part, les mêmes compagnies sont obligées de rendre à destination en bon état tous les objets qu'elles sont *obligées* d'accepter.

« Il échet, dans chaque espèce, de rechercher si l'emballage a été suffisant... » Parfait, à condition de compléter la phrase par les mots : « eu égard aux usages du commerce ».

L'expert n'a pas « relevé de traces d'un tamponnement anormal... » Possible ; mais : 1º elles ont pu lui échapper ; 2º un tamponnement anormal peut se produire sans laisser de traces apparentes.

« Les constatations de l'expert sont suffisantes pour permettre d'établir la responsabilité... » Non, puisqu'il s'agit d'un rapport dont il ne peut être fait état qu'à titre de renseignement.

Etc., etc., etc.

Messieurs les conseillers de la 5e chambre feront bien, une autre fois, de se munir de verres cylindriques, afin de voir un peu plus clair. (Lamy.)

424. — *2 juin 1926. Jugement du Tribunal de Commerce de la Seine (2e ch.). BT, 9 /1926. — Ducharme contre divers et C^le P.-L.-M. — Transport international. — Conv. de Berne, art. 25. — Avaries constatées en cours de route et reconnues aggravées à l'arrivée. — Responsabilité de la compagnie destinataire.*

(Extrait.)

Attendu que, pour résister à la demande, la compagnie défenderesse soutient qu'elle ne serait pas responsable des avaries survenues à l'expédition dont s'agit, lesdites avaries ayant été constatées à Modane, c'est-à-dire avant la prise en charge par la C^le P.-L.-M ;

Mais attendu qu'il résulte des débats et des documents soumis que, contrairement aux allégations de la compagnie, le constat fait à Modane stipulait simplement « sacs légèrement mouillés », et pour une minime partie de l'expédition, environ 1.000 kilos ;

Attendu, par contre, que l'expertise faite à l'arrivée, en gare de Brie-Comte-Robert, et à la demande de la compagnie elle-même, a permis de constater que le plus grande partie des marchandises était avariée, soit environ 75 % ;

Attendu que la compagnie, en sa qualité de transporteur, avait le devoir de veiller au bon état de la marchandise à elle confiée ;

Qu'il est établi que c'est la négligence de ses préposés qui a été la cause de l'avarie survenue en cours de route, sur son réseau ;

Qu'il y a donc lieu de l'obliger à la réparation du préjudice subi par Ducharme ;

Attendu que ce Tribunal trouve les éléments d'appréciation suffisants dans l'état fourni par le demandeur et dans les renseignements recueillis, pour fixer à la somme de 5.000 fr. le montant du préjudice subi ;

Que c'est, dès lors, à concurrence de cette somme, qu'il échet d'accueillir la demande à l'égard de la Cie PLM et en rejetant les conclusions de cette dernière tendant au remboursement de la somme de 92 fr. 55 pour frais d'expertises, lesdits frais restant à sa charge, puisqu'elle succombe dans l'instance...

Observations. — Le Tribunal paraît avoir fait une saine appréciation des faits qui lui étaient soumis. De ce que des « sacs légèrement mouillés » avaient été constatés à Modane, il ne s'ensuivait pas que la Cie PLM, qui avait pris en charge ces sacs mouillés, dût être déclarée irresponsable des avaries plus graves survenues ultérieurement par suite de sa négligence.

425. — *27 janvier 1926. Arrêt de la Cour Suprême d'Autriche. BT, 2/1927. — Transport international. — Contrats de transport successifs exécutés sans rompre charge. — Avaries. — Wagon défectueux. — Responsabilité du dernier transporteur.*

(Résumé et extrait.)

Une marchandise, régulièrement chargée au départ par l'expéditeur, avait été expédiée de Nova-Kanjika à Sisak, puis de Sisak à Graz, sans rompre charge. L'envoi étant arrivé à destination complètement mouillé, par suite du mauvais état du wagon transporteur, l'ayant droit mettait en cause le dernier transporteur et lui réclamait le remboursement du dommage. La Cour Suprême d'Autriche a décidé qu'il lui suffisait, pour justifier son action, d'établir que la marchandise était encore en bon état au départ de Sisak, vu qu'on en devrait conclure que l'avarie s'était produite durant le parcours de Sisak à Graz et que, dès lors, l'exploitant de cette ligne était responsable, en vertu de l'art. 30 de la Convention internationale.

Peu importe, à cet égard, dit en substance l'arrêt, que le wagon transporteur se soit trouvé encore en bon état à Sisak, lors de la conclusion du deuxième contrat, ou qu'il ait été déjà avarié. En effet, c'est au chemin de fer qu'incombe la fourniture des moyens de transport au moment de la conclusion du contrat. Par conséquent il n'y a pas lieu de se demander si le chemin de fer assigné (ou les chemins de fer précédents, s'il s'agit d'un transport international) a lui-même mis à la disposition le wagon défectueux ou s'il a toléré qu'un tel wagon puisse continuer sa route sur toutes ses lignes : c'est au chemin de fer qu'incombait l'obligation d'examiner le wagon, soit qu'il l'ait lui-même fourni, soit qu'il lui ait été transmis par un autre réseau. L'expéditeur avait, il est vrai, effectué le chargement et, si le transport ultérieur de la marchandise a eu lieu sans rompre charge, il a voulu ou approuvé ce mode de transport : mais cette circonstance n'est pas de nature à modifier la situation juridique et la défenderesse ne saurait s'en prévaloir pour décliner la responsabilité du dommage en vertu de l'art. 31, chiffre 3, de la Convention internationale. Sans doute, il pourrait être question d'un chargement défectueux opéré par l'expéditeur, si celui ci avait pu s'apercevoir de l'état défectueux du wagon (par exemple s'il s'agissait de fruits chargés en vrac dans un wagon dont le plancher aurait été mouillé) ; mais tel n'est pas le cas, puisque, d'après les constatations faites, il s'agissait d'une toiture contraire au règlement et que l'avarie n'a pu être reconnue par l'expéditeur, auteur du chargement. Le fait que ledit expéditeur a chargé le wagon et l'a laissé poursuivre sa course ne saurait, dès lors, constituer une faute — ni même une faute concomitante — à sa charge.

426. — 20 octobre 1926. *Trib. Empire allemand. CI*, 31, 39, 41, *BTI*, 1927/103. — Le chemin de fer n'est pas responsable de l'*avarie* causée à des marchandises périssables par un faux acheminement et des renseignements inexacts fournis par les agents du chemin de fer, si le délai de livraison a été observé. (*Wagon de mirabelles fraiches en grande vitesse* (voir aussi : *BTI*, 1921/139.)

427. — 27 janvier 1926. *C. Appel Milan. CI*, 31 *et* 43, *BTI*, 1927/138. — Le chemin de fer n'est pas responsable de la destruction par *incendie* d'une marchandise facilement inflammable (déchets de coton), notamment si l'expéditeur a utilisé pour le transport un wagon découvert muni de bâches au lieu d'un wagon couvert, alors qu'il avait libre choix du véhicule.

428. — 13 février 1926. *Oberlandsger. Wien. CI*, 31, *BTI*, 1927/136. — *Preuve de la causalité concrète en cas d'émission d'étincelles.* — Alors même qu'une marchandise, chargée sur un wagon découvert, est recouverte de deux bâches, cette protection est insuffisante contre l'émission d'étincelles.

430. — 24 *février* 1927. *Jugement du Tribunal de Commerce de la Seine (6ᵉ ch.). BT, 5/1927. — Picard et fils contre Syndicat des chemins de fer de Ceinture. — Wagons de caisses de verre à vitres. — Déchargement non terminé. — Avarie du restant, en gare, pendant la nuit. — Responsabilité.*

(Extrait.)

Attendu qu'il est acquis aux débats que Picard et fils se sont fait expédier de Sulzbach, à leur adresse en gare de la Glacière-Gentilly, 65 caisses de verres à vitres, du poids de 13.510 kilos ; que le chargement de ces marchandises, commencé le 5 janvier 1926, a dû être interrompu le soir par suite de la fermeture de la gare et que le lendemain matin Picard et fils ont, à leur arrivée, constaté que le wagon avait été déplacé et que les caisses ayant été renversées, une certaine quantité de feuilles de verre avait été brisée ;

Sur 400 fr. de dommages-intérêts :

Attendu qu'il est de jurisprudence constante que le contrat de transport ne prend fin que par la livraison effective des marchandises au destinataire ; que le paiement de la lettre de voiture et l'émargement sur le livre de sortie ne sauraient être considérés comme produisant cet effet, s'ils ne sont pas suivis de la livraison effective ;

Or, attendu que Picard et fils ayant laissé une partie des marchandises dans le wagon et alors que les délais d'enlèvement n'expiraient que le lendemain soir, n'avaient pas encore d'une façon définitive pris la livraison effective de la marchandise ;

Que, dès lors, le contrat de transport était encore en cours d'exécution et le transporteur garant, aux termes de l'art. 103 du Code de Commerce, des avaries pouvant survenir avant que le contrat de transport ne soit consommé, à moins qu'il ne puisse justifier du vice propre de la chose ou du cas de force majeure ;

Attendu qu'il n'existe aucun cas de force majeure en l'espèce dont puisse se prévaloir le Syndicat des chemins de fer de Ceinture ; que les préposés de Picard et fils ayant pris le soin d'écrire à la craie la mention « fragile » sur la ridelle du wagon, les agents du Syndicat des chemins de fer de Ceinture ne pouvaient ignorer que les marchandises y contenues ne pouvaient supporter aucun choc sans risque de casse ;

Attendu qu'il ressort des débats, des documents soumis et de l'expertise ordonnée, conformément aux dispositions de l'art. 106 du Code de Commerce, que le montant des feuilles constatées brisées est de 300 fr. ;

Que c'est dès lors au paiement de cette somme, à titre de dommages-intérêts, qu'il convient d'obliger le Syndicat des chemins de fer de Ceinture, et sans qu'il soit nécessaire de répondre plus amplement aux conclusions de la compagnie, les motifs ci-dessus y répondant suffisamment ;

Par ces motifs ;

Le Tribunal, jugeant en dernier ressort ;

Condamne le Syndicat des chemins de fer de Ceinture à payer à Picard et fils la somme de 300 fr. à titre de dommages-intérêts...

Observations. — Cette décision, à laquelle les chemins de fer de Ceinture ont acquiescé, à été obtenue par le service de contentieux de notre Ligue.

Nos adhérents, avisés le 5 janvier qu'ils avaient à prendre livraison d'un wagon contenant 65 caisses de verre à vitres, avaient aussitôt commencé le déchargement et l'enlèvement, mais n'avaient pu terminer leurs opérations avant la fermeture de la gare. Le wagon en déchargement resta donc, comme cela se pratique toujours en pareil cas, à l'endroit où la compagnie l'avait mis à la disposition du destinataire et, dans la nuit du 5 au 6, il fut violemment tamponné par une rame en manœuvre, ce qui amena le bris d'une partie de son contenu. Vainement les chemins de fer de Ceinture ont essayé de soutenir que le contrat de transport se trouvait terminé par la mise à disposition ; que, par conséquent, ils n'étaient pas responsables des avaries survenues après celle ci ; que, d'ailleurs, le destinataire avait commis une faute en laissant ses caisses dans le wagon sans en prévenir les agents de la gare. Le Tribunal leur a fort sagement rappelé que le paiement de la lettre de voiture et l'émargement sur le livre de sortie ne sont que des opérations préliminaires à la livraison et que celle ci ne peut devenir effective que par la « tradition » matérielle des objets transportés entre les mains du destinataire.

Voir, dans le même sens, le jugement du Tribunal de Commerce de Lyon, du 4 décembre 1924.

431. — *24 février 1927. Jugement du Tribunal de Commerce de la Seine (7e ch.). BT, 1927/6. — Etab. Whitechurch contre : 1o Desfossez ; 2o Cie PLM. — Avaries. — Réserves du destinataire tacitement acceptées. — Art. 105, C. Com. inapplicable. — Action de l'expéditeur. — Recevabilité.*

(Extrait.)

Le Tribunal,

Attendu que la société demanderesse expose qu'elle a chargé Desfossez de prendre dans ses magasins pour les camionner, les mettre sur wagon et les expédier, trois cadres de cuir tanné 7.370 kg.;

Que cette marchandise, qui a fait l'objet de l'expédition PV no 479.024, du 11 mars 1926, à l'adresse d'un sieur Risser, en gare de Lyon-Guillotière, est arrivée avec des manquants et des avaries ;

Que ces avaries et manquants lui causent un préjudice qu'elle évalue à 9.601 fr., somme dont elle réclame paiement aux défendeurs, soit solidairement, soit l'un à défaut de l'autre ;

Sur le défaut de qualité opposé par la Cie PLM :

Attendu qu'il résulte des débats et des documents soumis, que le sieur Risser, destinataire de l'expédition litigieuse, a pris livraison de celle-ci sous réserves, ainsi qu'il appert d'une lettre en date de Lyon du 25 mars 1926 dont copie non contestée sera enregistrée avec le présent jugement ; que ces réserves ont tout au moins été acceptées tacitement par la Cie PLM qui s'est fait représenter à l'expertise qui a eu lieu d'un commun accord avec elle dans les magasins du sieur Risser, ladite expertise ordonnée à la requête de la Cie PLM par M. le Président du Tribunal de Commerce de Lyon ;

Que, dès lors, la prise de livraison ainsi faite n'a pas mis fin au contrat de transport intervenu et que la Société des établissements Whitechurch est recevable en son intervention...

Sur la non recevabilité de la demande pour inobservation de l'art. 105 du Code de Commerce :

Attendu que la Société des établissements Whitechurch justifie, ainsi qu'expliqué ci-dessus, des réserves faites au moment de la livraison des marchandises ;

Que ces réserves ont été tacitement acceptées par la compagnie ; que les prescriptions impératives de l'art. 105 du Code de Commerce cessent en l'espèce d'être applicables et ne peuvent être opposées à la Société des établissements Whitechurch ;

Qu'il échet de rejeter le moyen opposé...

Observations. — Bonne application des principes exposés p. 453 et 450 de la 10e édition du *Manuel pratique des Transports :*

« L'expéditeur et le destinataire ont le droit, *l'un et l'autre* (en trafic intérieur français), de réclamer l'exécution du contrat de transport ; ils sont fondés, l'un et l'autre, à se plaindre que cette exécution a été imparfaite ou incomplète ; la violation des conditions de ce contrat doit se résoudre en dommages et intérêts au profit de l'un et de l'autre, s'il est établi qu'elle leur a causé à l'un et à l'autre un préjudice ; l'art. 105 du C. de Com. ne met obstacle à l'exercice de leur droit d'action que dans le cas et dans les conditions qui y sont expressément prévus. »

D'autre part :

« Si le destinataire a fait des réserves motivées, dans la forme voulue par l'art. 105 du Code de Commerce, il a réservé ainsi non seulement ses propres droits, mais aussi ceux de l'expéditeur. »

432. — 7 *mars* 1927. *Jugement du Tribunal de Commerce de Lyon. BT.* 1927/6. — *Andrillat contre* Cie *PLM.* — *Tôles avariées.*

— Bâchage défectueux fait par l'expéditeur. — Défectuosité apparente lors de la remise. — Art. 6 (d) des tarifs spéciaux. — Responsabilité du chemin de fer.

Attendu que par exploit du 8 août Andrillat a fait assigner la Cie PLM en paiement de 2.000 fr., valeur de marchandises parvenues avariées à destination, outre intérêts de droits et dépens, y compris les frais d'expertise qui s'élèvent à 92 fr. 40 ;

Attendu que la Cie PLM s'oppose à cette demande ; qu'elle s'appuie sur le rapport d'expert qui déclare que l'avarie de mouille est due à la défectuosité du bâchage et dit que le bâchage incombait à l'expéditeur d'après l'art. 6 *ter* des conditions d'application des tarifs spéciaux PV et du tarif PV 14 revendiqué par celui-ci ; que la Cie PLM ne pouvait constater de l'extérieur la défectuosité de ce chargement ;

Qu'elle conclut donc au rejet de la demande d'Andrillat et, reconventionnellement, à sa condamnation en paiement de 148 fr.05, montant des frais d'expertise, outre les dépens de l'instance ;

Attendu qu'Andrillat soutient que la Cie PLM ne fait pas la preuve de la défectuosité du bâchage et que celui-ci doit être présumé correct à raison de l'obligation qui incombe à la Cie de le reconnaître au départ ;

Qu'il ramène sa demande à 1.124 fr. 05 montant de :

1° Cinquante pour cent de la valeur de 1.245 kilos de tôle suivant les conclusions de l'expert, soit   887,05

2° Part proportionnelle des frais de port   37,00

3° Dommage causé par le retard dans le paiement de la facture de son client et perte de sa clientèle.......   200,00

Total 1.124,05

outre intérêts et dépens, y compris frais d'expertise ;

Attendu que le présent litige porte sur l'expédition n° 440.290 d'un wagon contenant un lot de tôle noire, envoyée par Andrillat de Lyon sur Bourg, le 25 juin 1926 ; qu'à l'arrivée, le 27 juin, le destinataire refusa d'en prendre livraison, pour cause d'avarie ;

Qu'un expert judiciaire fut nommé le 3 juillet et qu'il déposa son rapport le 15 juillet ;

Que, dans son rapport, il déclare que les tôles posées à plat dans le wagon étaient simplement recouvertes d'une bâche goudronnée, étendue imparfaitement sur les tôles, la barre faitière du wagon n'ayant pas été utilisée ; que, par suite, le wagon ayant séjourné sous la pluie, des infiltrations d'eau s'étaient produites ;

Que 1.245 kilos de tôles avaient été oxydées, et avaient subi une dépréciation de cinquante pour cent de leur valeur ;

Attendu qu'il n'est pas contesté que le bâchage du wagon

incombait à Andrillat ; qu'aux termes de l'art. 6 *(d)* de ce tarif (homologué le 11 janvier 1926) : « au moment de la remise des wagons chargés et bâchés s'il y a lieu par les expéditeurs, il est procédé à la reconnaissance du chargement et du bâchage, tant au point de vue de l'observation des règlements que de la conservation de la marchandise, dans la mesure où cette reconnaissance peut être faite de l'extérieur du wagon tel qu'il est présenté par l'expéditeur » ;

Qu'un bâchage accepté sans observation par la compagnie doit être présumé correct au départ, au moins en ce qui concerne sa disposition extérieure ;

Que le défaut d'utilisation de la barre faîtière constitue une défectuosité visible de l'extérieur ;

Que la Cⁱᵉ PLM ne l'ayant pas relevée au départ, cette défectuosité ne peut être imputée à l'expéditeur, à moins de preuve contraire que la Cⁱᵉ PLM ne rapporte pas, alors que l'hypothèse d'une modification du bâchage en cours de route peut subsister ;

Attendu que, dans ces conditions, la Cⁱᵉ PLM doit être déclarée responsable de l'avarie de mouille survenue par suite de la défectuosité du bâchage du wagon 446.290 et condamnée à réparer le dommage subi de ce fait par l'expéditeur ;

Que le dommage comprend : 1º la dépréciation de la tôle avariée, cinquante pour cent sur 1.245 kilos, soit : 847 fr. 05 ;

2º La partie du prix de transport qui y correspond soit 37 fr. ;

3º Le retard dans le paiement de la facture du destinataire, qui a causé à Andrillat un préjudice que le Tribunal peut évaluer à 100 fr. ;

Attendu que les dépens sont à la charge de la partie qui succombe et doivent être supportés par la Cⁱᵉ PLM ;

Par ces motifs :

Statuant publiquement, contradictoirement et en dernier ressort :

Condamne la Cⁱᵉ PLM à payer à Andrillat une somme de 1.024 fr. 05 en réparation du préjudice causé à celui-ci par une avarie de mouille sur expédition 446.290 du 25 juin 1926, outre intérêts de droit ;

La condamne à tous les dépens de l'instance y compris le coût de l'expertise judiciaire.

Observations. — Cette décision, conforme aux conclusions de l'expert M. J. Combier, de Lyon, a fait une exacte application des dispositions des tarifs spéciaux, concernant le transport à découvert et le bâchage, qui ont été mises en vigueur le 25 janvier 1926 (*Bulletin des Transports,* 1926, p. 17). Ainsi que le rappelle le Tribunal, le chemin de fer, d'après l'art. 6, § *d*, des conditions générales d'application des tarifs spéciaux, est tenu, au moment où des wagons lui sont remis par l'expéditeur, de procéder à la reconnaissance du chargement et du bâchage « tant au point de vue de l'observation des règlements que de la *conservation de la marchandise*, dans la mesure où cette reconnaissance peut être faite de l'extérieur du wagon, tel qu'il est présenté par l'expéditeur ». Dès lors, il ne saurait s'exonérer de la responsabilité d'une avarie en l'imputant à une défectuosité du chargement ou du bâchage dont il pouvait s'apercevoir au cours de cette reconnaissance.

433. — 13 *janvier* 1927. *Jugement du Tribunal de Commerce de la Seine* (7e *ch.*). *BT*, 7/1927. — *Gagne contre* C^le *d'Orléans.* — *Wagon malpropre.* — *Marchandise avariée par le contact d'un engrais resté sur le plancher.* — *Responsabilité du chemin de fer.*

(Extrait.)

. . . .

Attendu qu'il appert d'une expertise judiciaire prévue par l'art. 106 du Code de Commerce, qui eût lieu le 16 avril 1926, que la pomme de terre était belle mais que l'expert, après avoir fouillé avec une pelle, aperçut, sur le plancher du wagon, une couche d'engrais ayant, par endroits, jusqu'à 1 ou 2 cm. d'épaisseur, et reconnut que le contact de cet engrais avait décomposé les tubercules qui l'avaient touché, soit 1.000 kilos ;

Attendu que l'analyse chimique de cet engrais, faite sur prélèvement de l'expert, et annexé au rapport, a établi la présence de 6,35 pour cent de K. 2.o et de 5,50 pour cent de P. 2.o.5 et de 3 pour cent de protéïne ;

Attendu que, résistant à la demande en 1.593 fr. 15 de dommages-intérêts, pour réparation du préjudice, la C^le d'Orléans soutient que, par application du tarif PV 2-102, l'expéditeur a effectué le chargement dans le véhicule mis à sa disposition et ce, sans formuler aucune observation sur l'état du véhicule ;

Qu'il en résulterait que, faute par l'expéditeur de s'être assuré de l'état du wagon, le demandeur serait mal fondé en sa demande ;

Mais attendu que, pour que, l'expéditeur ait pu formuler une réclamation ou prendre des réserves, il est avant tout nécessaire que la nocivité de la faible couche de substance répandue sur le plancher ait pu lui apparaître ;

Qu'il ressort des débats et des documents produits, et en particulier de l'analyse jointe au rapport, que la proportion de substance nocive est tellement faible dans la mince couche répandue sur le plancher qu'elle ne pouvait attirer, ni par la couleur, ni par l'odeur, l'attention de l'expéditeur ;

Que, tout au contraire, la C^le, qui a délivré le wagon, savait, par la lettre de voiture de l'expédition précédente, la nature de la substance nocive, et savait, en outre, de par la demande de wagon, la nature du produit nouveau qu'elle devait recevoir ; qu'elle a commis la négligence de ne pas nettoyer un wagon souillé de produits chimiques avant de l'offrir pour le transport en vrac de produits alimentaires, et un manquement caractérisé à ses obligations de transporteur de fournir les wagons qui lui sont demandés dans un état de propreté tel qu'à aucun moment les marchandises qui doivent y être déposées et dont elle connaît la nature ne soient susceptibles de s'y détériorer ;

Qu'ainsi la Cie ne prouve ni le vice propre de la marchandise, ni une faute de l'expéditeur...

. . . .

Observations. — On retiendra l'argument qu'invoquait la compagnie pour sa défense : l'expéditeur, disait-elle, avait effectué le chargement sans formuler aucune observation sur l'état du véhicule et, faute de s'être assuré de cet état... l'avarie de la marchandise devait rester à sa charge.

A bon entendeur, salut ! Le Tribunal a fait justice de cet argument, en se fondant sur ce que l'expéditeur ne pouvait se rendre compte de la nocivité de la faible couche de substance répandus sur le plancher ; mais, pour éviter toute difficulté à cet égard, noe adhérent feront bien, lorsqu'on leur fournira un wagon ne paraissant pas très propre, d'inviter la compagnie à le nettoyer ou à leur en fournir un autre.

434. — *26 mars 1927. Arrêt de la Cour d'Appel de Paris (5e ch.). BT, 7 /1927. — Blanchet contre Cie PLM. — Foudres pourris. — Présomption de responsabilité du voiturier non détruite par preuve contraire. — Préjudice. — Calcul de l'indemnité.*

La Cour,

Considérant que le Tribunal a écarté la présomption de responsabilité de l'art. 103 du Code de Commerce parce qu'il n'était pas établi que la pourriture des foudres fût due à un défaut de soins du chemin de fer et que la profondeur de cette pourriture indiquait nettement une origine lointaine et de beaucoup antérieure au contrat de transport intervenu entre les parties le 10 février 1923 ;

Considérant que lorsqu'il a été procédé à l'expertise, le 8 août 1923, la Cie PLM a déclaré que la pourriture résultait de la mise à l'eau qui avait été faite à Cusset, par Blanchet, le 14 juin 1923 ; que ce dernier a soutenu que la pourriture, étant donnée sa profondeur, principalement dans le fond des foudres, remontait à l'époque pendant laquelle le wagon avait été en réparation et au moment où il avait été rempli d'eau, lors du dépotage fait à Vichy en 1923 ;

Considérant qu'il résulte du rapport de l'expert que les deux foudres étaient impropres à contenir aucune boisson, vu la gravité de la pourriture, et que la profondeur de cette pourriture démontrait d'une façon certaine qu'elle datait d'une époque plus ancienne que celle de la mise à l'eau faite à Cusset ;

Considérant que ces constatations conduisent à écarter la thèse présentée à l'expert par la C^le PLM mais qu'elles ne font pas connaître la cause de la pourriture et ne permettent pas de dire que cette avarie a été occasionnée par un fait qui se serait produit antérieurement à la prise en charge du wagon par la compagnie, et, par suite, dont cette compagnie ne serait pas responsable ; que la présomption de responsabilité du voiturier ne peut pas être écartée ;

Considérant que Blanchet demande que l'indemnité qui lui est due soit portée de 1.500 à 12.013 fr. 80 ; qu'il fait entrer dans ce total 3.570 fr. pour immobilisation du wagon du 3 juin au 3 novembre 1923, et 5.385 fr. 40, montant des frais de réparation ; que la C^le PLM offre une somme de 1.000 fr. ;

Considérant que les explications fournies établissent que les foudres étaient usagés, que l'intégralité des réparations ne doit pas être supportée par le voiturier ; que, toutes causes confondues, une indemnité de 6.000 fr. couvrira le dommage éprouvé par Blanchet et dont le voiturier doit être rendu responsable ;

Par ces motifs :

Et adoptant ceux du Tribunal, sauf les motifs d'exonération concernant la pourriture des foudres et le montant de la condamnation ;

Confirme le jugement entrepris, mais en élevant à 6.000 fr. le montant de la condamnation ;

Dit les parties respectivement mal fondées dans le surplus ;

Condamne la C^le PLM aux dépens de première instance et d'appel.

Observations. — Voilà qui paraît bien jugé. Du moment que la compagnie ne faisait pas la preuve que l'avarie existât avant sa prise en charge, ni qu'elle eût été due à un vice propre, elle devait être condamnée à la réparer ; mais il était juste de laisser à la charge du demandeur la partie des frais de réparation imputable au fait que les foudres litigieux étaient usagés.

435. — 6 *juillet* 1926. *C. Appel Douai. BT*, 1927/6. — *Transport international.* — *Art.* 31, § 8 *et* 11, *CI.* — *Bâchage effectué par l'expéditeur, défait et refait à la frontière par le chemin de fer.* — *Avaries.* (29 *balles étoupe.*) — *Chemin de fer condamné.*

436. — 17 *janvier* 1927. *Jugement du Tribunal de Commerce de Mont-de-Marsan. BT*, 8/1927. — *Saint-Jean contre:* 1° *Lafleur;* 2° *C^le du Midi.* — *Nasses en fil de fer galvanisé expédiées sans emballage.* — *Avaries.* — *Vice propre non établi.* — *Responsabilité.*

(Extrait.)

Le Tribunal,

Attendu qu'à la suite d'une expédition de 12 nasses, faite en gare de Ruelle, le 14 avril 1926 le sieur Saint-Jean réclame, soit à son expéditeur, M. Lafleur, soit à la Cie du Midi, transporteur, le paiement de la marchandise, augmenté du bénéfice normal dont il est privé, soit la somme de 845 fr. ;

. . . .

Attendu qu'il y a lieu d'examiner à qui incombent les avaries dont s'agit pour en répartir les responsabilités ;

Attendu qu'à la suite des avaries dont s'agit, la Cie du Midi, transporteur, a, conformément à l'art. 106 du Code de Commerce, fait procéder à l'expertise des marchandises pour établir la responsabilité des dites avaries ;

Attendu que, d'après l'art. 103 du Code de Commerce, le voiturier est garant des avaries autres que celles qui proviennent de la force majeure, du vice propre de la chose ou de la faute de l'expéditeur ;

Attendu que, dans le cas présent, le cas de force majeure n'est pas invoqué et qu'il y a lieu d'examiner si la détérioration des objets transportés provient ou du vice propre de la chose ou de la faute de l'expéditeur ;

Attendu qu'en ce qui concerne le vice propre, il appartient à la compagnie d'en rapporter la preuve (Code civil, art. 1302 et 1315 ; Cassation, 27 mai 1913, 9 juillet 1914) et qu'à cet effet la compagnie a, conformément à l'art. 106 du Code de Commerce, fait désigner par le Président du Tribunal un expert qui a déposé un rapport concluant à la non responsabilité de la Cie du Midi du fait seul de la fragilité des objets transportés, qui, dit-il, nécessitait un emballage tout au moins rudimentaire ;

Attendu, tout d'abord, que le Tribunal ne saurait s'arrêter un instant sur l'avis de l'expert (art. 323 du Code de procédure civile) et admettre que les constatations de non emballage, vu la fragilité des objets, doit avoir pour résultat d'exonérer *de plano* le transporteur de toute responsabilité ;

Qu'ensuite, ni la fragilité d'un objet, ni le défaut d'emballage, ne constituent par eux-mêmes un vice propre de la chose ou une faute de l'expéditeur (Cassation civ., 27 décembre 1909, 5 mars 1912, 26 mai 1914, 26 janvier 1915) ; qu'enfin le vice propre étant par définition une tare contingente particulière à l'objet transporté, cette tare ne peut s'appliquer à des nasses construites en fil de fer galvanisé, objets par leur nature assez solides pour résister aux trépidations et même aux chocs normaux de cours de route sans être écrasés ou détériorés ; qu'en tout état de cause, les avaries constatées sur toutes les nasses ne sont manifestement pas dues aux motifs indiqués par l'expert et, partant, au vice propre de la chose ;

. . . .

Attendu que si, d'après l'art. 43 des conditions des tarifs PV, les compagnies ne sont pas tenues d'accepter non emballées les marchandises que le commerce est dans l'usage d'emballer, *a contrario*, elles sont tenues d'accepter non emballées les marchandises qui, suivant l'usage du commerce, s'expédient ordinairement sans emballage ; c'est pourquoi la gare expéditrice a accepté sans aucune réserve pour défaut d'emballage les nasses incriminées, cette gare recevant journellement de l'expéditeur des quantités d'objets en fil de fer semblables à ceux avariés et sans emballage ; qu'au reste, c'est l'usage du commerce qui règle la question d'emballage et qu'au surplus le sieur Lafleur rapporte qu'il est d'usage d'expédier sans emballage les nasses à poissons ; que, dès lors, l'expéditeur n'a pas commis de faute ;

Attendu que, dans ces conditions, la Cie du Midi n'ayant fait preuve, ni de la force majeure, ni du vice propre, doit être déclarée responsable des dites avaries ;

. . . .

Par ces motifs,

Le Tribunal...

Dit que la Cie du Midi en sa qualité de transporteur, n'ayant pas rapporté la preuve de la force majeure ou du vice propre est seule responsable des avaries survenues aux marchandises transportées dont s'agit ;

En conséquence, condamne ladite Cie du Midi à payer au sieur Lafleur la somme de 650 fr., montant de la valeur des douze nasses par lui expédiées et avariées...

437. — 20 *juin* 1927. *Cassation de France. BT*, 8/1927. — *Marchandises sur quai détruites par un incendie. — Faute et responsabilité du transitaire qui en avait pris livraison. — Le transitaire* avait au port de mer pris possession de la marchandise ; au lieu de les emmagasiner et assurer comme il en avait reçu ordre de son client, il l'a laissée sur les quais, sans prendre aucune précaution.

FRAIS DE RÉCLAMATION.

Jusqu'à présent les CFF se refusaient à indemniser (le réclamant) des frais d'intervention et de réclamation provoqués par leur résistance injustifiée. C'était contraire à la jurisprudence ; la Cour Suprême d'Autriche a en effet jugé le 19 septembre 1922 (voir *Bulletin des Transports internationaux à Berne* 1924, p. 9) que les frais de réclamation étaient dus par le chemin de fer, en vertu de l'art. 34 de la Convention de Berne ;

Les CFF viennent de modifier leur procédé comme on le verra par le passage ci-après de leur lettre à la Chambre de Commerce de Genève et à un de leurs réclamants :

Chemins de fer fédéraux, Direction générale, Berne, le 23 juin 1927.

N° 5043.6.11.

Nous ne devons rien à M. A. (mandataire) et n'avons pas d'offres à lui faire, mais comme M. T. (destinataire) peut faire valoir que, si la gare de Genève s'était déclarée d'emblée prête à lui payer la somme que notre Contentieux a fait offrir plus tard, il n'aurait pas eu à indemniser M. A. pour son intervention, nous voulons bien, sans en avoir aucune obligation, verser à M. T. une somme de dix francs à valoir sur les frais que M. A. lui demandera.

Nous ferons ce versement dès que M. T. nous informera qu'il l'accepte.

Signé : NIQUILLE.

Inutile d'insister sur l'enfantillage administratif.

Le Comptoir

d'Escompte de Genève

Etablissement de Banque Suisse

Fondé en 1855

Capital et Réserves :

Francs 52.000.000.—

Achat et vente de billets de banque étrangers.

Chèques et lettres de crédit sur tous les pays.

Payements télégraphiques et accréditifs.

Exécution d'ordres de Bourse sur toutes

les places. - - - Payement de coupons.

Location de compartiments de coffres-forts.

ASSOCIATION SUISSE DE DÉFENSE

CONTRE LES ABUS DES

ADMINISTRATIONS PUBLIQUES

ET LIGUE DES CONTRIBUABLES

(Transports, Douanes, Impôts, etc.)

A.S.D.A.P.

GENÈVE

20, Rue du Marché, 20

EXTRAITS DES STATUTS

But

ART. 3. — Elle a pour but :

a) de défendre les intérêts de ses membres contre les abus des administrations publiques tant fédérales que cantonales et de lutter contre l'arbitraire bureaucratique;

b) de grouper les contribuables pour la défense de leurs intérêts ;

c) de contribuer à réunir en une vaste organisation tous les groupements que ces buts intéressent.

L'Association à déjà obtenu des résultats appréciables en faveur du public et des contribuables.
Elle aide à la rédaction des déclarations fiscales, elle vérifie les bordereaux d'impôts et se charge des réclamations auprès du fisc.

Pépinières Boccard Frères

Au Pommier, Petit-Saconnex, GENÈVE

Grandes cultures d'ARBRES FRUITIERS, d'ORNEMENT en tous genres et ROSIERS

Entreprise de PARCS, JARDINS, TENNIS, ELAGAGES, etc

Agents généraux du COMPTOIR PARISIEN d'ENGRAIS et de PRODUITS CHIMIQUES

ROBURGINE — HUMENGRAIS — SOLEIL

Engrais spéciaux pour légumes, fruitiers, gazons, fleurs, etc.
Mortherbe, hypnol, carbosanol, aphicide, pasteurite, etc.

Téléphone Mont-Blanc 15-15   Brochures sur demande   Catalogue franco

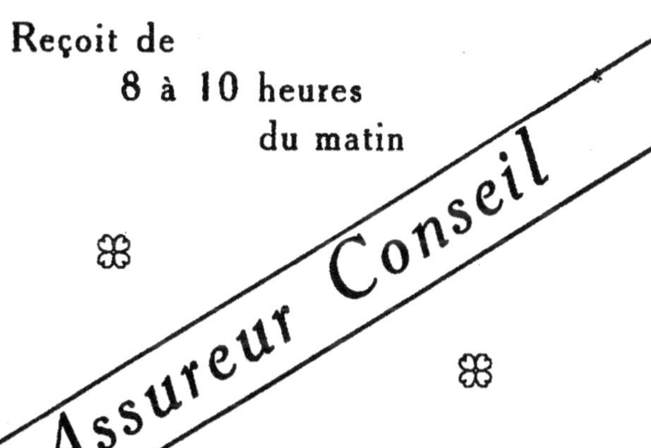

TH. CHERF

EXPERT PRÈS LES TRIBUNAUX

Reçoit de
8 à 10 heures
du matin

Assureur Conseil

13, quai des Bergues
GENÈVE

Tél. Mt-Blanc 29.30